Lieber Leser

Verlag Gruner + Jahr AG & Co, Warburgstraße 50, 2000 Hamburg 36, Redaktion: Warburgstraße 45, 2000 Hamburg 36. Postanschrift für Verlag und Redaktion: Postfach 30 20 40, 2000 Hamburg 36. Telefon: 0 40/4 11 81. Telex: 2 1 952-16

HERAUSGEBER
Henri Nannen

CHEFREDAKTEUR
Rolf Winter

STELLV. CHEFREDAKTEURE
Peter O. Ebel, Dieter Steiner

CHEFREPORTER: Hermann Schreiber

CHEF VOM DIENST: Ernst Artur Albaum

GRAFISCHE GESTALTUNG
Erwin Ehret, Franz Braun

TEXTREDAKTION
Rolf Bökemeier, Randolph Braumann, Uwe George, Uta Henschel, Klaus Imbeck, Peter Jordan, Dr. Erwin Lausch, Dr. Peter Mayer, Alexander Rost, Peter Schille, Wolfgang Schraps, Hinnerk Seelhoff, Jens Utecht, Wolfgang Vollmert

BILDREDAKTION
Juliane Berensmann, Nele Hilger, Venita Kaleps, Heidi Neugebauer

KARTOGRAPHIE: Günther Edelmann

DOKUMENTATION
Peter Flak, Arend Hagedorn, Uwe M. Reisner

LAYOUT
Peter Dasse, Johannes Dönges, Andreas Krell, Peter Voigt

FARBIMPRIMATUR: Norbert Kunz

GEO-BÜROS
London: Peter G. Wickman, 5 Latimer Road, Barnet, Herts, Telefon 4 41 38 70, Telex: 27 538; **Moskau:** Helga Engelbrecht, Kutusowskij Prospekt 7/4, Kw 314, Tel. 2 43 42 64; **New York:** Brigitte Barkley, 685 Third Avenue, New York, N. Y. 10 017, Tel. (212) 878-8700

Verantwortlich für den redaktionellen Inhalt:
Peter O. Ebel

WISSENSCHAFTLICHE BERATUNG
Prof. Dr. Hoimar v. Ditfurth

VERLAGSLEITER: Peter Hess
ANZEIGENLEITER: Rolf Grimm
(verantwortlich für Anzeigen)
VERTRIEBSLEITER: Hartmut Bühne
HERSTELLER: Bernd Zahn

GEO-LESER-SERVICE
Gruner + Jahr AG & Co
Postfach 11 16 29, 2000 Hamburg 11
Postscheckkonto Hamburg 240 00-209
BLZ 200 100 20
Tel.: 0 40/41 18 32 36
Schweiz: GEO-Leser-Service
Seeburgstr. 18, 6006 Luzern
Tel.: 0 41-31 37 41

Heftpreis: DM 12,80 inkl. MwSt.
Auslandspreise: Schweiz sfr 12,80, übriges Ausland auf Anfrage.
© 1983 Gruner + Jahr, Hamburg
ISBN-Nr. 3-570-08055-2
Anzeigenpreisliste Nr. 6. Deutsche Bank AG, 2000 Hamburg 1, Konto-Nr. 03/22 800
Offsetdruck: MOHNDRUCK
Graphische Betriebe GmbH, Gütersloh.

Es gibt immer zwei Möglichkeiten – auch beim Erarbeiten von Reportagen. Die eine: Der Autor kennt die Szenerie aus dem Effeff, er ist sozusagen „Fachmann". Die andere: Der Autor betritt völliges Neuland und hat so die Möglichkeit, über das, was er nun zum erstenmal sieht, noch zu staunen und sein Staunen an den Leser weiterzugeben.

Beide Verfahrensweisen haben ihre Berechtigung und – natürlich – ihre Vor- und Nachteile. Für das eine Thema mag die erste Art die richtige sein, für ein anderes die zweite. Bei diesem GEO-Special haben wir versucht, die Vorteile zu addieren: Hier haben Schreiber und Fotografen beider Kategorien mitgearbeitet. Fotograf Gerd Ludwig, zum Beispiel, der nur das Vorurteil kannte, Mallorca sei durch den Massentourismus unerträglich geworden. Er wollte wissen, wie die einstige „Insel der Stille" heute aussieht. Nach mehreren Wochen auf Mallorca war er von der landschaftlichen Vielfalt so überwältigt, daß er spontan mit dem Gedanken spielte, sich dort ein Haus zu kaufen. Oder Uta Henschel, in der GEO-Redaktion zuständig für Botanik und Zoologie: Sie wollte Palma kennenlernen, eine Stadt, von der sie viel gehört, die sie aber noch nie betreten hatte. „Es war bestimmt nicht mein letzter Besuch", sagte sie nach ihrer Rückkehr und schrieb ihren Beitrag „Die Ciutat".

Wie ihr erging es dem Schriftsteller Ernst Alexander Rauter bereits 1956. Inzwischen sind die Tage, Wochen und Monate, die

Ernst Alexander Rauter, 53

Damian Busquets, 30

César Manrique, 63

er immer wieder auf der Insel verbracht hat, zu Jahren angewachsen. Längst spricht er nicht nur Spanisch, sondern auch Mallorquin, die eigentliche Sprache der Einheimischen. Für ihn hat die Insel nichts von ihrer Faszination verloren – im Gegenteil: „Je mehr ich darüber weiß, desto mehr gibt es für mich zu entdecken."

Der intime Mallorca-Kenner hat nicht nur „Das Land hinter der Bühne" und „Die Fischer von Cala Ratjada" für dieses Heft verfaßt und mit Österreichs Kanzler Kreisky gesprochen – sein Schreibtisch auf Mallorca war, während wir dieses GEO-Special erarbeiteten, Vorposten der Redaktion.

Außerdem sind einheimische Autoren zu Wort gekommen, Mallorquiner wie der 30jährige Damian Busquets, der beklagt, daß die Väter das Land an die Ausländer verschleudert haben. Oder der 27jährige David Fernándes Miró, der voll Zuneigung beschreibt, wie sein berühmter Großvater Joan Miró die Erde, das Meer und die Sterne über Mallorca zum Malen braucht. Oder der Spanier César Manrique, Architekt, Maler und Bildhauer, der dagegen wettert, daß Baulöwen jene Insel zerstören, die er noch immer für die schönste Spaniens hält – eben Mallorca.

Mit diesem Urteil steht er nicht allein.

Herzlich Ihr

Peter Ebel

Insel der vielen Gesichter

So bizarr wie seine Oberfläche am Cabo Formentor ist das Untergründige an Mallorca: Seite 6. – E. A. Rauter beschreibt das Land hinter der Bühne, fern von Stränden und Promenaden.
Seite 36

Der alte Clan und das Meer

Dank riesiger Ländereien spielten die Torellas und andere Adelsfamilien die erste Rolle auf der Insel. Heute ist es damit vorbei – jedenfalls auf den ersten Blick.
Seite 50

Jeder nach seiner Fasson

Nirgendwo in Europa liegen die Urlauber so massig am Strand wie in El Arenal. Was »die Leute« dort schön finden, ist vielen ein Rätsel, den »Leuten« aber nicht.
Seite 62

»Wir wollen die Insel vor euch verstecken!«

Die Touristen und ihr Geld haben Mallorca in die Neuzeit gehebelt – aber mit Farbbeuteln protestiert die Jugend gegen den Ausverkauf von Grund und Boden.
Seite 70

Joan Miró

Das »Genie der Überraschung« träumt nur, wenn es wach ist. Enkel David Miró erzählt von seinem weltberühmten Großvater.
Seite 76

Von Mallorca im Sturm erobert

Fröhliche Esser finden auf der Insel ein Himmelreich. Zwei Autoren beschreiben Mallorcas Küchen.
Seiten 86–93

GEO SPECIAL

Die Fischer von Cala Ratjada

Das Beste aus ihren Netzen essen sie auf der Heimfahrt selber. Ansonsten ist die Arbeit in den ausgefischten Revieren ein mühsames Geschäft.
Seite 106

Ciutat

Im Wortschatz der Einheimischen ist »Palma« eine unbekannte Vokabel. Für sie ist ihre Metropole einfach »die Stadt«. Palmas Paläste und Bürgerhäuser, die hohen, steinalten Gassen, die noch höheren, nagelneuen Hotelburgen sind gleichsam Urkunden ihrer Geschichte, der Geschichte vieler Herren. Und das Gedränge der vielen in den Gassen, Cafés, Bars und Restaurants ist für sie der Inbegriff des Städtischen.
Seite 116

Heimliche Insel der VIPs

Eine Reihe von Prominenten haben sich auf Mallorca eingerichtet, auch Bundeskanzler Kreisky. Er erklärt E. A. Rauter, weshalb.
Seite 96

Wohin auf Mallorca?

Über 800 Restaurants, mehr als 1300 Bars hat die Insel zu bieten. Das jedoch ist längst nicht alles.
Seiten 138–159

Grundsätzliches
Das Land hinter der Bühne – wo die Fremden vorübergehen ... 36
Das Palma der Palmesen – intime Szenen aus »Ciutat« ... 116
Jeder nach seiner Fasson – Touristen in El Arenal ... 62

Kritisches
Der Zorn auf die Väter – der Jugend paßt vieles nicht ... 70
Verbrechen in Stein – Täter sind die Architekten und Planer ... 104

Naturkundliches
Ein Platz für Bird-Watcher – die Heimat vieler Exoten ... 48
Steine erzählen Geschichte – geologische Pointen Mallorcas ... 60

Kulinarisches
Spezialitäten-Kalender – was und wie die Insel kocht ... 86
Restaurant-Test – ein Feinschmecker machte die Runde ... 88

Menschliches
Die Torellas – die Geschichte einer noblen Familie ... 50
Miró – das träumende Genie ... 76
Wo die Prominenten wohnen – Gespräch mit Bruno Kreisky ... 96
Unterwegs mit Juan – das mühsame Geschäft der Fischer ... 106
Ein Leben auf Planici – der Alltag eines Pächters ... 136

Patriotisches
Die »Autonomista« – Mallorquiner wollen unabhängig sein ... 94
Die Tage zu Festen machen ... 114

Tips & Informationen
Vor der Abreise • Anreise • Formalitäten • Rat & Hilfe • Telefon • Post • Ärztliche Hilfe • Trinkgeld • Lesestoff • Polizei ... 138
Mietwagen • Taxis • Kutschen • Fotoservice • Geldwechsel ... 139
Die 36 wichtigsten Urlaubsorte • Lärm-Karte der Bahía de Palma ... 139-141
Kleiner Hotelführer • Wo die größten Bettentürme stehen • Welche Nationen an welchen Stränden? ... 142-143
Restaurants • Bars • Nachtlokale • Discos • Spielsalons ... 144-150
Einkaufen ... 150-153
Mallorca in Zahlen ... 153
Kirchen, Museen und Paläste ... 153-154
Galerien & Ausstellungen ... 154-155
Exkursionen ... 155-157
Vergnügungsparks • Sport ... 157-159
Noch was ... 158
Klima, Karten, Stadtplan ... 160-163

Insel der vielen Gesichter

*Alljährlich suchen drei Millionen
Touristen an Mallorcas Küsten nach den Freuden
der Sonne, des Strandes und des Meeres.
Doch nur wenige hundert Meter weiter im Land
beginnt ein Reich, in dem sich jahrhundertealte Vielfalt erhalten hat*

Bäume, die im Winter blühen

Der Frühling beginnt im Januar mit der Blüte von sechs Millionen Mandelbäumen. Mandeln sorgten früher für den Wohlstand der mallorquinischen Bauern. Die harte Arbeit auf den Feldern wird heute meist von den Alten verrichtet – die Jungen suchen das schnelle Geld an der Küste

Wellen, die den Reichtum brachten

Fast das ganze Jahr hindurch rauscht badewarmes Wasser auf helle Strände. Schon vor 30 Jahren vermarkteten Reisemanager die Küste und schufen so eine neue Industrie, die Tausende von Insulanern zu reichen Leuten machte. Der Massentourismus war über die Insel gekommen. Einsamkeit aber ist immer noch zu finden

Menschen, die zur Sonne gehen

Nirgendwo sonst auf der Insel drängen sich so viele Urlauber auf so engem Raum wie auf dem Küstenstreifen zwischen Palma und der Touristenhochburg El Arenal. Auf nur sieben Kilometern warten knapp 41 000 Betten

Betonkoloß an der Playa de Palma. So heißt jener dichtbebaute Strandstreifen zwischen Ca'n Pastilla und El Arenal, der einstmals zu den schönsten und längsten der Insel zählte. Heute stehen hier mehr als 200 Hotels aller Kategorien, auch ausgesprochen billige Pensionen

Betten, die auch billig sind

Nach Francos Tod ist das strikte Verbot von Oben-ohne an den spanischen Stränden mehr und mehr aufgeweicht. Das heißt allerdings nicht, daß zuweilen nicht doch ein gestrenger Beamter der Guardia Civil Bedeckung verlangt. Hier in El Arenal – der Name kommt von arena = Sand, und Arenal heißt nichts anderes als Sandplatz – drückt inzwischen auch die Guardia Civil beide Augen zu. Oder auch nicht

Seelen, die sich gerne baden

Die alten Stadthäuser haben alle ihre Innenhöfe, die Patios. Mit ihren Treppen, Rundbögen, Galerien und Pflastermustern sind sie architektonische Kleinode. Das ganze Jahr über sind sie angenehme »Wohnräume«. Selbst an sonnigen Wintertagen speichern die Mauern beachtlich viel Wärme

Höfe, durch die Jahrhunderte zogen

Wörter, die im Ausland stehen

Die wenigsten Spanienurlauber sprechen die Landessprache. In den Touristenzentren Mallorcas ist das heute jedoch kein Hindernis: Wer

sein Geschäft mit den Sonnenhungrigen aus dem Norden Europas machen will, der hat sich längst sprachlich angepaßt

Männer, die alleine leben

Fernab vom Touristentrubel leben die letzten Eremiten der Insel. Fünf Eremitagen gibt es, Anfang des Jahrhunderts waren es noch 29. Die bedeutendste ist die Ermita de San Salvador, die 509 Meter hoch auf dem gleichnamigen Gipfel im Südosten von Felanitx über dem Meer liegt. Die Klosterkirche war schon im 13. Jahrhundert Wallfahrtsstätte. Wie in allen anderen »Ermitas« leben hier nicht mehr als zwei Einsiedler

Längst ist die Küstenstraße an der Bucht von Palma dreispurig ausgebaut: die Avenida Ingeniero Gabriel Roca, die am Yachthafen »Puerto Pi« vorüberführt, um stadteinwärts in den berühmten Paseo Marítimo einzumünden. Die Marinas von Palma sind begehrte Ankerplätze für Skipper aus dem Norden, deren Boote der nächsten Jet-Visite ihres Eigners entgegendümpeln

Masten, die auf Segel warten

Es Plá, die Ebene, heißt das flache Hinterland der Bucht von Pollensa. Die vielen verstreut zwischen den Feldern liegenden Bauernhöfe zählen zu den produktivsten der Insel: Bereits im Februar werden die ersten Kartoffeln geerntet, Getreide und Gemüse fast das ganze Jahr hindurch. Eine Vegetationspause wie bei uns gibt es nicht. Touristen verlaufen sich selten in diese landwirtschaftlich intensiv genutzte Gegend

Wege, die selten Fremde sehen

»Die Piratenfahrt mache ich jedes Jahr mit«, meint Karl-Heinz aus Nürnberg und Bierbrauer von Beruf, »erstens, weil's gut zu trinken gibt, und zweitens, weil's eine Abwechslung ist, denn jeden Tag so am Strand . . .« Jede Menge getrunken wird auch dort. Denn auch dort ist, wie an Bord »Piraten-Willy«, fast überall ein Animateur im Einsatz, der fast rund um die Uhr für feucht-fröhliche Unterhaltung sorgt

Fremde, die selten Wege sehen

Pedro Mountanez Sureda Conde de Zavellá heißt der Herr dieses Hauses an der Calle de Zavellá in Palma. Der Graf ist Nachfahre des Vizekönigs von Mallorca, der während des Spanischen Erbfolgekriegs Anfang des 18. Jahrhunderts auf der Insel das Sagen hatte. Diese Adelsfamilie ist eine der wenigen, die es auch in den letzten Jahrzehnten verstanden hat, ihre Besitzungen zusammenzuhalten

Leute, die Geschichte machten

Die größte Baleareninsel hat viele Gesichter: ganz junge, die träumen; ältere, die schon wissen wollen; erwachsene, die bereits wissen; alte,

Augen, die auf Mallorca blicken
die es besser wissen und längst wieder träumen

Die Mallorquiner lieben das Leben im Freien. In den Gassen, in deren Enge die Sonne kaum hineinreicht, sitzen die Menschen vor ihren Türen, genießen im Frühjahr die junge Wärme und im Sommer die brisa de la mar, den kühlenden Luftzug, der von See her weht. An die Autos, die hinter ihrem Rücken vorbeibrausen, haben sich die Strickerinnen längst gewöhnt

Menschen, die im Schatten leben

Das Land hinter der Bühne

Von Ernst Alexander Rauter

Man könne, las ich im Wartezimmer eines Zahnarztes, in Mallorca während des Winters ein Haus mieten zu 13 Mark für den Monat, zusammen mit Wäsche, Geschirr, Möbeln. Das ist Jahre her. Ich ernährte mich durch die Erwerbsform, die man Zugreiseleiter nannte, begleitete programmiert in die Ferien Fahrende mit informativer Witzelei von den Hauptbahnhöfen der Strecke Dortmund–Bonn ins Moseltal oder zu dem Kleinkram von Zughaltestellen im Schwarzwald.

Zum Saisonende fuhr eine lange Reihe leerer Liegewagen vom Kohlenrevier an der Ruhr zur französisch-spanischen Grenze, nach dem katalanischen Port Bou an der Costa Brava, die späten Urlaubskunden zurückzuholen in den westdeutschen Herbst. Ich mochte die Gedanken von dem unbekannten Haus auf Mallorca nicht lösen.

Ich beabsichtigte, vier bis fünf Monate in den Süden denken zu gehen, und wollte meine schwachen Zweifel bezüglich meiner wirtschaftlichen Möglichkeiten nicht gelten lassen. Ich vertraute darauf, in mir würde sich eine Fakiren zugeschriebene Genügsamkeit herstel-

Ob der »Tramuntana« aus Nord weht, der »Llevant« aus Ost, der »Mitjorn« aus Süd oder der »Ponent« aus West – jeder mußte früher in die Windräder greifen und Wasser auf die Felder pumpen. Heute machen das Dieselmotoren. Die alten ruedas eólicas verfallen

Der Wind hat ausgedient als Arbeitspferd

len. Ich muß an Wunder geglaubt haben, was die Kaufkraft der 500 Mark angeht, die von meinem letzten Gehalt geblieben waren.

Ich richtete mir in dem verlassenen Zug ein Schreibzimmer ein – neben einem Schlaf- und Gepäckzimmer, einem Eßraum und einem Wohnzimmer. Ich tippte auf einem Aluminiumtischchen mit Resopalplatte, zusammenklappbar und unter dem Fenster in die Wand zu stecken, einen Brief an meine wartende Frau, der vor Begeisterung klirrte, ich schrieb achthundert Kilometer an ihm.

In Palma knallte ich gegen die Sprachbarriere. Ich hatte mich ohne Kenntnisse des Spanischen auf den Weg gemacht, verließ mich darauf, die Fremdsprache an Ort und Stelle mehr oder weniger einzuatmen. Die Ausgaben für Schiff und Taxi erfüllten mich mit Angst und Selbstmitleid.

Ein verbeulter Omnibus brachte mich ans andere Ende der Insel, in das Fischerdorf Cala Ratjada. Nach vier Stunden und 80 Kilometern waren Insel und Tag zu Ende und ich allein im Fahrzeug zurückgeblieben, ehe ich begriff. Ich trug Schreibmaschine, Koffer, Tasche und einen Beutel schmutziger Wäsche hinaus in Dunkelheit. Irgendwo in der Nähe rauschte das Meer. Kühler Wind wehte mir Sand zwischen die Zähne. Ich stand auf einer unsichtbaren Straße mit unsichtbaren Beinen. In einiger Entfernung rief mich ein schwaches Licht, ein erbärmlicher gelblicher Versuch zur Erhellung der feuchten, schwarzen Oktobernacht. Ich ließ das Gepäck stehen, es gab niemanden, der darüber hätte stolpern können. Die Strahlen kamen aus einem Hotelchen. Ein Kind versprach mir ein Zimmer. Sieben oder acht Gäste saßen in trüber Beleuchtung beim Essen, Pioniere der Flugpauschalreise.

Ich fand ein Haus am Rande des Hafenbeckens. Die Häuser in der Brandungszone standen im Winter leer. Es gab damals schon, 1957, eine Auswahl von einfachen Sommerresidenzen, die Kaufleute aus Artá und Manacor in den zwanziger und dreißiger Jahren hatten bauen lassen. Für 13 Mark war es nicht zu haben, mein Winterquartier. Für wenig mehr als das Doppelte durfte ich einziehen in vier Schlafzimmer, eine Küche mit Ziehbrunnen und Kochkamin, eine „Sala", beherrscht von einem einfachen Eßtisch für 16 Personen.

In hohen Räumen hockte ich auf dem Zementfußboden und betrachtete mit Grausen, wie Kellerasseln im Schritttempo an der Wand entlangfuhren. An strategischen Punkten hatten Spinnen Netze aufgespannt. Die tumben, kurzbeinigen, halbrunden, schwarzgrauen Panzerfahrzeuge glitten ahnungslos hinein. Nach einer Stunde vielleicht waren sie an der sanften Unnachgiebigkeit der Fäden ermüdet. Sie empfingen die Betäubungsspritze und mußten geschehen lassen, daß die Fallenstellerin sie eingarnte, bis sie als Vorrat im Beutel hingen. Einige Morgen danach lagen sie leer auf dem Fußboden, winzige Halbrunde aus winzigem Wellblech.

Von keinem Besucher, Radio oder Fernseher und von keinem Telefonanruf in dem geräumigen Asyl auf dem Ufergestein abgelenkt, beobachtete ich über Wochen diese Gemetzel. Den Ekel des Städters vor allem möglichen Kleingetier – ich gewöhnte ihn aus mir hinaus durch Hinsehen. Zum erstenmal im Leben hatte ich ein Haus für mich allein. Nicht selten denke ich, ich habe mir damit eine Sucht geschaffen.

Der erste der drei Antonios, mit denen ich mich anfreundete, paßte mich den mit verschiedenen Schrecken geladenen Lebewesen an, die am Wasser sind und in ihm. Antonio Eins tauchte und harpunierte einen Kraken, einen Tintenfisch, mit einem Durchmesser von nicht viel weniger als zwei Metern. Der Oktopode, der sonst wie ein leerer Regenmantel gemächlich über den Meeresboden zieht, muß unter Wasser, achtarmig aufgespannt, furchterregend ausgesehen haben. Er klebte sich mit seinen Saugnäpfen um Antonios Hand und Unterarm, floß schläfrig zu sich ändernden Formen auf. Antonio stülpte den Schwimmbeutel um, als wende er eine Socke; das Tier stirbt, und die Haftkraft ist aufgehoben.

Wir hackten die Tentakeln mit dem Beil in kurze Abschnitte, warfen den zerstückelten Polypen in eine jener ziegelroten flachen Tonschalen mit konvexem Boden, außen roh, innen glasiert, wie sie hier seit 3000 Jahren in jedem Haushalt zur Grundausstattung gehören. Antonio Eins hatte unser Weichtier trocken aufgesetzt, auf kleiner Flamme. Die Hitze trieb die Flüssigkeit aus dem Gewebe, die es brauchte, um zu garen. Die Kasserolle füllte sich mit rötlichbrauner Krakensoße. „Wenn die Schüssel voll ist, können wir essen", sagte Antonio.

Steine und Sand, die ich beim Transport auf dem Rückweg vom Strand von

Straßen und Wegen aufgewischt, schienen sich in meinem Mund zu sammeln. Nicht immer gelang der Zungenspitze die Aussortierungsarbeit zur rechten Zeit, bevor die Mineralienpakete zwischen den Zahnkronen zersprritzten, in ihren Ausschreitungen Schädel und Nerven erschütternd. Im Vergleich zum deutschen Schweineschnitzel, das sich in der Pfanne aus Scham vor dem hineingezüchteten Wasser zurückzieht, ist eine Portion Pulpo ein Edelfraß, Eiweißsolidität, Geweberedlichkeit.

Ich hatte viele stille Tage vor mir, einen großen Schatz Einsamkeit. Es gibt zwei Strände in der Nähe des Dorfes. Ich lernte in den Wintertagen die Eigenheiten von Sand kennen, wo sonst Halbnackte mit geschlossenen Augen angestrengt in den Himmel starren. Der Fuß wird um seine Erfahrungen gebracht. Sand will, daß man sich mit der schwerfälligen Würde eines gichtigen Gärtners vorwärtsbewegt. Er schlingt sich um die Füße wie Nudeln und macht die Bewegungen alt. Näher am Wasser, wo die Schaumborte das Gerieselt bindet, kehren Figur und Gang zurück. Wendete ich mich nach meinen Fußstapfen um, zerkochte ein Löffel See in der Schuhform. Ich stand viel herum und oszillierte ins Glückliche.

Mandelschalen waren jahrhundertelang die Kohlen der Mallorquiner

In den langen Nächten bereitete ich mir die Qualen eines Romanversuchs. Es wurde kühler, Haus und Bett begannen, Feuchtigkeit anzuziehen, von der See und vom Regen. Die verschiedenen Winde, vor allem der Nordost und der Scirocco aus Afrika schoben mir Brennholz übers Meer zu, jeder Wind beschickte eine andere Bucht. Ich schaute in die Flammen im Kamin, als kämen von ihnen Nachrichten über mein weiteres Leben.

In jener Jahreszeit konnte man gegen fünf, halb sechs Uhr nachmittags – und kann es an anderen Orten auch heute –, wenn man durch eine Dorfstraße ging, Frauen aus den Haustüren treten sehen – mit rauchenden Messingpfannen voller Mandelschalenkohle. Sie stellten sie in den Wind, der Luftzug vergrößerte einen Glutflecken, die Kohle ergraute unter Asche. Die Frauen blieben daneben stehen, bis das Glühen aus dem Schwarzen Rotes gemacht hatte. Sie halfen auch nach, wenn es sein mußte, mit einem Wedel aus Palmbast.

Der Ertrag kam ins Haus, wo es einen runden Spezialtisch gibt, viersitzig in der Regel. Das Kommunikationsmöbel hat eine Fußplatte mit Ausschnitt, die Heizpfanne paßt genau hinein. Eine vierfach geschlitzte Decke hängt bis auf den Boden. Hinter dem schweren Tuch stehen die Beine der älteren Familienmitglieder, warm bestrahlt bis zur Bettzeit.

Wegen ihrer unglaublichen Masse kam von den Mandelschalen auch elektrisches Licht. Wenige Stunden am Abend flackerte es trübe 125-Volt-weise, setzte kurz aus. Wer nach zehn eine Radiosendung hören wollte, zahlte 200 Peseten, das Riesenschwungrad lief dann eine Stunde länger für alle. Die Schalen wurden in einem Silo zum Glühen gebracht, das entstehende Gas trieb einen Siemens-Generator aus dem Jahre 1925. Der Straßenboden vor der Halle zitterte. Der Besitzer des energiesparenden Mandelschalenkraftwerks war ein Schweizer Ingenieur, er kam gelegentlich Geld holen für den Strom, den ich seiner Leitung entnommen.

Die Schalen sind noch da, Tausende von Tonnen. 5000 Tonnen Mandelkerne werden jährlich eingebracht, von sechs Millionen mallorquinischen Bäumen, die von Ende Januar bis Ende Februar weiße und rosa Blütennetze über die rostrote Erde ziehen. Die Wärme in den Tischfußschüsseln kommt heute von einer Drahtspirale, die hinter den vier Eingängen der alten Ponchos gleichmäßig und in der Freude von 220 Volt errötet. Doch noch immer wärmen sich die Männer in den Bars alter Dörfer an Eisenöfchen, aus einer Blechdose rieselt hin und wieder Schalenscherben nach.

Ich erinnere mich an einen Sonntagmorgen, die Terrasse war über Nacht hellrotbraun eingefärbt worden. Später entdeckte ich die Reste derselben Flüssigkeit auf Gehsteigen, Simsen und Autos, das Land war bemalt mit eingetrocknetem Milchkakao: Von Zeit zu Zeit tragen Strömungen in der Atmosphäre den feinen Staub der Sahara herüber, an die tausend Kilometer, Regen wäscht den Puder aus der Luft.

Die Leute begannen mich zu fragen, ob ich bereit sei, sie im Deutschen zu unterrichten. Nicht, weil man zu wenig zahlen wollte – das mußte man –, der Stundenpreis war zehn Peseten, also achtzig Pfennig oder drei Liter vom einfachsten Landwein. Ich wünschte, die Reinheit meiner Verantwortungslosigkeit durchzuhalten und die einsame Freiheit nicht mit Versprechen zu besudeln. Eine Verabredung, die sich jede Woche selbst wiederholt, wollte mir vorkommen wie das Hinabsteigen in einen Abgrund, dessen Boden nichts anderes ist als ein Angestelltenverhältnis.

Heute sind »Hummerschwanz« und »Schweinslende« auf der Insel gängige deutsche Vokabeln

Eine Frau, nicht schön und für mich von starker Anziehung in meinem von erotischen Phantasien gefoppten Eremitenleben in dem Dorf schwarzgekleideter Witwen und Gattinnen und kichernder Jungfrauen – sie war die einzige, die den Mut hatte, auf mich zuzugehen. Sie verführte mich, die didaktische Enthaltsamkeit aufzugeben und mich einzulassen auf ihre unglückliche Liebe zu unseren Umlauten. Die Art und Weise, wie die Deutschen von der Einzahl zur Mehrzahl kommen, wollte weder ihr noch mir vor dem Kamin recht verständlich werden. Warum Hut/Hüte, Fuchs/Füchse, aber Gut/Güter, Bub/Buben, Stufe/Stufen; warum Lämmer, warum nicht Schwämmer?

Die Lektionen kippten zu Rendezvous, danach kam für die achtzig Stundenpfennig ihr Sohn. Schon war die Zeit gekommen, da versprach man sich von Deutschkenntnissen für den Sommer höhere Einnahmen. Der Junge verdrehte die Augen und ließ sie vor Anstrengung hervortreten bei der Überwindung eines Konsonantenverhaus wie „glimpflich", „pfropfen", „schrumpfen".

Es sprach sich bald herum, daß da eine Quelle im Dorf war, aus der man deutsche Wörter sprudeln lassen konnte. Die höchste Autorität der Gemeinde klopfte an die dünnen, scheppernden Scheiben meiner Haustür. Der katholische Priester setzte in meiner „Sala" an, am Sechzehnpersonentisch, die wirtschaftliche Zukunft des Ortes an Dienstleistungen festzumachen, indem er mir eine monatliche Ausschüttung von circa hundert Mark zusicherte, wenn ich die sprachliche Ausbildung der Fischerjugend zu Kellnern Deutschlands in die Hand nähme – im Gemeinschaftsraum des Pfarrhauses.

Es gefiel mir nicht, daß der Kirchenmann Seefahrer in Servierer verwan-

Mandelernte wie vor tausend Jahren

Im Spätsommer werden unter den Bäumen Netze ausgebreitet, die reifen Früchte mit Stangen abgeschlagen. Nußknackermaschinen trennen die Kerne von den Schalen, mit denen heute noch viele Mallorquiner ihre Häuser heizen. Ihre Apfelsinen, so behaupten die Insulaner, seien die besten ganz Spaniens

delte, aber ich hatte bei der Gemüsefrau erste Schulden gemacht. Zweimal in der Woche tastete ich mich durch die windige Gassenfinsternis der Adventszeit, vorbei an ratternden Läden und huschenden Frauenschatten. 20 bis 25 großäugige Jungen und Mädchen waren von geschäftstüchtigen Eltern abgeordnet worden, sich bei mir ein Werkzeug zu beschaffen, wie man zum Schreiner geht wegen eines neuen Beilgriffs. Die Familien hofften, über die neue Zungenfertigkeit der Kinder mehr Fisch und Übernachtungen zu verkaufen. Meine Schüler waren nicht stark motiviert.

Inzwischen sind viele Jahre vergangen, und Motivation ist ins Kraut geschossen. Wo ich einst Hilfszeitwörter wie „sein" und „haben" und eine Handvoll Vokabeln gesät, sprießen jetzt Referate. „Ich bin Jaime", begrüßte mich ein Metzger als Antwort auf meine Bitte nach einer Scheibe vom Schweinsschlegel. „Erkennst du mich nicht? Ich war dein erster Schüler nach meiner Mutter Maria."

Der Junge, der beim Nehmen von Mitlauthürden die Augen seitlich hatte hervorquellen lassen – es kostete mich Mühe, ihm zu verbergen, wie alt und dick er geworden war. Er besaß ein feines Geschäft, genau gegenüber dem Hauptportal der Kirche, eine Boutique für Würste und Fleisch, fast eine Art Apotheke, weiß gekachelte Wände, neue Kühlkammer. Er besaß auch eine hübsche Frau. Wir wurden mehrere Male durch Kunden unterbrochen, die meisten äußerten ihre Wünsche in einem deutschen Dialekt. Ohne die Zuhilfenahme der Muskeln seiner Augäpfel sagte der überraschend Erwachsene „Schweinslende", „Hammelkeule", „Putenbrust". Er hielt Kurzreferate über Bratfähigkeit und Siedekriterien, konnte „Hühnerkopf" leidlich aussprechen. Es war sein Geld.

Ich vermag einen Wortschatz aus mehreren Lebensbereichen abzurufen, wenn ich die Hauptstraße entlanggehe und da und dort eintrete. Ein Mädchen, in dessen Gesicht ich unter den rötlich-dämmerigen Mandelstrahlen von 25 Watt einst das Auge hatte suchen müssen, welches mich anzublicken pflegte, sagt jetzt „Heilbutt", „Hummerschwänze" und „abschuppen". Ich meide das abgewichene Auge, sie ist verheiratet, Mutter dreier Söhne.

In allen Häusern, straßauf, straßab arbeitet man an der Biegsamkeit von Zunge und Zäpfchen. Die Dörfler baumeln an ihren teutonisch erwerbstätigen Mündern. „Die Dämpfung der thalamischen Schmerzzentren durch Analgetica . . ." sagt die blasse, langnasige Dominga in ihrer Farmacia, mit einem „r", das wie ein Ventilator surrt. Bis in die Nacht- und Morgenstunden züngeln, lippeln, kehlen sie Umsatz. Und Schwärme von Reklametafeln verkünden guten Willen in tapferer Orthographie.

Wenn ich meine alten Wege gehe, vorbei an Restaurants, Lederwaren, Andenkenkeramik, Perlenketten aus Manacor, Supermärkten, Apartmenthäusern, Hotels, auf Asphaltdecken, die mich von den Sandwegen trennen, die still zum Meer führten, von den Schattenteppichen der Pinien bedeckt, höre ich Ehepaare verzückt sich zurufen: „Mein Gott, ist das nicht schön hier?" Ja, sage ich vor mich hin, wenn das so ist.

Ich befinde mich fortwährend in einer leichten Raserei der Neugierde. Ich lerne Mallorca. Und damit sehr viel mehr. Allmählich wird mir das Ausmaß meiner deutschen Provinzlerignoranz deutlich. Ich meine, ich hätte wissen müssen – zum Beispiel –, daß das Wort „Majonäse" abgeleitet wurde von der Hauptstadt der Schwesterinsel Menorca, Mahon: Die Franzosen fanden dort eine Sauce und nannten sie „sauce mahonnaise". Ich entdeckte neue Grenzen des Apfelsinengeschmacks.

Vor dem Unterricht durch die Mittelmeermenschen wußte ich nicht einmal, was eine Feige ist. Ihr Erscheinungsbild in Deutschland ist ein Bild abseits des Baumes, ein Trockenbild, geschrumpfte Fassung. Die Feige auf der deutschen Netzhaut hat Kanten und Quetschfalten. Der Inselgast erkennt in den grünvioletten, prall gefüllten birnenförmigen Beuteln die Kolonialware nicht wieder. Das Fruchtmus deponiert seinen Geschmack im Fleisch der schwarzen mallorquinischen Schweine. Im Herbst stoßen die Tiere unter die Bäume vor, sich der winterlichen Hausschlachtung entgegenzufressen, der „matança", dem „Blutbad", wie ein neues Wörterbuch den Ausdruck aus dem Katalanischen, der Sprache der Balearen, übersetzt. Die Schwarzröcke erwuseln sich auf den Weizenstoppeln letzte Wochen des Glücks.

Schmalz und Fleisch der dunklen Haustiere wälzen sich über Geschichte und Speisezettel Mallorcas. Die französische Schriftstellerin George Sand verfluchte vor knapp 150 Jahren den Geist der Mastwirte des Eilands, während ihr tuberkulosekranker Freund Fryderyk

Fast uneinnehmbar war das Castillo de Santueri, in dem die Mauren mehr als ein Jahr lang dem anstürmenden christlichen König Jaime I. standhielten – bis 1230. Dann fiel die Insel endgültig an Spanien. Später wurde die Festung Fluchtburg vor den Überfällen der maurischen Seeräuber, die sich auf der gegenüberliegenden Insel Cabrera festgesetzt hatten

Hinter maurischen Mauern Schutz vor den Mauren

Chopin, vom wochenlangen mediterranen Winterguß halbverrückt, die „Regentropfen"-Prelude komponierte – noch immer wartet es, anders als der Schlußchor der Neunten Symphonie von Beethoven, auf die Verdünnung durch Heino oder James Last.

Ein Schweinehirt aus dem Inselinneren, dem Bauerndorf Santa Margarita, ein schöpferisch Begnadeter der Habsucht, schuf sich mit süßer Baumpampe und Säuen die Anfangsstufe zu einem Milliardenvermögen, mit dem er schließlich den Bürgerkrieg der Faschisten finanzierte und Franco zur Diktatur verhalf; der „sechstreichste" Mann der Erde soll er geworden sein bis zu seinem Tod im Jahr 1965 – wer das wie ausgerechnet hat, bleibt dunkel.

Dieser Mensch blies in den Köpfen seiner Landsleute einen Wirbelsturm der Phantasie an, der nicht mehr aufhört. Die älteren Bewohner erzählen mit widerwillig unterdrücktem Respekt Geschichten eines Mannes von fehlerfreier Skrupellosigkeit und unerbittlicher Intelligenz. Keine Familie, in der nicht immer wieder sein Name fiele, kein Ort auf dem Archipel ohne eine Filiale seines Geldinstituts und ohne Calle Juan March.

Die Naturkraft seines Erwerbssinns offenbarte sich bei ihm im Murmelspielalter. Andere mögen an Mitschüler Zigaretten verkauft haben, Juan verkaufte einzelne Züge, zwei für einen Céntimo, bis zu 30 Zügen aus einem „caliqueño", einem handgewickelten dünnen Stumpen. Mit fünf Céntimos als Anschaffungsinvestition pro Glimmstengel erwirtschaftete das Handelskind 200 Prozent Gewinn.

Während des Ersten Weltkriegs ließ Juan March, inzwischen längst dem Stadium kindlicher Erwerbsbestrebungen entwachsen, für hungerleidende Europäer gegen Vorauszahlung Sand in Schiffe schaufeln und das Rieselgut als Brotgetreide versichern. Auf der Route von Buenos Aires nach Rotterdam wartete ein eigenes U-Boot, der Kommandant riß den Frachter mit einem Torpedo zur Streudose auf. Der Auftraggeber kassierte die Versicherungssumme für Boot und Phantomkorn.

1936, nach den ersten Monaten des Spanischen Bürgerkriegs, ging die Meldung durch die Nachrichtenagenturen, Juan March sei im Vatikan eingetroffen, um mit dem Papst über eine Hilfsaktion für Franco zu verhandeln. So lange hatten die Sozialisten und ihre Anhänger einen Sieg der Faschisten für unmöglich gehalten. Die vereinigte Werteschwerkraft der Kirche und des Schmugglerkönigs vom Mittelmeer stimmten kluge Verteidiger der Regierung pessimistisch. Die Kredite an den Rechtsradikalismus haben sich für den großen Kaufmann aus Santa Margarita bezahlt gemacht – nach dem Sieg der aufständischen Generale war er 25 Jahre lang auf Mallorca der Staat.

Die Vergangenheit der Insel ist die Geschichte von Schmugglern und Piraten. Man sieht es: Auf allen höheren küstennahen Kuppen steht ein runder Signalturm aus Sandstein. Jahrhunderte hindurch haben Wächter darin beobachtet, was auf dem Meer vor sich geht. Der eine und andere von ihnen wurde von Piraten mitgenommen und auf einem Sklavenmarkt verkauft. Ungefähr in der Zeit, in der wir den Kölner Dom bauten, lernten die Mallorquiner, auf ihre Warner besser achtzugeben: Jeder Turm steht in der Sichtweite mindestens eines anderen. Die Besatzungen, zwei bis vier Mann, meldeten nachts durch Feuer, am Tag durch Rauch jedes Schiff und dessen Fahrtrichtung. Das funktionierte bis ins letzte Jahrhundert. Bei verdächtiger Annäherung war das Land – Ost-West-Durchmesser rund 100 Kilometer – je nach Lage des Beobachters in ein bis zwei Stunden alarmiert.

Man sieht die Folgen der rabiaten Besuche früherer Mittelmeerschiffer auch der Landkarte an – wenn man es weiß –, den älteren Karten noch deutlicher, bevor die Hersteller von Urlaubsprogrammen und Portlandzement auf neuerem Kartenwerk die Inselvergangenheit mit ihren Spuren verzeichneten. Bis auf die beiden von Römern errichteten Städte Alcudia (Pollentia) und Palma, die an den beiden großen, weit überschaubaren Buchten liegen und durch starke Festungsmauern geschützt waren, gab es an der Küste keine Orte.

Seit Menschen segeln, waren die Bewohner dieser Inseln immer bedroht, wurden für den Menschenhandel geraubt oder für fremde Interessen zum Militärdienst gezwungen, manchmal bis nahe an die Beseitigung einer Männergeneration; immer wieder haben Fremde das Land geplündert. Im späten Mittelalter steigerten sich die Überfälle zu einem Dauerkrieg, es kam vor, daß Dutzende von Schiffen mit Bataillonen von Galgenvögeln gleichzeitig anlegten. Es gibt Heldengeschichten vom Kampf und auch von Siegen der Bewohner gegen ihre Heimsucher. Die Bürger von Pollensa oder Sóller freuen sich mit alljährlichen Spielen, daß sie vor 420 und 430 Jahren zwei türkische Freibeuterhaufen von 1500 und 1700 Mann ins Meer zurücktrieben und mehr als hundert töteten.

Die Seekarten-Kunst entwickelte sich auf der Insel zur schönsten Blüte

Die Inselleute bauten Wohnsiedlung und Hafen getrennt. Die Häuser landeinwärts, von Schutzmauern umgeben; an das Ufer die notwendigen Anlagen zum Be- und Entladen der Schiffe und Lagerräume für Frachten. Heute sind es Doppelorte (Andraitx – Puerto Andraitx, Sóller – Puerto Sóller, Cala Ratjada als Hafen der Gemeinde Capdepera). Der Küstenstreifen blieb unbewohnt, bis auf wenige burgartig befestigte Einzelgehöfte auf der fruchtbaren Humusschneise einer Talsohle.

Einige dieser Bauernburgen stehen noch; sie geben dem Mitteleuropäer Rätsel auf, er kann sie in seinen baugeschichtlichen Vorurteilen nicht finden. Andere verhüllen ihre Wehrturm mit Anbauten späterer Jahrhunderte, hochgezogenen Speicher- und Gesindekammern; nur die schon allzulang abwartenden, über geblümten Fenstergardinen aus dem Mauerwerk herauskragenden Steine, Reste von Pechnasen – im katalanischen „matacans", Hundetöter – erinnern als Fossilien des Grams an wilde Ängste anderer Zeiten.

Bei Alarm flohen die Menschen in die Siedlungen, gaben Hafen und Schiffe auf und verschlossen die Tore. An den beliebtesten Landeplätzen der mittelalterlichen Banditen sammeln sich heute Hotels und Souvenir-Shops. Auch jetzt ist es dort am lautesten.

Die Erfahrungen mit hoher See, die von überall in ihren Buchten zusammenliefen, taten ihre Erkenntniswirkung in mallorquinischen Köpfen. Es gab keinen anderen Platz im 14. und 15. Jahrhundert, an dem so viel Wissen über den Globus angehäuft war. Die Balearenhauptstadt reifte zum Sitz der wichtigsten kartographischen Schule der Welt. Dokumente überliefern die Namen von 50 Meistern; Museen und Archive bergen über 400 Stücke mallorquinischer Seekartenkunst, mit Miniaturen und Initialen, kostbare gotische Handschriftenkultur. Die Pergamente wurden wegen ihrer Zuverlässigkeit von den Mächtigen als Werkzeuge zur Erweiterung von Reichtum und Herrschaft geschätzt.

Man weiß, daß sich Karl V. von Frankreich durch den spanischen Gesandten einen Weltatlas aus Palma besorgte. Der spanische König Pedro von Aragon ließ ihm ein zwölfteiliges Kartenwerk des Mallorquiners Abraham Cresques bringen, nach dem neuesten Stand (1375) gemalt; es ist in Paris aufbewahrt. Und der Seemann Amerigo Vespucci erweiterte mit den Häuten, die Gabriel de Valleseca genau und schön bemalt hatte, die Kenntnis der jüngst gefundenen Neuen Welt, balearisch begünstigt auch dieser.

Von den Seeräubern lernten sie schließlich, selbst Seeräuber zu werden

Die von schwarzen Schweinen und Feigen genährten Seekartenmaler und die Konstrukteure von Navigationsgeräten haben für die großen Entdecker mehr Hindernisse vor dem amerikanischen Kontinent und anderen unbekannten Erdteilen beiseitegepinselt und weggefeilt als irgendeine andere Gruppe oder irgend jemand sonst.

Mit dieser erstklassigen Meereskundlervergangenheit im Rücken und dem feinen, exotisch breiten Konsumfächer im Städtergedächtnis ertrugen die Inselbürger die schlechte Behandlung durch die verschiedensprachigen Küstenfledderer nicht lange. Die Orte, anstatt sich wie bisher durch Weltgeschäfte zu vergrößern, entließen wieder Menschen in die Landwirtschaft.

Einige Jahrzehnte fand die Inselelite nicht aus ihrem höheren Verdutztsein. Die Aussperrung der Mallorquiner aus der Renaissance, ihre Isolierung auf einige hundert Quadratkilometer, nachdem Amerika, das Schießpulver, die Buchdrucklettern, die fabrikmäßige Produktionsweise und der Bankscheck gefunden waren, gab ihnen fruchtbare Wut ein und den Mut, das Nächstliegende zu tun: die Rabauken- und Rüpelaußenpolitik der Freibeuterregierungen zu kopieren und zu vervollkommnen.

Die Abkömmlinge von Entdeckern und Kolonisatoren wurden den Kollegen der Meere schnell zum Schrecken. Der alte Brauch der Räuberei auf den Wassern der alten Kulturen endete 1830, als die Franzosen Algerien zur Kolonie machten. Schiffsladungen zu plündern lag nicht mehr im Interesse der zu Nationen gewordenen Völker.

Wer über eine Mittelmeerinsel schreibt, gerät in den Verführungssog von Geschichten, die sich um Schmuggel drehen. Doch hapert es an Anhaltspunkten für die Übertreibung. Schmuggel pflegt man weder zu hören noch zu sehen, solange er den Namen verdient. Immerhin kann besonders derjenige, der länger hier lebt, in den Genuß von Anzeichen kommen, die beweisen, daß noch geschmuggelt wird. Der Inhaber eines Schreibwarengeschäftes in einem Fischerdorf führt ihm einen vor Neuheit blitzenden, kompakten japanischen Radiokassettenrekorder vor und tut sich einiges darauf zugute, daß er halb so teuer ist wie im Elektroladen. Ließe man sich den Apparat aus Nordafrika kommen, wird erklärt, wäre er billiger. Das Wort, das die Behörde für diese Einkaufsform gebraucht, wird dabei mit eingefleischter Behutsamkeit umgangen.

Die während mehrerer Wochen an den Strand gespülten Vermögenspartikel in Form leuchtendroter, unversehrter „Winston"-Packungen lassen auf die überraschende Begegnung eines Schnellbootes der Küstenwacht mit einem Kutter schließen, der zwischen Uferversteck und Hochseeschiff staatshaushaltsfeindlich pendelte. Hätte die Besatzung des biederen Kahns – um ihre zollrechtliche Unschuld vorzuführen – die Ladung nicht über Bord geworfen, von den Empfängern an Land wäre sie in ein Verlies versenkt worden, in den Scheinbrunnen in der Nähe eines Hauses, der von dort unter dauernder Beobachtung steht. Diese Gewölbe heißen auf mallorquin „secrets".

Als doppelt geheimhaltungsfähige Spielart von „secrets" nutzen die schweigsamen Nachtarbeiter den Friedhof. Der ist in Spanien kein Gottesacker. Spitz überdachte Schreine aus Sandstein – dem „marés", der auch den größten Teil der lebenden Bevölkerung schützt – bergen die Särge mit den Toten. Jedes dieser gemauerten Regale gehört einer Familie, es besteht aus sechs oder acht Fächern. Man schiebt den Sarg, Kopfende voraus, hinein und verschließt die Lade mit einer Steinplatte, deren unterschiedlicher Härtegrad häufig dazu gedacht ist, die Härte der Hinterbliebenenherzen öffentlich anzuzeigen.

In der Steinzeit schon blühten hier prosperierende und friedliche Gemeinwesen

Nur ein verschließbares Gitter und ein schmaler Platz dahinter für Blumen, Andacht und eine Konsole mit den Fotos der Verstorbenen trennen Nachbarn und Wißbegierige von den Inschriften in der mörtelversiegelten Schrankwand. Nach fünf Jahren darf das Leichenschließfach geöffnet werden – sollte der nächste Angehörige darauf Anspruch erheben. Der Sarg wird in einer Friedhofsecke verbrannt – so schön wie am ersten Tag ist er dann nicht mehr, während er aufs Feuer wartet –, die Knochen, dann und wann noch beklebt mit violettfarbenen zähen Knochenhautresten, läßt man hinabfallen in die überkachelte Grube vor den Auflösungskammern, durch die Enge einer herausnehmbaren Kachel.

In einem mittelgroßen Dorf von Verwesungsspinden mögen hundert und mehr Einzelabteile frei sein; die Zahl der Plätze ist auf die Sterbefolge gemeinhin großzügig abgestimmt, gestattet dem Ableben Spielraum. In die Sterbelücke schichten die Lageristen des Neumondes ihre cellophanierten Tabaksärgchen. Kein Zollfahnder möchte die Ruhe der Zigaretten stören.

Der Fremde hätte während eines seiner letzten Aufenthalte in den Blättern der Region lesen können, daß der Bürgermeister von Santañy verhaftet wurde, weil er nicht nur seiner Gemeinde, weil er auch einem Arbeitskreis vorgestanden hatte, dessen Fleiß von der Regierung nicht genehmigt war.

Der Reporter, der sich anschickt, auf diesem Feld Recherchen anzustellen, wird gewarnt. Die Wucht der Gewinne,

Die Toten helfen den Schmugglern

Nur die Ärmsten der Armen kommen gleich in die Erde. Die anderen werden für eine »Übergangszeit«, die bis zu fünf Jahre dauern kann, Seite an Seite in kleine Totenhäuser eingemauert. Später werden die Särge verbrannt, die Knochen in der Familiengruft beigesetzt. Die Sargnischen sind für die vielen Schmuggler auf der Insel traditionelle Verstecke für ihre Konterbande

die in diesem Unternehmenszweig üblich sind, nimmt auf Menschenleben keine Rücksicht.

„Ich habe die größte Dokumentation über das Thema", sagt ein bekannter Publizist in Palma. „Sie wird nie veröffentlicht, solange ich nicht wild bin auf ein Messer zwischen den Schulterblättern."

Der kommandierende General der Balearen und der Marinechef fahren dienstlich das Schnellste – konfiszierte Motoryachten.

Einige hundert Meter vom Ortsrand des Landstädtchens Artá (6000 Einwohner) – der Name ist der abgeschliffene Rest des arabischen „Yartan" – steht ein kleiner Wald alter Steineichen. Unter den wie Aluminiumblech glitzernden kleinen Blättern der Bäume liegen Felder und Halden aus grauen Kalksteinbrocken. Die Quadern bedecken eine runde Fläche mit einem Durchmesser von hundert Metern. Während des Umhersteigens auf den Klötzen zeigen sich Grundmauern alter Wohnräume. Im Zentrum der Quaderngevierte steht, auf einer Kuppe, ein runder Turm, ein „Talayot", sechs Meter hoch, aus ebensolchen dicken Brocken zusammengesetzt, auf denen man herumklettert; der Name ist eine vom spanischen „atalaya" = Wachtturm abgeleitete Vergrößerungsform; die Spanier haben diese Möglichkeit, „Wachtturm" zu sagen von den Arabern. Diese Bastion besteht aus einer Doppelmauer großer Felsblöcke, die ohne Mörtel und fugenlos ineinanderpassen, der Zwischenraum ist angefüllt mit kleineren Quadern, Geröll und mit Erde.

Vor einigen Jahren hatte ein italienischer Archäologe, Giovanni Lilliu, die unter grünen Hügeln verborgenen Steine freigelegt. Er und seine Mitarbeiter fanden unter der Vegetationsdecke das wehrhafte Zuhause von ungefähr 300 langschädeligen Nachkommen von Leuten, die, wie man einem Puzzle aus Funden und Fakten abliest, vor 3200 bis 3400 Jahren, in einer Zeit großer Völkerumzüge an den mediterranen Küsten, aus dem Osten zugesegelt waren, als dritte oder vierte Welle von Seefahrern, die entweder mit an Wahnsinn grenzendem Mut oder von Stürmen umhergetrieben, sich für ihre navigatorischen Verhältnisse zu weit aus der Küstensicht entfernt hatten.

Die Zyklopensiedlung von Artá mit 13 500 Quadratmetern ist eingefaßt von einer Mauer, einzelne Steine wiegen acht Tonnen. Wenige Kilometer

GEO **43**

entfernt steht ein Rundturm, in dem sind einzelne Teilstücke vier Meter lang. Bei den Ausgrabungen fand Lilliu Waffen und Geräte aus Bronze, verzierte Keramik, Armreifen und Halsketten mit Perlen aus bunter Glaspaste, Knöpfe und Nadeln aus Knochen und Mahlsteine. Manche Spezialisten glauben, daß auf der Insel dreißig ähnliche Wehrgemeinden existierten.

Etliche dieser Megalithbauten stehen seit Tausenden von Jahren fast unversehrt – nachgebaute Höhlen, Teile der Landschaft. Stabil wie Felsengrotten, wurden sie bis ins Mittelalter bewohnt, einige werden noch als Stall benutzt. Manche stehen auf Äckern zwischen Mandel- und Johannisbrotbäumen. Von den Erbauern heißt es in den wenigen überlieferten Stellen klassischer Texte, sie seien schamlos-unzüchtig, betrunken und furchtlos gewesen.

Karthager und Römer verwendeten die Leute von den Balearen als Kanonen

Die Leute, die vor den entsetzlich produktiven Festungskanonen die allgemeinen Umgangsformen der Inselgesellschaft bestimmt hatten, kannten keine Waffen und keine Verteidigungsbauten. Sie lebten einen tausendjährigen Frieden. Sie züchteten Schafe – „Lamm" heißt im Mallorquinischen „me" –, jagten Hasen, sammelten Muscheln, bauten Getreide an und arbeiteten am Gehorsam des Schwarzschweines. Nicht anders als früher in unseren Landstrichen mit den vielen „Müller", muß sie das Mahlen von Korn viel Zeit gekostet haben, sie hinterließen Handmühlen in großer Zahl. Sie wohnten in natürlichen Höhlen und Hütten, wie sie bis vor wenigen Jahren noch die einheimischen Köhler benutzten. Die Hütten gibt es noch, die Köhler nicht mehr, das Butangas hat sie aus der Produktion geblasen.

Vor 4000 Jahren konnte das Meer schützen. Die Steinzeit-Mallorquiner machten sich nackt und gemächlich, ohne große Störungen, auf den Weg in die Bronze. Wenn es jemals ein Paradies gab, kann es nicht viel anders ausgesehen haben als das Leben dieser Menschen. Nicht lange bevor das andere Zeitalter bei ihnen landete, mit Schwertern und Großbauwissen, konstruierten die Friedfertigen Steinhäuser, die aussehen wie kieloben liegende Schiffe („Navetas"). Die Steinplatten der Seitenwände nähern sich nach oben einander an, bis sich eine geschlossene Kuppel bildet, es gibt kein Dach. Auch die steinernen Boote scheinen in der Absicht errichtet worden zu sein, so lange zu halten, wie es Menschen gibt, als wäre den Bauherren der Gedanke entsetzlich gewesen, ein solches Haus könne Konsumgegenstand sein.

Am anderen Ende des großen Völkerbeckens war man in vielen Dingen weiter. Die Anwohner der ägäischen Küsten trugen ihre Fertigkeiten und Kenntnisse von Osten nach Westen – auch ihre Kulte, wie die Stierverehrung; in ländlichen Museen liegen Bronzenachbildungen von Hörnern und Stierköpfen. Es dauerte damals vier- bis fünfhundert Jahre, bevor die Kulturwelle bei den Balearen ankam. Homer schrieb um 750 vor Christi Geburt die Geschichten über den Trojanischen Krieg und über Odysseus, nachdem sich das Volk die Ereignisse fast 450 Jahre lang weitererzählt hatte. Da war die Festungssiedlung bei Artá vielleicht 250 Jahre alt, ganz neu, und noch im Ausbau.

Es ist nicht nur reizvoll, zu denken, daß der Westen mit dem Abstand eines Halbjahrtausends in groben Zügen und mit örtlichen Unterschieden wiederholt, was Völker im Osten gelebt haben, auch die Vermutung, Artá – oder „Ses Païsses", wie der Uraltort nebenan heißt – habe Beachtliches gemein mit Troja, läßt sich mit Glaubwürdigkeiten ausstatten. Es muß viele Trojas gleichzeitig gegeben haben.

Das eingesteinte Troja, die sechste Schicht mit 200 Metern Durchmesser, wurde um 1200 v. Chr. gestürmt. Unter jenen, die damals gegeneinander kämpften, lebten Erinnerungen an die Zeit, in der es keine privilegierten Anführer – „Könige" – gegeben hatte. Das kann in Ses Païsses nicht anders gewesen sein.

Das Pathos der alten Heldengeschichte rührt auch daher, daß die Starken bestimmten, was wir über sie reden, und es läßt uns vergessen, daß Troja ein winziger Ort war, ein Kaff. Für die Bevölkerung außerhalb des unüberwindlichen Felsenrings indes war es eine schauerlich überzeugende Mahnung; für die neureichen Herren das Beste vom Besten, was es in ihren Tagen an Isolierung gab. Zu so etwas läßt sich zu solcher Zeit leicht „Stadt" sagen und „Palast"; und wer die Macht hatte, die großen Steine um sich her ritzenfrei aufrichten zu lassen, zu dem mußte man „König" sagen, „König von Troja".

Im Altertum waren die Mallorquiner eine gefürchtete Spezialtruppe, eine vernichtende Muskelartillerie. Griechen, Römer und Karthager haben mit den Steinschleuderern (ballein heißt auf griechisch werfen) ihre Siege erfochten. Heute bemühen sich Vereine mit großem Erfolg, die antike Fertigkeit wieder populär zu machen. Bei Dorffesten werden die besten Mannschaften ermittelt, jeder macht mit, einerlei ob 6 oder 60 Jahre alt

Die Schleuder, die den Balearen den Namen gab

Und warum nicht „König von Ses Païsses"? Auch der raffinierte Odysseus war „König", von Ithaka, einem Inselchen, das kaum ein Zehntel so groß ist wie die spanische Ferienattraktion. Die Könige waren nicht so königlich, die Paläste nicht so palastig und die Kriege von Messerstecherei nicht so weit entfernt, wie uns alte Hofsänger und Studienräte sagen. Das Außerordentliche am „Trojanischen Krieg" ist Homer.

Hiesige geschichtsbewußte Heimatergebene, auf Wahrung kultureller Überlieferung Bedachte beleben in Vereinen und durch Wettkämpfe eine zirkusreife Fertigkeit wieder, die von den beiden Großmächten Karthago und Rom stark gefragt war und doch nirgendwo sonst recht gedieh. Wer möchte, kann sich auf der Straße zu dem Altertumssport bekennen, eine patriotische Vereinigung zur Förderung der antiken Körperbeherrschung, läßt Aufkleber verteilen mit dem Bild eines Athleten, sein Blick fixiert einen entfernten Punkt mit einem Ernst, der der ehrwürdigen Tötungsabsicht angemessen ist; über seinem Kopf steht eine Lederschlinge, die in seiner Faust endet.

Karthagische Militärs wie Hannibal, und später römische, verwendeten die Mallorquiner als Kanonen. Diese durchtrommelten mit ihren peniblen Steinhageln mehrere hundert Jahre lang Helme, Schilde, Pferde und Menschen. Der Ruf der ballistischen Verläßlichkeit dieses Völkchens ging durch die ganze mediterrane Welt, brachte ihm nicht nur den Namen ein – abgeleitet aus dem griechischen „bállein" = schleudern, werfen –, ihre einzigartig hohe Trefferquote verhalf den armen Schluckern zu sicheren Arbeitsplätzen als Söldner auf allen klassischen Schlachtfeldern, wenn auch mit einer hohen Rate früher Dienstuntauglichkeit.

Die modernen Schleudersportler plazieren bei ihren Sonntagstaten das Wurfgut offensichtlich nicht mit derselben Permanenz ins Schwarze, oder, wie die Spanier sagen, ins Weiße. Das selbstklebende Bekenntnis mit dem Portrait des jungen Mannes, der wie ein Tenor hinter der Flugbahn Aufstellung nimmt, macht wahrscheinlich, daß ihre Trainingsmoral untadelig ist; was ihnen fehlt, ist schwer zu bekommen: Mütter, die ihre Jungen erbarmungslos dazu anhalten, entweder Nahrung vom Baum zu schießen oder zu hungern.

Das Land hinter der langgestreckten Fremdenbühne des Piratenstreifens am Meer ist ein Freiluftmuseum. Insularität macht, daß sich gewisse Dinge anders entwickeln. Wenn man es recht bedenkt, bleibt nichts verschont von der Gewalt der Absonderung. Enges Land vermag auch Elefanten zu verkleinern. Vor erdgeschichtlich nicht allzu langer Zeit – Mallorcas Häuser waren noch Düne – blieben auf dem Stück Erde, das wir Kreta nennen, Elefanten zurück, als steigender Meeresspiegel es aus der Umgebung herauslöste. Was den restlichen Vorrat an Grünzeug betrifft, waren die Tiere jetzt zu groß. Natur aber gibt ihre Werke nicht gern auf: Die Riesen, die sich verkleinerten, überlebten. Man fand die versteinerten Reste von Dickhäutern, die nicht größer waren als Kälber, mit enorm grünfreundlichen Rüsselchen.

Sie haben gelernt, den Regen kunstreich festzuhalten

Balearische Abgeschiedenheit hingegen rüstete die Schlafmaus aus der Familie des Siebenschläfers mit dem Acht- bis Zehnfachen ihres kontinentalen Volumens. Die Anziehungskraft auf die traditionellen Vertilger, bestimmte Vogelarten, schwand nach einigen hunderttausend Jahren dahin.

Bei den Resten von des Erstmallorquiners Tische liegen neben Schweins-, Ziegen- und Hasenknochen meist die Überbleibsel einer Art Gemse, ihr wissenschaftlicher Name ist Myotragus balearicus, „balearischer Mausbock". Sie formte sich an dem Umstand, daß ihr, anders als ihren Schwestern in Afrika, keine Feinde geblieben waren – bevor Menschen landeten und das Äonen lang zur Wehrlosigkeit gestaltete Geschöpf von der Insel aßen. Es brauchte vorher niemandem davonzuspringen. So sahen seine Hinterläufe dann auch aus, die Evolution sparte Erkleckliches an Längenzentimetern ein. Sie verdrehte dem Wurzelgräber die Augen, von der Seite nach vorn; was er an rückwärtiger und seitlicher Aufmerksamkeit entbehren konnte, richtete er in genetischer Scharfeinstellung von Jahrtausend zu Jahrtausend immer genauer dorthin, wo seine beiden langen, stets nachwachsenden Nagezahnpaare zu tun bekamen, aufs Gemüse. Beim Betrachten der Schädel in den Museen schaut man in die Mündungen zweier Pistolenläufe.

Mallorca, dieses Biomuseum, bewahrt uns Hunderte lebender Ausnahmen von Pflanze und Tier, welche die Regeln bestätigen, nach denen Arten sich bilden.

Insulares Einwecken hat uns wohlversorgt mit einem vollen, kompletten Magazin menschlicher Werke aller Geschichtsphasen bis zu 7000 Jahren zurück. Unter Schichten steinzeitlicher Küchenabfälle in einer Wohnhöhle an der Nordsteilküste fand man die Reste von vier Menschen, die nach der Altersbestimmung durch die Radiokarbonmethode vor 7000 Jahren gelebt haben. Archäologen zählten ungefähr 1400 Fundstellen auf der 3600 Quadratkilometer großen Hauptinsel, das entspricht etwa der Fläche des Saarlands. Auf dem Meeresboden in der Nähe wurden inzwischen hundert Stellen ausgemacht, Schiffe aus der Antike mit ihren Ladungen in der Hauptsache.

Auf Menorca liegen die Arbeiten früherer Generationen noch dichter beieinander. José Mascaró Pasarius, ein der Archipelvergangenheit Verfallener, der alle 150 aus dem Wasser ragenden Stücke der Inselgruppe betreten, Hunderte von Texten veröffentlicht, eine zehnbändige in goldgeprägtes Kunstleder gebundene „Historia de Mallorca" herausgegeben; der ein fünfbändiges Kartenwerk der Balearen gezeichnet hat, mit jeder bekannten Geschichtsspur – José stellte mit dem Kollegen G. Llompart eine Liste aller archäologischen Schriften zusammen, die jemals zu einem Gegenstand der beiden größeren Inseln veröffentlicht wurden, bisher 1300 Texte in allen europäischen Sprachen. In einer lateinamerikanischen medizinischen Zeitschrift erschien ein Artikel zur Kunst des vorgeschichtlichen Schädelaufmeißelns in Mallorca.

Von Mascaró gibt es einen Vortrag über „frühe Wasserspeicher auf den Balearen". Wie man Regen festhält, haben die salzig Eingeschlossenen früh trainiert. Für Flüsse reicht die Ausdehnung nicht, für genügend Mengen Grundwasser nicht die Masse Land. Auch beim schnellen Passieren mit dem Auto auf der Landstraße kann man erkennen, daß ein Haus eine Zisterne unter sich hat. Zum Hineinbeißen animierende, in Farbe und Beschaffenheit der Oberfläche an Knäckebrot erinnernde Rinnen aus Tonziegel laufen vom Ziegeldach schräg nach unten, an die Außenwand gemörtelt. Außer in Palma steht kaum ein Haus ohne seinen unterirdischen Hohlraum, birnenförmig, wenn älter, oder rechtwinklig, mit enger überdeckter Öffnung. Manche dieser erfrischenden Grüfte mögen Fundgruben sein, jahrhundertealte Gefäßmuseen.

Im Herbst, wenn erster Regen Dach und Terrassen gewaschen hat, öffnen die Bewohner die Zuflüsse. Im ganzen Haus hört man dann das prasselnde Gedröhn der in die Tiefe stürzenden Flut. Eine nahe Pinie schickt beharrlich neues Wurzelwerk hinüber, nähgarnfeine Fasern brechen Haarrisse durch Beton und Fels. Eines Tages – es dauert oft Jahrzehnte – kann das Gewölbe seine Schätze nicht mehr halten, sie versickern im Erdreich, machen die Pinie groß und saftig. Der Brunnenbauer findet ein kastanienbraunes Netz, es schwebt dreidimensional in der Höhle, das Herausziehen will kein Ende nehmen.

Das ist die Zeit, Krüge und Eimer verblichener Generationen zu heben. In Küchen mit solchen Ziehbrunnen singt es sich leichter schön. Nicht alle Zisternen enthalten Wasser, unter manchem Estrich liegt ein Weinteich.

Bei der Ausbildung durch Mangel im Umgang mit Feuchtigkeit – oft fällt während eines ganzen Jahres kein Regen – lernten die Bauern, auch das Wasser zu nutzen, das in Tierkadavern enthalten ist. Stirbt ein Pferd, ein Esel oder ein Rind, vergräbt es der Eigentümer und pflanzt einen Baum darauf.

Was Kriege und Bagger auf dem Kontinent aus unserer Vergangenheit getilgt, hier ist beinahe noch alles da, der ganze 7000jährige Kalender. Man sucht sich einen Namen aus dem Geschichtsbuch, etwa den Grafen Zavellá, Vizekönig des Königreichs Mallorca im 16./17. Jahrhundert, und schlägt im neuen Telefonbuch nach. Da steht er, wohnt in seiner eigenen Straße Nummer zwei, im alten Palast.

Wie seit vielen hundert Jahren sitzen die Dauergäste bestimmter Kneipen im Kamin um das Feuer herum, wenn es sie friert bei 14 bis 10 feuchten Grad über Null in der Regenzeit, im „Winter", mit dem geräumigen Rauchzugdach über dem Kopf. Unter der hohlen Pyramide wird in einigen Küchen auf dem Land heute noch gekocht, in einem Kessel, der an einer Kette hängt.

Wer sich in Mallorca vertieft, taucht auf mit einem Netz voll Europaverständnis. □

Fragen Sie nach Condor. Ihr Urlaub ist es wert.

Wir kümmern uns zwar nur um Ihren ersten und Ihren letzten Urlaubstag. Aber das ganz besonders. Denn wir kennen nur ein Ziel: Sie ein paar Stunden an Bord zu verwöhnen.
Wir fliegen pünktlich ab und kommen pünktlich wieder. In diesem Sommer startet Condor zu 51 Sonnenzielen von 10 deutschen Flughäfen. Gut, noch zu wissen, daß unsere Piloten bei Lufthansa geschult und unsere Flugzeuge von Lufthansa gewartet werden.
Fragen Sie deshalb in Ihrem Reisebüro nach dem Flugplan der Condor.
Alle großen Reiseveranstalter fliegen mit uns.

Condor
Die Ferienflieger der Lufthansa

Nirgendwo im Mittelmeer findet sich auf so engem Raum eine

Wenn der Touristenstrom am Ende des Sommers abebbt, kommt eine neue Invasion über die Insel: Zigtausende von Zugvögeln machen hier Station auf ihrem Flug in den Süden. Anlaß für die internationale Gemeinde der »Bird-Watcher«, mit Fernglas und Notizbuch anzureisen, um beispielsweise die seltenen Eleonorenfalken zu beobachten, die jedes Jahr im Herbst ihre Jungen mit Zugvögeln aus Europa großfüttern, die sie noch vor der Küste über dem Meer im Fluge schlagen. Oder: Wer Glück hat, sieht einen der letzten Mönchsgeier über der Insel kreisen, mit fast drei Metern Spannweite, den größten Vogel Europas. Oder er sieht den bei uns schon fast ausgestorbenen Wiedehopf, den Wanderfalken oder den seltenen Schmutzgeier. Es lohnt sich, die Augen offenzuhalten, denn Mallorca bietet mehr Vielfalt als man denkt

Exoten zwischen zwei Kontinenten

Krähenscharbe: fischt bis in 30 m Tiefe

Schwalbenschwanz: liebt Blumen auf kalkhaltigen Böden

Pillendreher: rollt Mistkugeln als Nahrung nach Hause

Sturmtaucher: gilt als Leckerbissen

Schmutzgeier: zanken um einen Eselskadaver – es gibt noch 15 bis 20 Brutpaare auf den Balearen

Vipernatter: beißt, ohne giftig zu sein

so unzerstörte und so artenreiche Tier- und Pflanzenwelt wie auf der größten Insel der Balearen

Zwergadler: jagt in der Sierra del Norte

Mönchsgeier: brütet auf Riesenpinien

Baleareneidechse: lebt nur auf den Balearen

Stelzenläufer: liebt Brackwasserlagunen

Eleonorenfalke: schlägt Zugvögel im Herbst zur Aufzucht der Jungen

Heringsmöwe: räubert für den Nachwuchs

Karettschildkröte: wandert in alle Meere

Mauergecko: lauert auf Insekten, oft im Schein einer Lampe an der Wand – harmlos   *Fischadler: nistet nur noch selten auf Mallorca – Bestände sind stark gefährdet*

GEO 49

Der alte Clan und das Meer

*An kaum einer mallorquinischen Familie ist der
Sprung in die Neuzeit spurlos vorübergegangen – auch
nicht an einer der ältesten, an der des Clans Gual de Torella.
Die Vorfahren hatten 1232 mit König Jaime I. die Mauren
von der Insel vertrieben. Geblieben ist die Tradition von
mehr als sieben Jahrhunderten und eine ansonsten
ganz normale mallorquinische Familie*

Kindersegen gehört zur Tradition des Hauses. Juan B. Gual de Torella Truyols, 54, und seine Frau Anna, 51, haben acht Kinder – von links: Mariano, 26, selbständiger Architekt; Javier, 18, Soldat; Christina, 22, ausgelernter Touristikkaufmann; Gerardo, 22, Unternehmens- und Steuerberater; Francisca, 26, Juans Frau, sie studiert Philosophie, mit den Enkelinnen Angela, 1, und Paula, 3; Juan, 28, der dazugehörende Vater; Agustin, 17, noch Schüler; Susane, 16, gehört nicht zur Familie, sie ist eine Freundin von Agustin; Maria, genannt Mony, 27, arbeitet wie ihr Mann Martin, 30, bei der Bank. Die 23jährige Tochter Ana – hier nicht im Bild – ist Malerin und lebt mit ihrem Mann, einem französischen Kernphysiker, in Frankreich

52 GEO

Juan lebt mit seiner Familie im oberen Stockwerk des elterlichen Hauses. Seine Frau Francisca, »Chano« gerufen, kümmert sich um die Töchter Paula und Angela und studiert außerdem Philosophie. Juan wird den elterlichen landwirtschaftlichen Betrieb, den seine Mutter in die Familie de Torella eingebracht hat, eines Tages erben. Bewirtschaften tut er ihn schon jetzt. Er repariert die Maschinen selber, versorgt die Pferde und züchtet Hunde, eine nur auf der Insel vorkommende Art von Hirtenhund, die sich durch besondere Schärfe auszeichnet

54 GEO

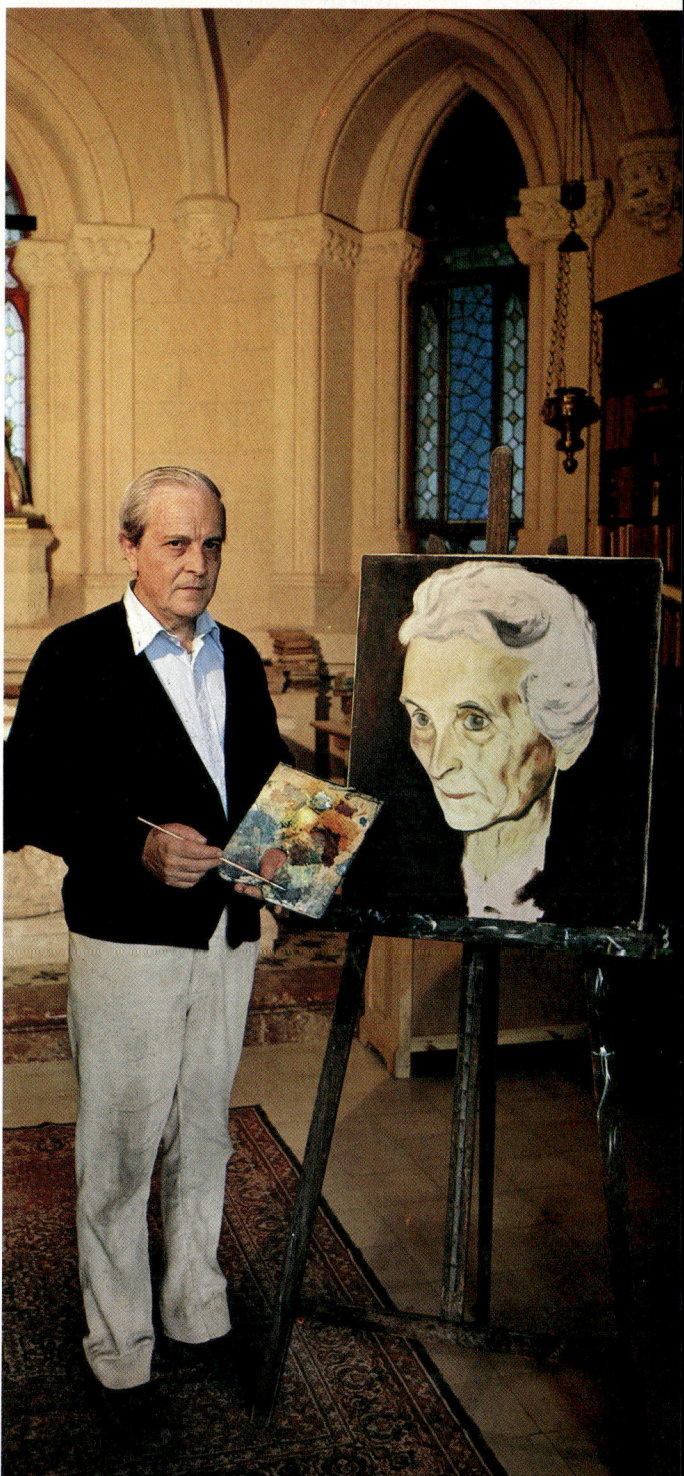

Die unverheirateten Brüder Javier, Agustin und Gerardo haben immer noch ihr gemeinsames Schlafzimmer. Javier kommt allerdings nur noch nach Hause, wenn er frei hat. Sonst schläft er in der Kaserne. Ihr älterer Bruder Mariano versteht sich großartig mit seiner Mutter, die Historikerin ist und an ihrer Doktorarbeit schreibt. Das Hobby des Vaters ist Malen. Besonders stolz ist er auf das Portrait seiner Mutter

Von Johann Martin

Juan de Torrella, ungefähr sechzig, sagt: „Seit 800 Jahren bin ich der erste von uns, der arbeitet." Und: „Die italienische Insel Ischia haben wir auch einmal besessen."

Seine Mutter konnte 20 Kilometer weit von der Stadt südwestwärts gehen, sie bewegte sich dann noch immer auf dem Privatgrund der Eltern. Nur wären ihr nach ihrem Weg entlang der linken Seite des Golfs von Palma, die Vorsprünge der Küste abschneidend und aus Einschnitten mehlig-feinen Sandes die Beine ziehend – jetzt gehört der Sand zu den bekanntesten Adressen und zu den beliebtesten Artikeln der Reisekataloge, umschlossen von gewaltigen Krusten aus Wechselstuben, Souvenirläden, Discotheken, Banken, Restaurants und Schlafspeichern, am Ende des Inselhappens, wo auch die Bucht aufhört –, nach einem Schwenk im rechten Winkel bald bewaffnete Soldaten in die Quere gekommen und hätten sie gehindert, auf dem Familiengrund weiterzugehen. Ihr ältester Bruder, der Haupterbe, hatte einige Quadratkilometer Land am Meer an die spanischen Streitkräfte verpachtet, auf unbestimmte Zeit.

Sollten sich die Verhältnisse in der Welt einmal so ändern, daß die Militärs einen Erguß feindlicher Truppen in das Becken von Palma ausschließen mögen und den Stützpunkt auflösen, darf die Familie über das gesperrte Terrain wieder verfügen – so steht es im Pachtvertrag. Der Erbe wird den staatlichen Maschenzaun dankbar übernehmen: Von der angrenzenden Landschaft gehört ihm nichts mehr, kein Meter der Pinienwälder, Strände, Gehöfte, Grotten, Felder und Klippen. Gäben ihm die öffentlichen Pächter den einen Kilometer breiten und knapp drei Kilometer langen Küstenharnisch jemals zurück, wäre er ebenso reich, wie es die Vorfahren gewesen sind. Was da unbesiedelt aus dem Inselkörper in südlicheres Mittelmeer hinausragt, von der Stadt nicht weit entfernt, wäre im Handumdrehen prominenteste Urbanisation, jede Parzelle ein Vermögen mit einer guten Durchschnittsrente.

Stellt man sich Mallorca als eine Holzplatte mit den runden Einbuchtungen eines Wickelbrettes vor und ähnlich in die Hand zu nehmen wie eine Malerpalette, so schlüpft im Sommer alle zwei Minuten ein Erholungstransporter unter dem Daumen hervor. Das östliche Halbrund der Platte und das westliche, die Bahia von Alcudia und die von Palma streben zueinander, möchten die Insel einschnüren, das flache Südland vom Gebirgsriegel im Norden trennen. Irgendwann wird das Wasser die beiden verbinden, man kann die langfristigen Absichten erkennen.

Das Land am Ostbogen läßt Sümpfe und einen Brackwassersee in sich hinein, die Region wurde Zuflucht und Schutzgebiet seltener Wasservögel. Der Nordostwind schiebt in den Wintermonaten hohe Hügel Meer auf die niedrige Sandlände.

Zwischen den Schilfschöpfen glänzen alte Kanäle, Reste eines kapitalistischen Wagnisses aus einer Zeit, die über hundert Jahre zurückliegt. Eine Brücke heißt „Brücke der Engländer". Zwei englische Ingenieure, Erbauer des Hafens von Buenos Aires und Mitkonstrukteure des Suezkanals, hatten Hunderten von Kleinbauern vier Millionen Quadratmeter feuchter und fruchtbarer Ebene abgekauft, Entwässerungskanäle ziehen und überbrücken lassen, sie hatten eine Million

Wenn die Familie zum Essen zusammenkommt, dann geht es in der großen Runde recht unkonventionell zu. Die Tischordnung jedoch hat System: Die Söhne sitzen meist auf der Seite des Vaters, die Töchter auf der Seite der Mutter. Das Haus, in dem die Torellas heute leben, wurde erst um die Jahrhundertwende gebaut. Es ist Mittelpunkt des 200 Hektar großen Gutsbetriebes und liegt 15 Kilometer von Palma an der Straße nach Sóller

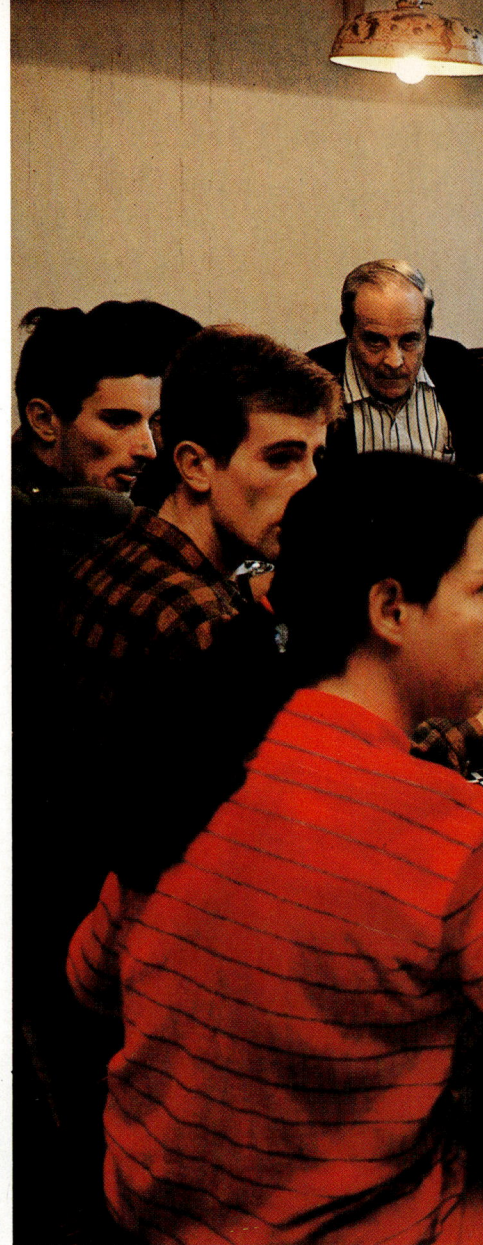

Nach 700 Jahren schmolz ihr politischer Einfluß mit der Rendite ihrer Güter. Die Erde gab um das Jahr 1900 ebensoviel her wie um 1700, eher mehr, doch die Produkte wurden vom Markt geringer bewertet. Gesellschaftliche Reichtümer entstanden – statt wie bisher auf dem Feld – mehr und mehr in Fabriken. Die Patriarchen in den klassischen Palästen genierten sich, öffentlich beim Investieren erwischt zu werden. Einige beteiligten sich anonym an dem ordinären neuen Segen. Die meisten ließen sich von der Gewalt ihrer alten Bedürfnisse in Wollust ruinieren. Sie lebten von Schulden und der Hoffnung auf neue Kredite, bis Land, Herrensitz und Stadtpalais den Geldverleihern gehörten. Einer Guillotine bedurfte der Regierungswechsel nicht.

Der Großvater von Juan Gual versuchte, das Feudalleben seines Clans in voller Breite aus den Stürmen der neuen Arbeitsergiebigkeit herauszusteuern. Er züchtete Schilf. Juan bewahrt ein Album mit Dokumenten und Schwarzweißfotos. Der Vater hat die immobile Errungenschaft an der Bucht von Alcudia richtig belichtet. Wir sehen Arbeiter mit nacktem Oberkörper, genauer, bei einigen vermuten wir die Nacktheit, sie stehen bis zum Hals im Wasser, hieven Ballen Langhalmiges aus der Tiefe eines Grabens. Auf schmalem, sandigem Weg steht ein Oldtimer mit lappig abgespreizten Kotflügeln. Kolonnen von Schilfhalmen ziehen dicht gedrängt über weite Felder. Auf einem Eisensteg unter hoher Sonne Juans Vater, ein Herr in schwarzem Anzug, schwarzem Hut, Schattengesicht. Angerostete Heftklammern halten mehrere Aufnahmen randlos aneinandergefügt zu einem Panorama der Bai von Alcudia: ein einsamer Dünenbo-

Pfund Sterling investiert. Damals kostete ein Tagelöhner „von Sonne zu Sonne" eine Pesete.

Nur einmal machten die beiden ein Geschäft nach ihrem Gusto, 1870/71 verkauften sie an die gegeneinander Krieg führenden Franzosen und Preußen größere Mengen Hafer. Danach fanden die Großlandwirte keine Kunden mehr in wirtschaftlicher Entfernung; die Mallorquiner waren kein Markt. Die beiden Agrarier kamen mit ihrer Tüchtigkeit zu früh, erst 80, 90 Jahre später näherten sich Verzehrer von Brot und Gemüse in ausreichender Zahl hiesigen Ernten.

Der Großvater von Juan Gual de Torrella kaufte die Ländereien. Dessen Sohn heiratete das feudale Mädchen, das sich auf dem Grundstück ihrer Familie die Fesseln zuschanden wandern konnte, ohne die Richtung zu ändern. Sie gebar zwölf Kinder. Es gehörte zur überlieferten Vernunft, häufig zu schwängern. Lust spielte ihre zufällige Rolle, Verhütungsakrobatik nicht. Die Sterblichkeit war um so höher, je niedriger das Lebensalter. Außer Juan überlebte nur ein Bruder. Beide Häuser – wie andere Adelsgeschlechter – haben alles Land verloren.

Die Geschichte von Herrschaft ist unter anderem ein Katalog von Begriffsstutzigkeiten. Alle Macht war seit dem frühen Mittelalter vom Besitz an Grund und Boden ausgegangen. Auf einmal ließ die Gewalt der Scholle über die Menschen nach. Die christlichen Aristokraten überlebten sich zu Tode.

GEO 57

gen, der sich im Horizontdunst auflöst. Ein Gebiß aus Hotels und Bungalows steht heute da – mit einer größeren Lücke noch –, wo die scharfe Fotografie des illustren Amateurs Pinienzone, Sumpf, See, Schilf und Äcker beweist.

Juan kann auf dem ehemaligen Grundeigentum seines Vaters Uhr und Auto reparieren, sich einen Zahn plombieren lassen, ins Kino gehen, ein Bankkonto einrichten, in einer Hotelsuite übernachten, an jedem Tag des Monats in einem anderen Restaurant essen und alles einkaufen, was er braucht, einschließlich Büroeinrichtung und Schlafzimmergarnitur. Der neue Stadtplan von Alcudia liegt mit seinen südlichen Vierteln grellfarbig auf den schwarzweißen Plantagen des Fotografen.

Als man Gehsteige und Fahrbahnen über den Humus spannte, zählte Juan, der Sohn, schon die zerfledderten schmutzigen Pesetenscheine, die die Filiale der Bank von Spanien in Palma einzog und vernichtete. Sein Bruder, heute 64, schmeichelte bürgerlichen, begüterten Kosmopoliten mit seinem blauen Blut, führte sie fünfsprachig gelehrt von Inselseltenheit zu Inselseltenheit, und tut es noch immer. Als ihr Vater die Grundstücke nicht mehr besaß, entwickelten diese ihre wunderbare Fähigkeit, fremdes Geld in unaufhörlich wachsenden Summen anzuziehen.

Der Vater hatte sich fortschrittlich nach Kapitalistenart gewehrt gegen den Rausschmiß der Feudalherren aus der Geschichte – wenn auch nicht mit gebotener Buchhalterstrenge. Ein Eintrag im Album vermeldet den Versand von 50 Tonnen Schilf im Jahr 1929 an eine Papierfabrik in Breslau. „Es ist absolut unmöglich, eine andere Pflanze zu finden, die eine größere Ausbeute an Zellulose erbringt als Schilf!" schreibt er. Er begnügt sich nicht, wie der Großvater, mit der Rohstoffproduktion. Bei einem Schrotthändler in Valencia klaubte er einen Maschinenkomplex frei, der einem Unternehmerkollegen aus dem bürgerlichen Klassenfeindlager für die Herstellung von Papier nicht mehr gut genug gewesen war. Der Anlage fehlten die Trockentrommeln, er ließ sie von einem Schlosser nachbauen. Er besorgte sich Kessel zum Zerkochen der grünen Binse. Jedes Gerät, jeder Apparat ist mit Ein-

Jedes Jahr zur Erntezeit kommen die Saisonarbeiter vom Festland, meist aus Andalusien. Hier werden die Früchte des Johannisbrotbaums eingebracht: Männer schlagen mit langen Stangen die schwarzreifen Schoten von den Bäumen, Frauen sammeln sie ein und füllen sie in Säcke. Die bohnenähnlichen Früchte sind ein gutes Mastfutter für Schweine – und obendrein machen die Mallorquiner daraus einen herzhaften Aperitif, den Palo

kaufpreis auf einer Liste vermerkt. „Im zweiten Jahr des Sieges", schrieb der Alte und meinte das Jahr 1938 – Offiziere Francos hatten im ersten Bürgerkriegsjahr die Verwaltung der Balearen übernommen –, ließ er die Firma handelsrechtlich eintragen.

Es wurde nie Papier geliefert. Ein Direktor des größten spanischen Unternehmens der Branche, einer Aktiengesellschaft, machte ihm – wie es in der Mafiasprache heißt – ein Angebot, das er nicht ablehnen konnte. Mariano Gual de Torrella, der Marktneuling, stand vor der Wahl, sich niederkonkurrieren zu lassen oder die Erzeugung von Papier gegen einen Unterlassungssold einzustellen. Überdies verpflichtete sich die Konzernleitung, zum Marktpreis aufzukaufen, was an Fasern aus seinem Modder wachsen würde. Der Markt war der Konzern.

Die geschichtsbildende Kraft überkommener Bedürfnisse erwies sich stärker als die merkantilen Vorsätze des erlauchten Geschäftsmannes. Es war ihm nicht gegeben, die Zahl seiner Köche und Diener zu verringern; der Verwandtschaft und der Schmeichlerschar gewohnte Bankette abzuschlagen; Kutschen, Pferde, Stallknechte, Wohnungen in Paris und Genf aufzugeben; geschweige, neureichen Emporkömmlingen Miete abzunehmen für die noble, meist leerstehende Bleibe.

Strenger als alte Konsumneigungen und ritualisierte Laster bindet die Angst vor der Meinung der Leute den gesellschaftlich Absteigenden an die Verschwendung. Mariano Gual de Torrella stützte seine soziale Fassade mit Bankdarlehen. Was ihm aus dem Ried bei Alcudia an Tauschwert zusproß, oder auf den Feldern an Oliven und Mandeln, reichte nicht aus, Näherinnen, Gärtner, Haushälterinnen, Kinder und Alte zu ernähren und anzuziehen.

Gual de Torrella hatte fast 800 Jahre mallorquinischen Herrscherlebens zu repräsentieren. Die wichtigste Person der Inselvergangenheit erschien im September 1229 mit 12 000 Fußsoldaten und 1500 Rittern in 143 Schiffen an der Westküste. Er nahm den Mauren die Eilande wieder ab, die sie, mit kürzeren Unterbrechungen, über 500 Jahre besetzt gehalten hatten. Ein solches Unternehmen konnte Jakob I. damals weder befehlen noch finanzieren. Er mußte andere Edelleute als Erster unter Gleichen überzeugen, daß die Expedition Gewinn bringen würde. Einer seiner 13 Kompagnons – oder Kommanditisten – war ein Gual de Torrella aus dem katalanischen Gerona. Die dreizehn teilten sich die Insel auf.

Im Treppenaufgang von Juans Haus sind auf Ölbildern, hoch wie Kirchenfenster, durch 800 Jahre die Menschenstationen dargestellt, die zu Juan geführt haben, mit Geburts- und Sterbedaten. Ein großer Aufwand, um einen leitenden Angestellten der Bank von Spanien zu schaffen, mit einem Gehalt von 4000 Mark pro Monat. Die Saisonarbeiter von Andalusien, die unter Fleiß und Anleitung des ältesten Sohnes aus den 200 Hektar seiner Frau 30 000 Mark jährlich herausschaffen, sagen „Euer Gnaden" zu Juan. Andere duzen in ihrer Verwirrung den historisch nirgends mehr Angesiedelten, den Zeitaltervagabunden.

Seine Söhne und Töchter sind in einem Grade heutig, daß man der Aussagekraft der Blutsbande entraten möchte und die Modellierung neuer Generationen eher der Findigkeit von Jeansfabrikanten und Discotheken zutraut. Man denkt an Old Charlie (Marx): „Das Sein bestimmt das Bewußtsein." Vor 100 Jahren noch wären sie Nonnen, Mönche, Militärs oder – der Älteste – Haupterbe geworden; ein Studium an der Universität war verpönt als Berufsausbildung. Heute arbeiten alle, bis auf den Jüngsten, der noch studiert: als Landwirt und Techniker, er repariert seine Maschinen selbst; als Architekt, staatlicher Verwaltungsangestellter, als Berufssoldat. Eine Tochter malt, finanziell abgefedert durch die Ehe mit einem französischen Kernphysiker; die zweite macht sich staatlich bezahlte Gedanken, wie man noch mehr Touristen auf die Insel bringt; die dritte ist Angestellte einer Bank.

Die berufliche Familienpalette erfreut sich auch eines schwarzen Schafes: Ein Onkel bettelt. Der akademisch Gebildete protestiert gegen den Wandel der Zeiten, indem er in regelmäßigen Abständen seine gutverdienenden Anverwandten um ein Almosen angeht, hin und wieder ein Bild malt und mit der prominenten Signatur an einen Ausländer verkauft.

Dagegen springt der Adel millionenschwerer Schweinezüchterenkel viel mehr ins Auge. ◻

Wer in den Steinen zu lesen versteht, kann die Vergangenheit der größten Balearen

Wo der Regen Steine macht

Einen Augenblick lang fühlte ich mich nach Helgoland versetzt – so satt braunrot leuchtete das Gestein an der Küste zwischen Estellenchs und Valdemosa. Natürlich war das Meer viel zu blau, die Felswand viel zu hoch. Tatsächlich jedoch bestand die Steilküste aus Buntsandstein wie auf Helgoland – Erbe einer gemeinsamen Vergangenheit vor rund 200 Millionen Jahren.

Die roten Klippen an der gebirgigen Nordwestküste sind die ältesten Zeugen aus Mallorcas geologischer Vergangenheit. Sie stammen aus einer Zeit, in der noch alle Kontinente der Erde den Superkontinent Pangäa bildeten. In ein riesiges Gebiet, das von der heutigen Nordsee bis nach Nordafrika reichte, spülten Flüsse braunrot gefärbte Sande, Kiese und Tone, aus denen später Buntsandstein entstand. Dann kam das Meer, und in dem weiter sinkenden Gebiet lagerten sich Kalkschlamm, Tone und schließlich wieder Kalk ab. Das, was später einmal Mallorca werden sollte, blieb für viele Jahrmillionen ein Stück Meeresboden. Einschlüsse von Muscheln und anderem Meeresgetier zeugen davon.

Europa und Afrika hatten sich voneinander getrennt, und die heutigen Balearen lagen dazwischen. Später trieben die Kontinente wieder aufeinander zu, bis es zu einer komplizierten Kollision kam, nach der als Rest des einstigen Ozeans das heutige Mittelmeer erhalten blieb. So wurde vor rund 15 Millionen Jahren die Sierra del Norte aufgetürmt, als Teil eines Gebirgssystems, zu dem auch der Apennin und die Alpen gehören.

Als die Konvulsionen der Erde in dieser Gegend abgeklungen waren, wuchsen Korallenriffe im Osten und Süden der heutigen Insel Mallorca, die – inzwischen längst abgestorben – den größten Teil dieser Küsten bilden. Das bis 1443 Meter hohe Gebirge war einmal viel höher – es ist durch Verwitterung wieder kleiner geworden. Unzählige Höhlen im Innern, die schönsten und größten sind zu besichtigen, bergen reichlich Tropfsteine.

Inzwischen sinkt die Insel an vielen Stellen auch wieder ab – gerade wo die Paradiese der Urlauber liegen. Dort vor allem spült das Meer Sand an, und der Wind bläst ihn zu Dünen zusammen. Dieser Sand besteht nicht, wie an der Nord- oder Ostsee, in erster Linie aus Quarzkörnern, sondern aus Kalkschalen von Meeresorganismen. Wer ihn unter der Lupe betrachtet, entdeckt eine fossile Wunderwelt. So liegen beispielsweise neben Splittern von Muschelschalen schön verzierte Kalkpanzer von Urtierchen, Reste von Seeigelgehäusen und Korallen.

Das Regenwasser, das durch die Dünen aus diesem fossilen Sand sickert, löst in den oberen Schichten Kalk, der sich zum Teil in den tieferen Partien wieder absetzt und die losen Körnchen fest miteinander verkittet. Auf diese Weise wurden alte, bereits versteinerte Dünen zum wichtigsten Baustein auf Mallorca. In vielen verlassenen Steinbrüchen kann man durch sie hindurchspazieren und an den stehengebliebenen Blöcken genau studieren, wie der Wind verschiedene Schichten verschieden stark herausgeschliffen hat. Die versteinerten Dünen sind in der Nähe praktisch aller Strände zu sehen, bei El Arenal wie bei Paguera, bei Puerto de Alcudia wie bei Cala Ratjada.

Die abwechslungsreiche Vergangenheit Mallorcas präsentiert sich in zahlreichen prächtigen Aufschlüssen, wie Geologen jene Stellen nennen, an denen sich Erdgeschichte offenbart. Leider gibt es kein Buch, das zu diesen Stellen führt. Wer die Insel durchwandert und die Zeichensprache der Steine versteht, dem wird sich allerdings ein überraschendes Mallorca erschließen. Ein junger Geologe an der Universität in Palma, Dr. Luis Pomar, der wesentliche neue Erkenntnisse über Mallorca gewonnen hat, will jetzt einen geologischen Führer schreiben. Den wäre die Insel wirklich wert. □

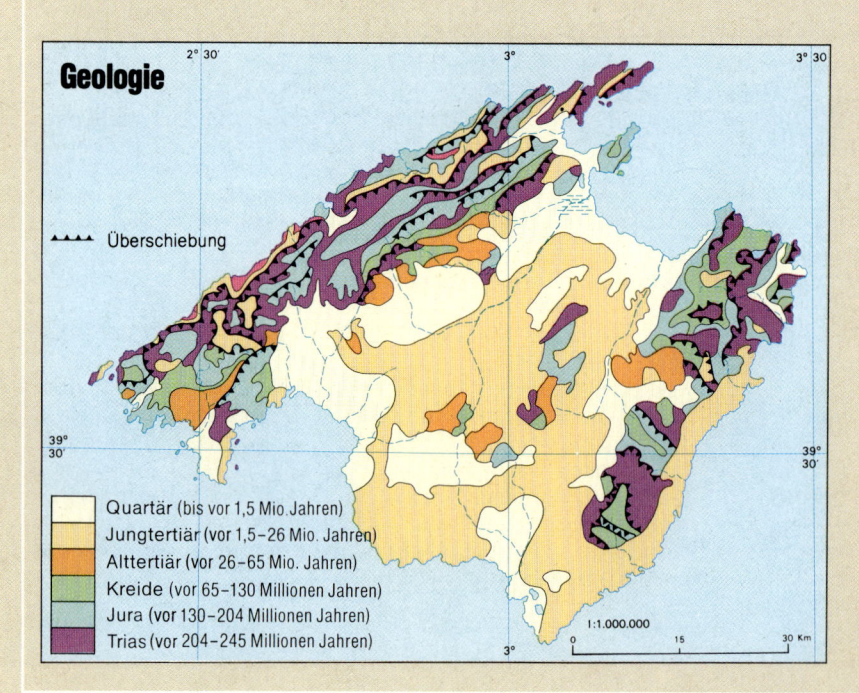

Geologie

▲▲▲▲ Überschiebung

- Quartär (bis vor 1,5 Mio. Jahren)
- Jungtertiär (vor 1,5–26 Mio. Jahren)
- Alttertiär (vor 26–65 Mio. Jahren)
- Kreide (vor 65–130 Millionen Jahren)
- Jura (vor 130–204 Millionen Jahren)
- Trias (vor 204–245 Millionen Jahren)

1:1.000.000

insel über 200 Millionen Jahre zurückverfolgen

Auf manchen Kalkgesteinen der Sierra del Norte hat der Regen »Karren« genannte Rinnen ausgewaschen und so bizarre Felsgruppen gestaltet

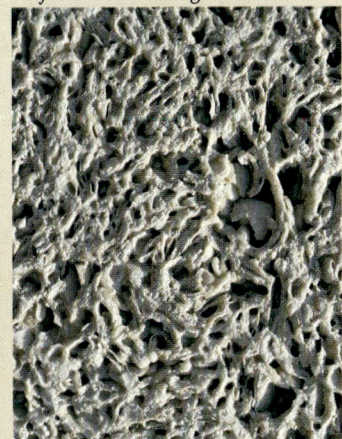

*Millionen Jahre alte
Muschelschalen wurden zu
Stein verfestigt*

*Mallorcas Sand:
polierte Kalkschalen von
Meerestieren*

*Die blättrige
Schale einer Auster
am Straßenrand*

*Aus versteinerten
Dünen werden seit Urzeiten
Mauersteine gesägt*

Jeder nach seiner Fasson

In El Arenal sind alle Verhaltensweisen anzutreffen, die Verhaltensforscher schlecht finden. Sind sie deshalb schon wirklich schlecht?

Touristikforscher – Wissenschaftler also, die das Verhalten der Touristen studieren – äußern sich über das Urlaubswesen auf Mallorca im Tone tiefer Besorgnis: Das »Aktivitätsniveau« der inseltypischen Urlauber ist ihnen zu niedrig, die »Reife bei der Urlaubsgestaltung« zu unentwickelt, der »Umgang mit der Freizeit« zu primitiv. Tatsächlich aber drückt sich in dieser Kritik eher elitärer Hochmut aus. Zwar, in El Arenal, den am meisten frequentierten Badekilometern Mallorcas, finden sich in der Tat alle jene Verhaltensweisen, die man mit »Massentourismus« assoziiert, nur: Jene, die sich an ihm beteiligen, haben offenkundig eine Menge Spaß dabei – auch ohne ihre Freizeit einem »höheren Sinn« unterzuordnen. El Arenal ist, sozusagen, »des Volkes wahrer Himmel«: Hier wird pro Quadratmeter Boden häufiger und herzlicher gelacht als in einem feinen Beach and Golf Club – wenn auch über Anlässe, die nicht jedermann lustig findet. Am Ende kann das Urlaubsverhalten der Menschen in El Arenal nur verstehen, wer tolerant genug ist, einzusehen, daß es unterschiedliche Arten gibt, sich an einem Strand wohl zu fühlen

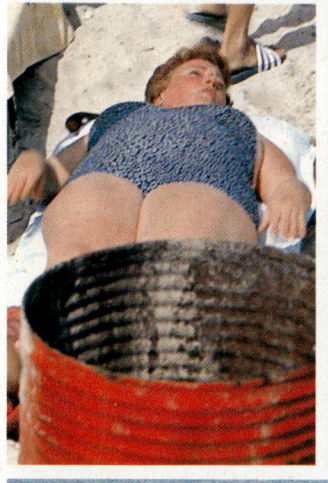

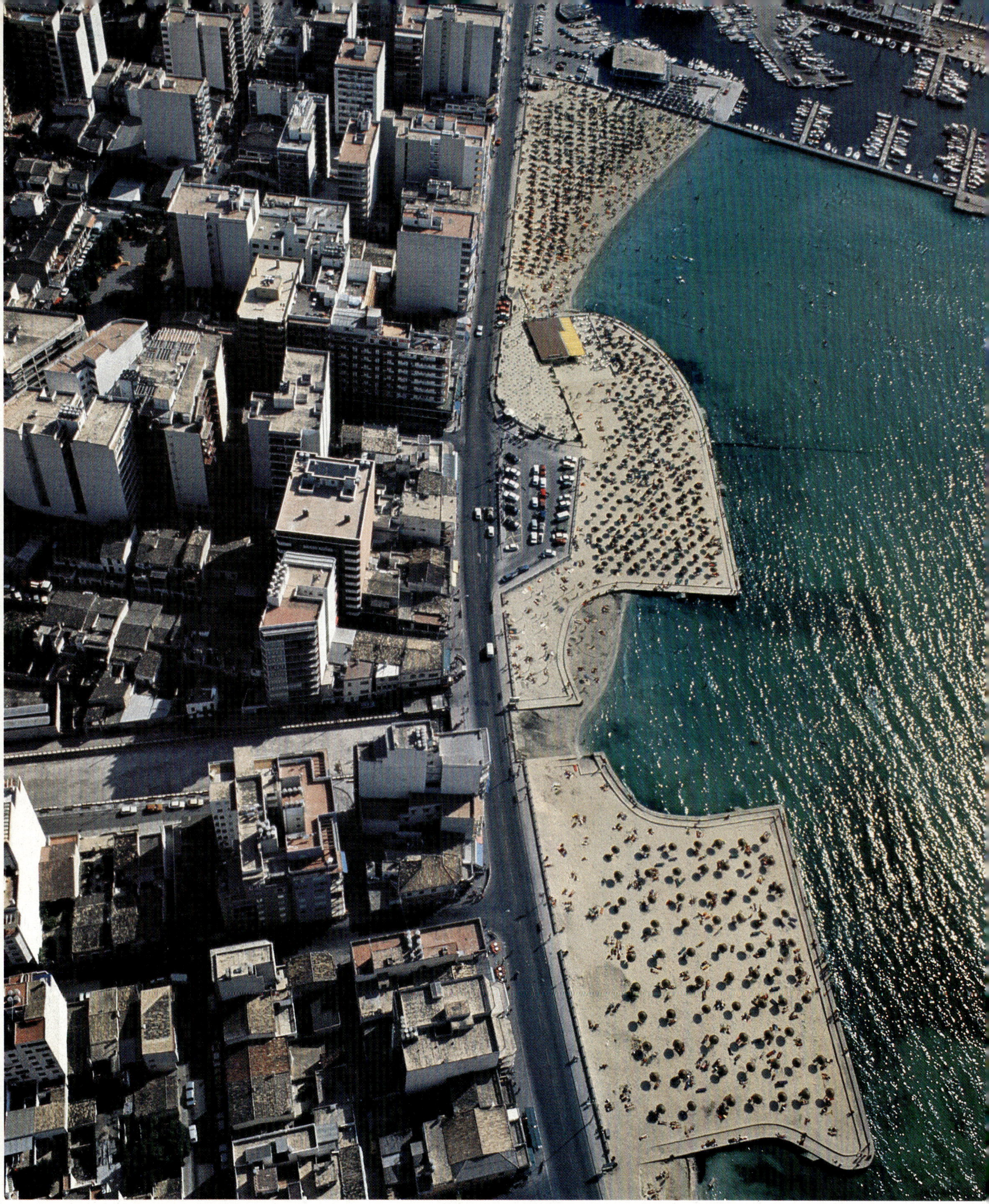

Eine Touristin aus München:

"Nett, diese Veranstaltungen, da lerne ich immer neue Leute kennen"

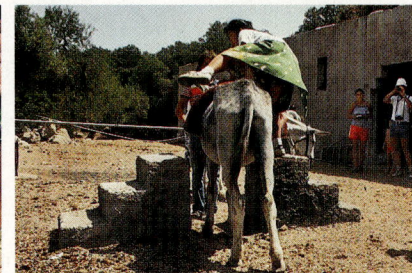

Wer will, der kann sich als Urlauber auf Mallorca jeden Tag von seinem Reiseveranstalter verplanen lassen – und viele Urlauber scheinen genau das zu wollen. Fahrten mit Autos und Schiffen werden organisiert, die Paella wird en gros gegessen, und der Jungstier hat es gleich mit einer ganzen Reisegesellschaft zu tun. Beim Klettern auf den Mast geht es schon mal ein bißchen handgreiflich zu, und beim Klettern vom Pferd ein bißchen unelegant. Nein, sublime Tagesabläufe gibt es in El Arenal nicht, eher deftige, lärmige, urige. Statt Ruhe zur Reflexion ist Betriebsamkeit gefragt und das Verbleiben unter Menschen, die verhindern, daß die Fremde übermächtig wird: Deutsche halten zu Deutschen, Niederländer zu Niederländern. Nicht um einer anderen Kultur zu begegnen geht man nach Arenal, sondern um Sonne zu haben und in der Sonne etwas zu erleben. Sonnenbraun will man werden und daheim von ungewöhnlichen Erlebnissen berichten können. Man will Hemmungen ablegen und sich dazu von anderen ermutigen lassen, die ebenfalls diesen Urlaubswunsch haben: Trubel als Erholung, denn der Alltag ist früh genug wieder da

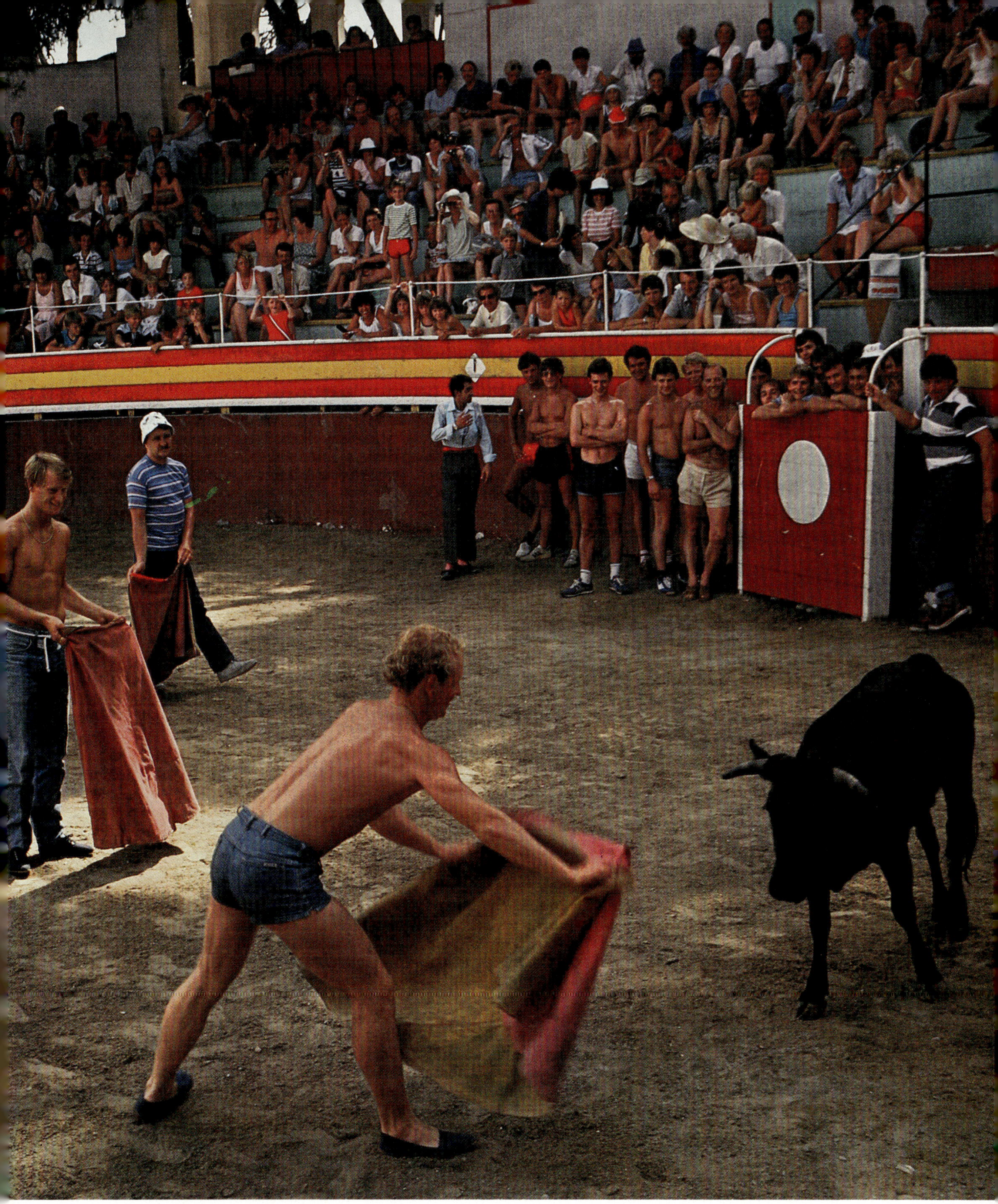

Eine Touristin aus Essen:

"Manche laufen jede Woche zum Yoga, ich fahre lieber einmal im Jahr nach Mallorca"

Nachts produziert die Ferienfabrik von Arenal die merkwürdigsten Verhaltensweisen. Brave junge Damen entledigen sich bei Schönheitskonkurrenzen coram publico ihrer Kleidung, junge Männer – aber durchaus auch junge Damen – lassen sich zu Boxkämpfen überreden und ganz normale Burschen spielen Superman. Alles geht in den Nächten von Arenal, nahezu alles ist erlaubt, jeder ist ein Spaßverderber und Spießer, der Anstoß an der merkwürdigen Sucht nimmt, Kleider abzulegen oder alberne Spielchen mitzuspielen. Nein, es geht in den Etablissements, die sich auf derlei Vergnügungen spezialisiert haben, nicht »fein« zu, auch und schon gar nicht in jenen Häusern, in denen sich Damen zur Schau stellen, die nur vorgeben, Damen zu sein. Allnächtlich findet in El Arenal die große Enthemmung statt, die so unbegreiflich dann doch nicht ist: Hier macht während der Saison Urlaub, wer daheim täglich mindestens acht Stunden lang brav zu sein und zu tun hat, was der Alltag verlangt. Einmal richtig »ausflippen«, mal »richtig die Sau rauslassen« ist für viele ein Urlaubshöhepunkt

GEO **67**

Ein Urlauber aus Lingen:

❝ In Arenal ist mir alles so vertraut, fast wie zu Hause – nur jedesmal neue Nachbarn und eben immer schönes Wetter ❞

Mancher Urlauber tauscht in Arenal die heimische Fassade seines Hochhauses nur gegen eine andere, den langen Tisch seiner Betriebskantine nur gegen den langen Tisch seiner Reisegesellschaft und – bei Ankunft und Abflug – das heimische Großstadtgewühl nur gegen ein anderes. Aber so negativ diese Urlaubsmerkmale auch scheinen mögen: Jedes Jahr wieder wogt eine Flut von Urlaubern auf die Insel, und jedes Jahr sind wieder viele dabei, die schon seit Jahren kommen und, wenn sie den Barmixer mit Vornamen anreden, von den »Erstlingen« bestaunt werden. Wer so etwas kann, erweist sich als Respektsperson, der man nacheifern muß, und wer – wenn auch vor einer tristen Mauer – richtig braun geworden ist, hat ein wichtiges Urlaubsziel erreicht. Seit Mallorca ein bevorzugtes Ziel der »Massenurlauber« ist, hat sich schon viel journalistische Häme über die »Proleten des Urlaubs« und über jene älteren Menschen ergossen, die den Winter auf der Insel verbringen. Was die mit der Häme nicht begriffen haben, ist, daß jeder das Recht hat, nach eigener Fasson selig zu werden

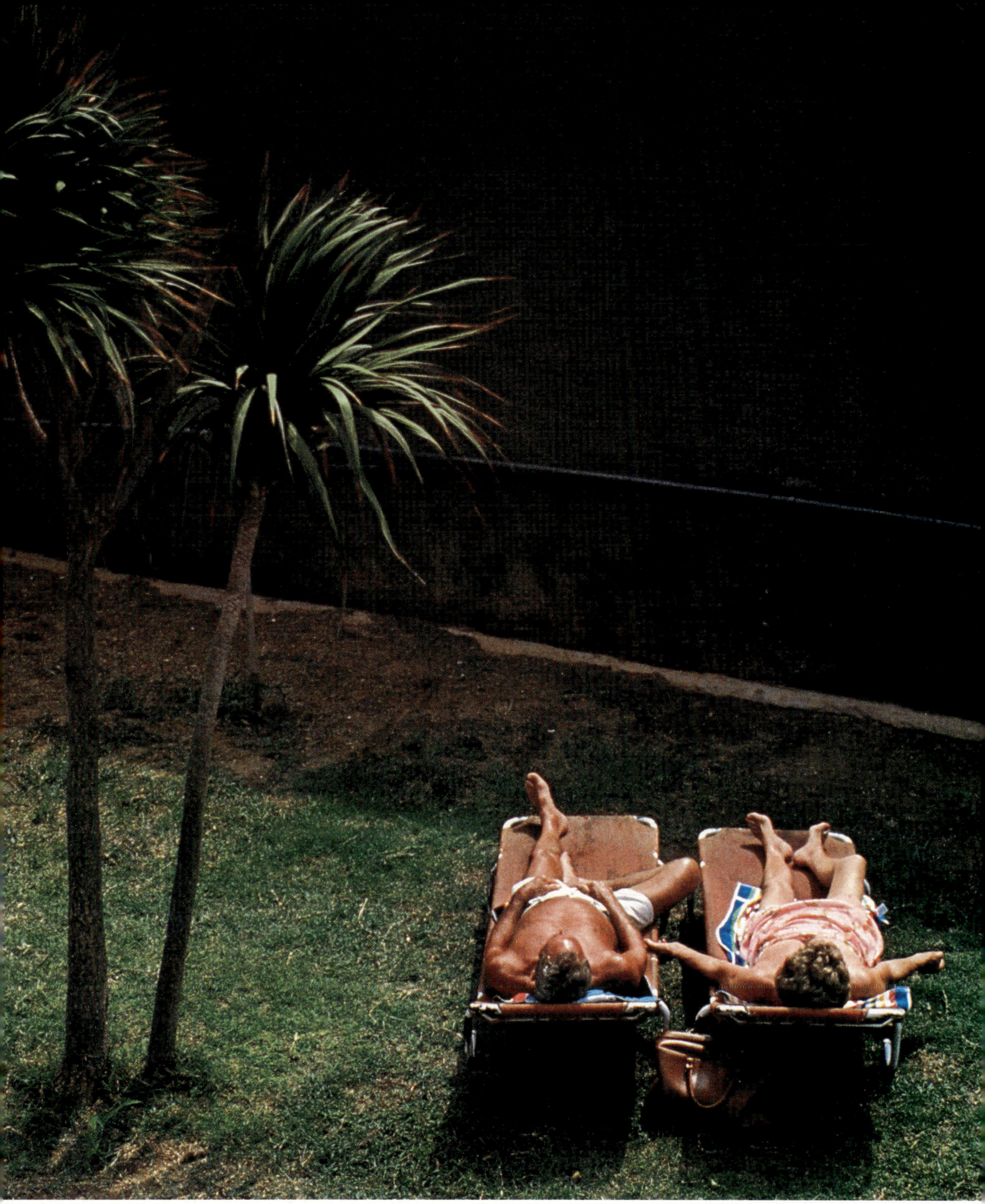

Wir wollen die Insel vor euch verstecken

»Ihr werdet Großes erleben«, hatten die Mallorquiner

Damian Busquets, 30, mallorquinischer Bauernsohn, erinnert sich, wie der Ausverkauf der Insel begann, wie Bulldozer die Olivenhaine seiner Väter zusammenschoben, um Platz zu schaffen für die neuen Hotels. Heute kämpft er dafür, daß die Landessprache, das »Mallorquin«, wieder zu Ehren kommt – auch auf den Ortsschildern der Insel

Mein Freund M. besitzt nur noch wenig Land. Dabei stammt er aus einer bäuerlichen Familie und hat in einen großen Hof eingeheiratet. Heute betreibt er ein Restaurant und steht in der Küche am Herd, seine Frau spielt den Kellner. Er hat nie kochen gelernt, aber den Touristen schmeckt es.

Gegen Ende der sechziger Jahre hatten sein Schwiegervater und sein Onkel die Felder an Ausländer verkauft. Es war Grund in schöner Osthanglage mit Blick auf 30 Kilometer Küste. Für 80 Pfennig pro Quadratmeter.

Vor ein paar Monaten nun hat M. versucht, sein Land zurückzukaufen. Für den zehnfachen Preis. Aber die Ausländer haben nur gelacht. Heute, 15 Jahre danach, kostet der Quadratmeter bis zu 100 Mark. Das ist bei 2000 Quadratmeter Land – mehr darf ein Nicht-Spanier in Meeresnähe nicht besitzen – ein Gewinn von 198 400 Mark. Viele aber besitzen 10 000 und mehr Quadratmeter, die sie auf den Namen von Verwandten oder schnell gegründeten Gesellschaften eingetragen haben.

Wie auch immer – das große Geschäft war an den ebenso gutgläubigen wie unerfahrenen Mallorquinern vorbeigelaufen.

In der Gegend, in der ich wohne, im Osten der Insel zwischen Porto Colóm und Porto Cristo, begann der Massentourismus im Jahre 1962. Ich erinnere mich daran auf den Tag genau: Meine Freunde und ich radelten die damals einspurige Küstenstraße entlang, als plötzlich Planierraupen, Schaufelbagger und Lastwagen auffuhren und krachend alte Feldmauern, die tanques, und kostbare Oliven- und Mandelbäume niederwalzten. Entsetzt eilten wir zu unseren Eltern, um von der Zerstörung zu berichten. Und wir erfuhren, daß sie das Land verkauft hatten. Hotels sollten darauf gebaut werden.

Wer heute von Felanitx nach Porto Colóm fährt, sieht nach 6,4 Kilometern rechts an der Straße eine riesige Metalltafel, die für diese Hotels an den Calas de Mallorca wirbt. Die Schrift ist verblaßt, aber man erkennt noch, daß 4500 Zimmer angeboten werden. Eine Untertreibung, denn mittlerweile sind es 13 000 Betten für 13 000 Touristen, und die müssen sich die Badebucht meiner Kindheit teilen, einen Strand von 200 Meter Breite. Ich bin nie wieder dort gewesen.

Doch zurück zu der Tafel. Farbe ist in dicken Klecksen über der Reklame gelaufen, Buntes aus Beuteln, die zornige junge Mallorquiner geworfen haben, denen die rücksichtslose Zersiedelung ihrer Heimat nicht gleichgültig war. Ich gehörte ebenso dazu wie B., und dessen Geschichte geht so: Der Vater besitzt Land in Küstennähe, und seine tägliche Arbeit dauert von Sonnenaufgang bis -untergang, ist schwer und bringt wenig. Er nimmt Wurst, Käse, Brot und ein paar Trauben mit hinaus auf die Felder, erntet für den Eigenbedarf und verkauft den kärglichen Überschuß. Es ist ein eintöniges, aber friedliches, fast bargeldloses Leben, unterbrochen nur von Familienfesten und kirchlichen Feiertagen.

So lebte der Vater von B., bis die Stunde Null nahte – das Jahr 1962, als die Planierraupen anrückten, die uns Kinder so entsetzten. Auch B.s Vater hatte sein Land verkauft, und drei Jahre später zerteilte das „Balmoral", ein Hotel mit 200 Betten, den Horizont unterhalb des Hofes, der bis dahin immer die unendliche Horizontale des Meeres gewesen war.

Der Vater hatte zu einem Spottpreis verkauft. Aber die Quadratmeterzahl war groß genug, daß er sich von dem Erlös einen Traum erfüllen konnte. Nichtstun in einer Eigentumswohnung in der „Stadt", dem kleinen Porto Cristo, das im Sommer vor Touristen birst und im Winter ein geisterhaftes Rentnerparadies ist.

Der Hof blieb Familienbesitz, verfiel aber, weil niemand dort wohnte. Ein Jammer, denn er stammte aus dem 16. Jahrhundert, der zentrale Wehrturm ist sogar maurischen Ursprungs. Die beiden Söhne arbeiteten in eben jenen Hotels, deren Bau der Vater durch seinen Landverkauf erst ermöglicht hatte.

Die Abkehr vom Landleben bedeutete höheren Verdienst, geregelte, in jedem Fall kürzere Arbeitszeit, relativ hohen Luxus, eine Menge Vergnügungen am Rande des Touristenlebens. Einige junge Mallorquiner wurden Bauarbeiter, andere Kellner, Barkeeper oder Gärtner.

Manchmal war es umgekehrt: Die Jugend wanderte zuerst ab, die Alten blieben und verloren ebenfalls die Lust am ländlichen Leben. Sie verkauften und zogen in

ihren Kindern vorausgesagt, als vor bald 30 Jahren der Massentourismus zu rollen begann

die Zentren, der Jugend nach, der es anscheinend so gut ging. Ich erinnere mich noch, wie die Alten bei den immer seltener werdenden gemeinsamen Abenden um das offene Winterfeuer im Kamin den Kopf zu schütteln pflegten und weise die Zukunft deuteten: „Ihr werdet große Dinge erleben", sagten sie und zeigten auf die Urbanisationen, die aus den stillen Buchten der Insel eine pulsierende Glitzerwelt gemacht hatten.

Das Größte aber, das wir erlebten, war die Rückbesinnung der Jungen. Plötzlich sehnten sie sich nach der Stille ihrer Kindheit und der reinen Luft, die jetzt nicht mehr zu atmen war, nach dem milden Licht der Öllampen am Abend und dem Druck des steinigen, dennoch so weichen Bodens unter den Schuhen – des eigenen Bodens.

Der Konflikt zwischen den Landverkäufern und den ums Erbe Betrogenen brach nicht offen aus, das würde ein mallorquinischer Sohn auch heute noch nicht wagen. Er äußerte sich still, heimlich, bokkig, hintenherum, in der Solidarität mit anderen Jungen. Man besann sich auf die eigene Sprache, die Sitten, die Geschichte. Und das Paradoxe daran ist, daß uns die Touristen drauf gebracht haben,

Vom Windmühlenhügel an der Bucht von Palma ging der Blick ungehindert hinüber zum Castillo de Bellver aus dem 14. Jahrhundert. Die moderne Zeit hat den freien Raum zwischen den beiden Landmarken zugebaut. Die Windmühlen sind zu Nachtbars umgebaut

Zwischen diesen Bildern liegen nicht mal hundert Jahre

»Wir wissen, was wir den Ausländern schulden . . .«

Großhotels und Tausendschaften von Erholungsbedürftigen haben auch an der Cala Mayor die Plätze eines eher elitären Publikums und ihrer Herbergen eingenommen – und auch Gutes mit sich gebracht

wie schön die alten Höfe eigentlich sind, was man mit dem traditionellen Gemäuer unserer Vorfahren machen kann, was da alles in Scheuern und Speichern an Antiquitäten verrottete.

Mein Freund B. jedenfalls zog zurück auf den verwaisten Hof seines Vaters und krempelte die Ärmel hoch. Heute stehen der maurische Turm und die beiden flachen Gebäude wieder wie ein Palast oben auf dem Berg. B. legte fürs heiße Wasser Sonnenzellen aufs Dach, restaurierte die bröckelnden Mauern originalgetreu mit ockerfarben gestrichenen Feldsteinen und besann sich auf das raffinierte Lüftungssystem der Araber, die ihre Zimmer im heißen Sommer mit Löchern in den Wänden, durch die auch die leiseste Brise ins Innere gelangte, klimatisiert hatten.

Es gibt ein mallorquinisches Sprichwort, das unsere Lage ganz gut schildert: „i prifit no hi caben dins un bolic" – Ehre und Gewinn haben nicht Platz in einer Tasche. Aber das ist wohl kein rein mallorquinisches Problem.

Heute sammeln wir jungen Mallorquiner am eifrigsten die typisch mallorquinischen Dinge. Wobei ich zugebe, daß uns auch dafür erst die Touristen die Augen geöffnet haben. Sie lehrten uns zum Beispiel, die achtlos weggeworfenen, sechseckigen Eggen aus Marmor, die aussehen wie gezackte Spindeln, zurückzuholen, hochzukanten und als Säulen einzubauen. Wir lernten wieder, unsere Mollos, die alten Backformen, und die Calderas, die eisernen Kessel zum Wurstkochen, zu schätzen.

Es waren die Ausländer, die – ohne daß sie es wußten – den Zwist zwischen jung und alt schürten. Nicht zuletzt, weil mit ihnen auch das Telefon, die Elektrizität, das gekachelte Bad, das Wasserklo und die asphaltierten Straßen bis in den letzten Winkel der Insel gekommen waren.

Dennoch blieb Mallorca zutiefst gespalten, und das mehrfach: zwischen den Söhnen und den Vätern und zwischen den Einheimischen und den Fremden.

Da gibt es die Welt der Touristen in den Urlaubszentren, an „ihren" Stränden und auf den Trampelpfaden, die sie kaum je verlassen. Und es gibt unsere Welt, die wir eifersüchtig verstecken, unsere Feste, an denen wir die umtriebigen Touristen nicht teilnehmen lassen, unseren Sport, den wir heimlich betreiben und von dem sie keine Ahnung haben, wie zum Beispiel den Hahnenkampf.

Die Stille der Dörfer in den Hügeln und der sonnendurchglühten Ebene in der Mitte Mallorcas ist die Kehrseite der ausländischen Hektik am meerumspülten Saum der Insel. Das finden wir gut so.

Vor ein paar Jahren bauten die Bauern eine Straße, die Abkürzung von der Küstenroute zur Kreishauptstadt Manacor. Sie mündet genau gegenüber dem Haus meines

»Die Touristen zeigten uns, wie schön das Alte ist«

Altes stand so tief im Kurs, daß selbst die romantische Turmruine im Hafen von Alcudia – unten ein Stich von 1869 – einfach zugebaut wurde. Jetzt endlich entdecken die jungen Mallorquiner das Alte neu

Vaters, dem Hospitalet, und bestand bis dahin aus einem staubigen Band, das sich, durch Getreidefelder und Mandelbaumplantagen, durch die Dörfer Sa Mola und Son Macia wand.

Es gelang uns lange, diese unsere Straße vor den Touristen zu verbergen. Ja, oft verbarrikadierten die Bauern die Abzweigung sogar mit jenem trockenen Gestrüpp, das sonst ihre Viehkorrale verschließt, damit die Ausländer vorbeifuhren und den Eigenbau verschonten.

Man mag uns das vorwerfen. Doch abgesehen davon, daß Mallorquiner „nun eben mal so sind", erklärt sich das aus dem Zeitgeist. Und spätestens als deutsche Zuhälter im verschlafenen, 500 Einwohner zählenden Son Macia über dem einzigen Restaurant (das sie gekauft hatten) ein Bordell einrichteten, wußten wir, daß wir mit unserer Zurückhaltung richtig liegen.

Ich will auf den Vater von B. zurückkommen: Er verkaufte also sein Land und erwarb in der „Stadt" eine Eigentumswohnung. Aber einmal Bauer ist immer Bauer. Zu Hause in seinem Geburtshaus, das jetzt dem Sohn gehört, pflegte die Familie nach getaner Arbeit vor der Tür auf holzgeschnitzten, strohgepolsterten Stühlchen zu sitzen und sich dem Schwatz zu widmen.

Das machen die Eltern von B. immer noch. Mitten in Porto Cristo. An der Durchgangsstraße, auf der die Touristenautos und Versorgungs-Laster vorbeibrausen. Da sitzt der alte Herr – ein König, der sich selbst aus seinem Reich vertrieben hat – inmitten der Auspuffgase, redet nun über andere statt über die eigenen Probleme. Er merkt gar nicht, welche Karikatur eines alten Mallorquiners er geworden ist, beliebtes Fotoobjekt der Ausländer, verachtet von der jüngeren Generation und betrogen um den Blick auf das Meer, auf seine Bäume, auf die Küste, die mal ihm gehört hat.

Wir möchten verhindern, daß so etwas weiterhin passiert. Mallorca ist voll – und wir haben die Nase voll. Den Status quo zu erhalten ist alles, was wir erreichen können. Das wissen wir, aber das ist schon sehr viel. Wir werden den Vorwurf der Touristen zu ertragen wissen, daß wir ihnen, die den unwissenden Menschen auf der Insel Wohlstand und Selbstbewußtsein gebracht haben, jetzt mit frechem Undank begegnen.

So ist es ja auch nicht. Wir wissen, was wir den Ausländern schulden, haben aber – so meine ich – unsere Schuld abgetragen. Die Zeit geht weiter und „einen schlechten Weg muß man möglichst schnell passieren", wie ein mallorquinisches Sprichwort lautet – „Mal Cami pasar-ho prest".

Wir haben die Römer überlebt, die Araber, die Vandalen, die türkischen Piraten und die Festlandsspanier. Wir werden auch die Touristen überleben. ☐

Wenn Ihnen GEO-SPECIAL gefällt, sollten

GEO-SPECIAL ist eine Sonderreihe von GEO, dem großen Reportage-Magazin, und immer einem bestimmten Wissensgebiet gewidmet. GEO dagegen bietet Ihnen mit jeder Ausgabe mindestens 6 große Reportagen, authentische Erlebnisberichte. Zusammen mit den besten Fotografen der Welt zeigen Ihnen Reporter und Schriftsteller von internationalem Rang jeden Monat die Vielfalt unserer Erde. GEO-Reportagen dokumentieren Schönheit und Tragik, Hoffnung und Bedrohung dieser Welt.

GEO-Reporter sind dort, wo aus Gegenwart Zukunft wird. GEO-Reportagen setzen Zeitzeichen in engagierten Texten und Bildern von hoher Ausdruckskraft.

GEO vermittelt aber auch die Wahrheit, daß die Welt noch schön ist. Noch immer birgt dieser Planet stille Paradiese, unentdeckte Wunder – und es lohnt sich, sie zu erhalten.

GEO ist Abenteuer und Betroffenheit, Faszination und Entdeckung. GEO zeigt Ihnen die Welt jenseits der Fassaden. GEO hat in den letzten Jahren Maßstäbe für den Reportage-Journalismus gesetzt – Qualität, die Sie in GEO-SPECIAL bewiesen finden.

Gold: Die schwarzen Kumpels in Südafrika, die das Gold aus den Tiefen der Erde holen, haben den geringsten Gewinn davon.

Sturmflut: Nur der Mast auf der Hallig Hooge hält noch Verbindung mit dem Festland.

Massai: Die ehemals gefürchteten Krieger legen zum letzten Mal all ihren Schmuck an, ehe sie ihr Leben als friedliche Familienväter weiterführen.

Sie jetzt auch GEO kennenlernen

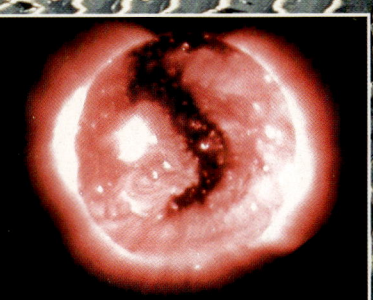

Courage: Sie schießen kopfüber in die Tiefe, formieren sich und schweben schließlich am Schirm zur Erde zurück.

Sonne: Die dunklen Gebiete zwischen hell-leuchtenden Gasexplosionen sind die langgesuchten Quellen des Sonnenwindes, den die Sonne nach allen Seiten in den Weltraum schießt.

Diese Vorteile bietet Ihnen GEO:

Kostenlos die wertvolle GEO-Begrüßungs-Edition

Das erste GEO-Heft, das jemals gedruckt wurde, ist exklusiv für GEO-Interessenten bestimmt; es ist im Handel nirgends erhältlich: 6 großartige Reportagen mit brillanten Bildern, viele davon doppelseitig, alle in Farbe. GEO-Format wie GEO-SPECIAL. Über 150 Seiten. Diese Ausgabe zeigt Ihnen, wie GEO wirklich ist.

Dazu als Geschenk 4 GEO-Farbdrucke

Aus der faszinierenden GEO-Reportage »Deutschlands Grüne Patriarchen«: Die mächtige Bavaria-Buche im Wandel der Jahreszeiten. Format: 42 x 30 cm, auf bestem Kunstdruck-Papier.

Extra dazu: Die umfangreiche GEO-Dokumentation

Auf 12 Seiten ein interessanter Blick hinter die Kulissen: wie GEO entstand und wer die Macher sind, außerdem eine Palette von Reportage-Fotos, die Sie begeistern werden. Sie erfahren, wie vielfältig und außergewöhnlich GEO jeden Monat berichtet.

Abonnement-Reservierung mit ca. 20% Preis-Vorteil

Wir bieten Ihnen eine persönliche Abonnement-Reservierung. Ohne daß Sie uns noch einmal schreiben müssen, erhalten Sie GEO mit ca. 20% Preis-Vorteil jeden Monat per Post frei Haus. Für Sie kostet jedes Heft also nur DM 8,– einschließlich Versandkosten, statt DM 9,80 Einzelpreis.

Bitte bestellen Sie Ihre GEO-Begrüßungs-Edition und Ihr Geschenk mit der vorbereiteten Einladungskarte auf Seite 147

»Eine Person, die einen Stein auf einen Vogel wirft«, so nannte Joan Miró das Bild, das er 1926 gemalt hat und das im New Yorker Museum of Modern Art hängt

Joan Miró

Der Name des in Palma lebenden Künstlers ist, so befand das Kunstblatt »art«, zu »einem Markenzeichen des 20. Jahrhunderts« geworden. Der Avantgardist, einer der großen Befreier der Kunst von der Konvention, trägt zwar schwer an seinen 89 Jahren, aber noch immer ist er voller Visionen, und noch immer geht er am Inselstrand spazieren. Sein Enkel David Fernández Miró hat ihn oft begleitet. Er erzählt, wie wichtig Erde, Wasser und Himmel zeitlebens für seinen Großvater und dessen Werk gewesen sind

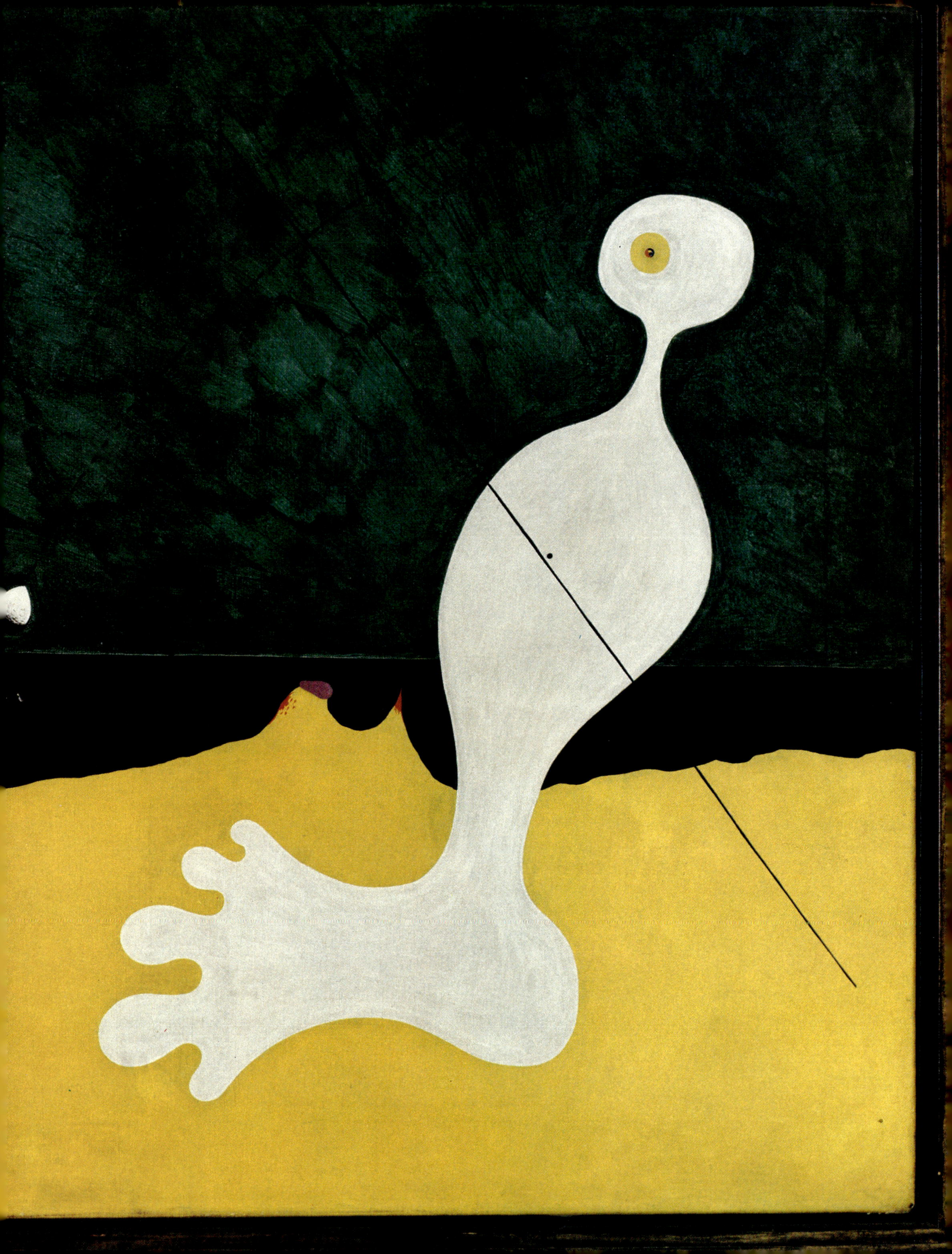

78 GEO

»Keine Frage: Miró ist heute der größte lebende Künstler«
»New York Times«

In Cala Mayor, am Rande von Palma, lebt und arbeitet Joan Miró seit 1945 – unversöhnt mit der Diktatur General Francos. Erst nach dessen Tod und Spaniens Rückkehr zur Demokratie läßt sich Mallorcas prominentester Bürger und Spaniens großer Meister von Staats wegen ehren: Aus der Hand des Königs empfing er die Spanische Goldmedaille der schönen Künste, die höchste Kulturauszeichnung des Landes. In seinem Atelier hängen und stehen Werke, an denen er bis zu zehn Jahren gearbeitet hat

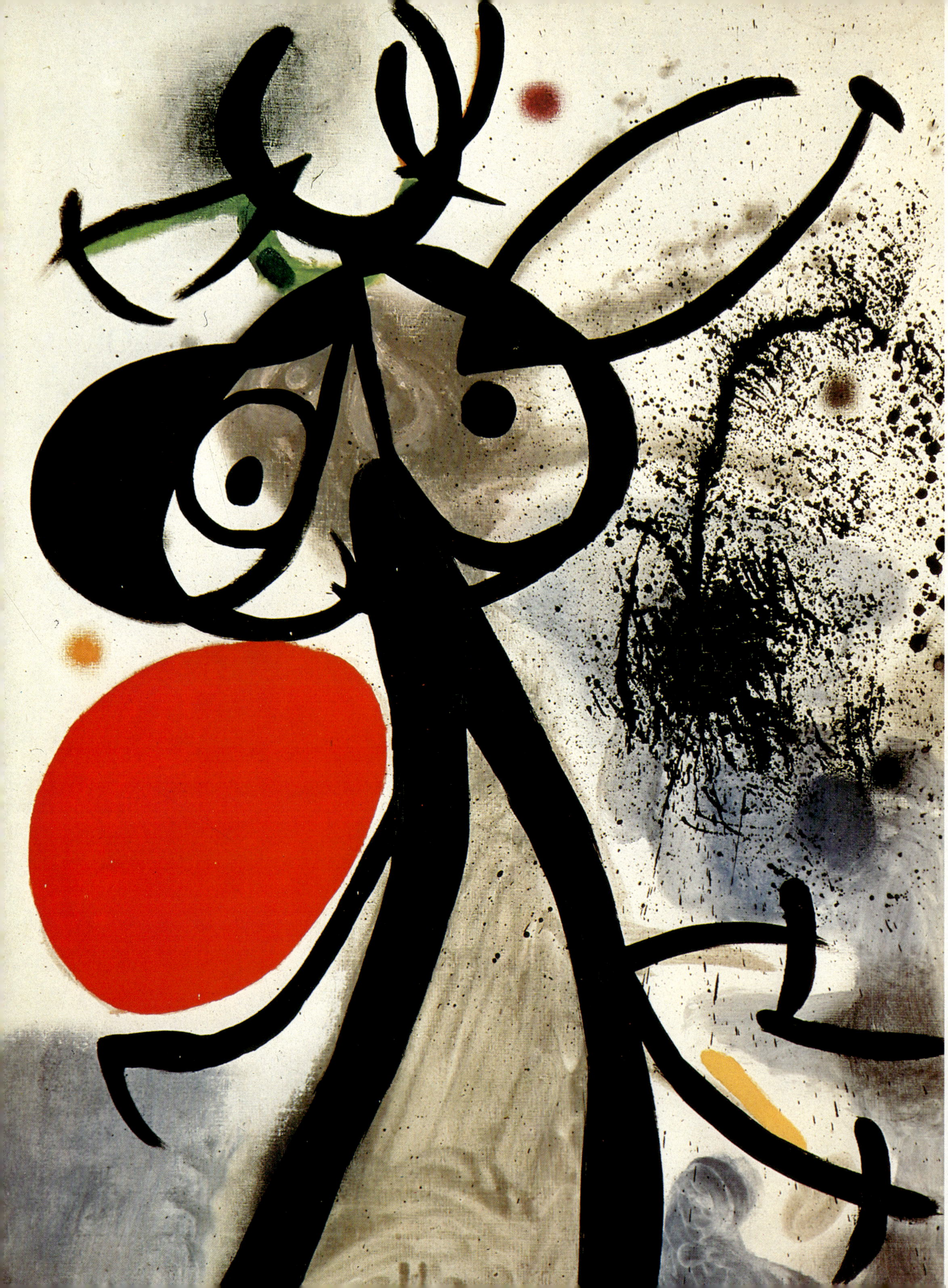

»Miró ist ein Wunder später Kraft«
»Frankfurter Rundschau«

Mirós Weltruf gründet sich nicht nur auf seine Malerei, sondern gleichermaßen auf Plastiken, Objekte und Teppiche, die in allen Erdteilen immense Preise erzielen. »Frau und Vogel vor der Sonne«, gemalt 1972, ist heute im Besitz des Louvre in Paris. Daneben die »Flucht eines jungen Mädchens«, entstanden 1967, aus der Sammlung Maegh in St. Paul-de-Vence

Von David Fernández Miró

Es ist nicht einfach, über einen Menschen zu berichten, den man täglich sieht. Vollends schwierig ist das, wenn es sich bei diesem Menschen um Joan Miró handelt, jenen weltberühmten Maler, über den Kenner, Biographen und Wissenschaftler schon fast alles gesagt haben. Eines freilich macht mir die Aufgabe etwas leichter, über Miró zu schreiben: Er ist mein Großvater, mit dem mich zahllose Anekdoten, gemeinsames Gelächter, verschwörerische Blicke und viele Gefühle verbinden.

Den Pinienwald auf Mallorca zu durchqueren und der blauen Transparenz dieses Farbengeistes Miró zu begegnen – mit dem Mittelmeer als zartem Hintergrund – ist immer ein Quell immenser Freude. Es ist, als treffe man einen Zauberer, dessen schiere Gegenwart ebenso diskret wie liebenswürdig die Sinne schärft und zum Leben auffordert.

Besuche im Atelier in Palma, diesem Heiligtum in Weiß, Blau, Gelb und Rot und den Flügeln der Möwe als Decke, sind entspannend und anregend zugleich. Nicht nur die alles beherrschenden Ölbilder und Zeichnungen, die in Farben explodieren, machen mich glücklich, sondern auch die Objekte, die „trouvailles", die zufälligen Kompositionen: zum Beispiel das Seepferdchen in einem Vogelnest oder eine halbe Ratte an die Wand genagelt oder das Skelett einer Fledermaus oder eine Krawatte mit Feuerwerkmuster.

Das Genie Mirós liegt in der Überraschung, im unerwarteten und jederzeit möglichen Ausbruch. Wie vor kurzem, beim Mittagessen: "Schau", sagte er, „wie schön dieser Hühnerknochen ist. Er sieht aus wie ein Hündchen. Ich werde ihn aufbewahren, vielleicht wird aus diesem kleinen Knochen etwas ganz Großes." Jedes Ding, auch das unwichtigste, kann sich in einen Miró-Gegenstand verwandeln. Das gesamte Universum ist ihm wichtig, vom Tongefäß bis zur Sonne, vom Grashalm bis zu seinen geliebten mallorquinischen Johannisbrotbäumen, vom Insekt bis zum Adler.

Miró ist auch mit 89 Jahren noch, obwohl sehbehindert und herzleidend, die reine Mystik im ewigen Zustand der Schöpfungsekstase. Gelegentlich beobachte ich ihn, wie er mit seinen nervösen Händen Formen in die Luft zeichnet, als wäre er der Dirigent eines imaginären Orchesters aus Zeichen und Farben, die allein in seiner Phantasie bestehen und deren Partitur die Freiheit ist.

Als er sagte, der Himmel sei violett, lachte sein Vater ihn aus

Zur Synthese seines Lebens und seines Werkes gibt es sehr klare Schlüssel: Da war zunächst sein Geburtsort Montroig und die Landschaft von Tarragona. Da war das weiße Haus seiner Jugend, umgeben von Eukalyptus-Bäumen, Palmen, Reben, Oliven- und Johannisbrotbäumen, und da waren das mächtige Gebirge im Westen und das Mittelmeer im Osten.

Hier fühlte der Künstler schon als Kind die Kraft der Natur. Das Licht der Landschaft im Süden Tarragonas ist rein und hell, die Farben sind intensiv. Die orange-violetten Sonnenuntergänge und das schwebende Aroma der frisch gelesenen Reben im September erweckten in dem jungen Miró das Gefühl der Identität mit der Erde und dem Universum. Die Nächte sind dunkelblau und samten, erfüllt vom Ruf der Eulen und geschmückt von zahllosen Sternen.

Diese Kulisse bildete den Ausgangspunkt von Mirós künstlerischer Wahrheit, die er in so bedeutungsvollen Bildern wie „Montroig, das Dorf und die Kirche", „Ciurana", „La masia", „Der Pfad" und „Gepflügtes Feld" gestaltete. Aber nicht nur sie ist Ausgangspunkt seines Werks, sondern auch der Geist, der über der reichen Schöpfung des Künstlers schwebt – auch heute noch.

„Ich sagte meinem Vater", erzählte er mir in seinem Haus in Palma, als er die alten Zeiten von Montroig beschwor, „der Himmel sei violett, und er lachte mich aus. Ich bin vor Wut fast wahnsinnig geworden."

Paris, wohin er 1919 ging, bedeutete Entwicklung, Lernen, Poesie, Freunde – und die Flucht vor einem ungerechten und bornierten Barcelona, das es lieber gesehen hätte, wenn der Künstler das Uhrengeschäft seines Vaters weitergeführt hätte. „Ziel ist es", so schrieb er seinem Freund Ricart aus dem Mekka der Kunst, „ein universaler Katalane zu werden."

Paris und dessen Lebensart beeindruckten ihn zutiefst. Er kam kaum zum Malen, denn morgens besichtigte er den Louvre und nachmittags die Galerien. Er ließ sich in der Rue Blomet nieder, wo ihm der Zufall den Maler André Masson als Nachbarn bescherte. Die beiden wurden gute Freunde. Masson stellte ihm Artaud, Leiris, Limbour, Desnos und andere vor. Sie wurden als „Die Gruppe der Rue Blomet" bekannt und schlossen sich später der surrealistischen Bewegung an.

Miró erinnert sich auch heute noch mit Wehmut an jene Zeit, die er für die aufregendste seines Lebens hält, trotz der armseligen Bedingungen, unter denen er damals lebte: Der großartige „Karneval des Harlekins" ist teilweise von Hunger-Halluzinationen inspiriert. Zu jener Zeit entdeckte der Künstler die Poesie für sich, die für immer mit seinem Werk verbunden sein wird. Rimbaud und Lautréamont sind ihm die liebsten. Viele seiner Freunde sind Poeten und Schriftsteller – Elenard, Tzara, Char, Hemingway. Er selbst schuf Bild-Gedichte wie „Ein Stern streichelt die Brust einer Negerin".

Aber nicht alles in Paris war Hunger und Entbehrung: „Stell dir vor", erzählte er mir, „Hemingway und ich

»Ciurana« nannte Miró 1917 dieses Bild aus Tarragona, der Landschaft seiner Kindheit

»Karneval des Harlekins« entstand 1924/25 in Paris unter Hungerhalluzinationen

»Ein Stern streichelt die Brust einer Negerin«, 1938 ebenfalls in Paris gemalt

gingen zum Boxen in den Amerikanischen Klub. Hemingway, dieser Riese, und ich, soo klein! Wir waren eine Augenweide für die Schwulen in der Sporthalle."

Gemeinhin aber mied er Cafés und Künstlertreffs, die damals in Paris so beliebt waren, denn ihn beschäftigte nur seine Arbeit, die er mit mönchischer Disziplin vollzog. Ein Detail paßt jedoch nicht in dieses Bild des hart arbeitenden Malers: In der Künstlerwelt des Paris der zwanziger Jahre ist der einsame und schüchterne katalanische Maler Miró als der „Dandy von Montroig" bekannt. Trotz seiner mehr als begrenzten Mittel liebte er es nämlich, sich herauszuputzen und sich mit Krawattennadel und Spazierstock zu schmücken, den Symbolen des Dandytums.

Das liegt heute Generationen zurück. Seither ist er ein in der ganzen Welt berühmter Künstler geworden, und zwar, wie er selber beteuert, durch Traum, denn: „Ich träume nie, wenn ich schlafe, nur wenn ich wach bin."

Sein Abstand zur Intellektualität, zur Theorie ist groß. Er mag feste Begriffe oder Gerüste nicht: „Heutzutage, wenn ich spazierengehe, schaue ich nicht auf die große Landschaft, sondern auf die Erde unter meinen Füßen oder auf den Himmel." Joan Prats, sein geliebter, leider verstorbener Freund, sagte einmal: „Selbst wenn man alles von Miró weiß, weiß man nichts von ihm."

Miró hat sein Ziel erreicht: Er lebt in einer von seinem Geist erschaffenen Welt, wie Dante abgewandt von den Realitäten. Seine Welt – das sind Erde und Himmel, Poesie, Freundschaft und Liebe. Keineswegs aber verzichtet er auf die Teilnahme an Freud und Leid der Menschheit, vielmehr gestaltet er das lebende Abbild unserer Generation, die bedroht ist von völliger Vernichtung – aber doch noch die Hoffnung auf Rettung hat.

Im Gegensatz zu Picasso schreckt Miró die Vorstellung des Todes nicht. Er wünscht sich, daß Blumen aus seinen Resten wachsen. Er will keinen Sarg, keinen Marmor, keine Ruhmeshalle. Sein Zyklus heißt Erde, Leben, Tod, Erde, Leben.

Der Künstler war noch sehr jung, als er seinem Freund Ricart schrieb: „Durch die Berge wandern, ein Buch lesen oder eine schöne Frau betrachten. Ein Konzert hören, das eine Vision von Form, Rhythmus und Farben erzeugt – all das wird meinen Geist bilden und nähren, damit meine Sprache Kraft gewinnt, und, vor allem, daß es uns nicht an heiliger Unruhe fehle. Ihr hat der Mensch den Fortschritt zu verdanken."

Ihm hat es nie an „heiliger Unruhe" gefehlt. Noch immer führt er sie am Meer von Mallorca spazieren und entziffert dabei einen Stern, ehe er heimkommt zu Pila, seinem Weib und Schutzengel und Schlüssel der magischen Kette, die Mirós Leben ist. □

> **»Malerei verschwistert sich mit Poesie; es entstehen ›Bild-Gedichte‹«**
> »Die Zeit« über Miró

Operationen in hohem Alter sind immer ein Risiko – Miró hat die Eingriffe an Herz und Augen gut überstanden, seine alte, unermüdliche Schaffenskraft und -lust aber verloren. Hart für einen Mann, der sein Leben lang immer nur eines kannte, seine Arbeit, seine Malerei. Noch vor kurzem arbeitete er in seinem Atelier an einer überdimensionalen Studie zu einem Wandgemälde. Die Mallorquiner haben ihren prominenten Bürger längst geehrt: Seit 1980 gibt es in Palma eine Avenida Joan Miró

ANZEIGE

Entdecken Sie Ihr Mallorca

Die schönste Tochter der Balearen: Mallorca ist ein Kontinent en miniature, auf dem die individuellen Entdeckungen kein Ende nehmen. Ebenso vielseitig ist auch die „Urlaubsinsel" Mallorca.

Mit Neckermann können Sie hier Ihr ganz persönliches Ferienparadies entdecken.

Wandern durch das unbekannte Mallorca

Mit dem einheimischen Wanderführer Paco Ponce durch einsame Hochtäler zu abgelegenen Klöstern und Dörfern, über vergessene Pfade in unberührte Bergwildnis. Das typisch mallorquinische Leben und die deftige einheimische Küche.
1wöchige Wandertouren ab Soller/Mallorca DM 699,– resp. DM 599,– je Person.

Sport und Spiel auf Mallorca

Happy Tennis – für Anfänger und für Cracks, die hart trainieren wollen. An der Playa de Palma, in Ca'n Picafort und im Son Vida-Tal nahe Palma. Hier – in der exklusiven Club-Atmosphäre des komfortablen 4-Sterne-Hotels RACQUET CLUB – können Sie auch Golf spielen. Preisbeispiel: 1 Woche mit Frühstück im RACQUET CLUB inklusive Tenniskurs, je Person schon ab DM 1019,–.

Happy surfing – in der Bucht von Alcudia und Puerto Pollensa. Für Anfänger und Fortgeschrittene. Die Surfschule von Alcudia liegt direkt vor den komfortablen Strand-Appartements SUNWING PRINCESA (mit Mini-Club für Kinder). Preisbeispiel: 1 Woche Badeurlaub im App. SUNWING PRINCESA mit Frühstück, je Person schon ab DM 649,–.

Happy sailing – beim „Treffpunkt der Segler": in der Bucht von Alcudia. Oder in einem der schönsten Segelreviere Europas: in der Bucht von Pollensa. Dort liegt das gepflegte Hotel DAINA. Preisbeispiel: 1 Woche Halbpension im Hotel DAINA, zu best. Terminen mit Mietauto, je Person schon ab DM 749,–.

Reitclub International – für Anfänger und Könner. Unsere Clubstation in der Nähe von Ca'n Picafort ermöglicht Kurse und Ausritte (Tagesritte) in eine herrliche Reitlandschaft. Das Hotel GRAN VISTA liegt in einem Park in Strandnähe. Preisbeispiel: 1 Woche Halbpension im Hotel GRAN VISTA inklusive Reitkurs, je Person schon ab DM 779,–.

Tauchen mit Poseidon Nemrod – Tauchbasen in Illetas und in Cala Ratjada. Getaucht wird an der Küste oder bei vorgelagerten Inseln. Ihr Refugium: Appartement, Pension oder Hotel. Preisbeispiel: 1 Woche mit Spezialfrühstück im Hotel CAPRICHO in Cala Ratjada, je Person schon ab DM 519,–.

Mittelmeer-Kreuzfahrt und Mallorca-Urlaub

7 Tage Kreuzfahrt mit ᵀˢAUSONIA: Tunis, Palermo, Capri/Neapel, Genua, Barcelona, Palma. Und dann 1 Woche Badeurlaub im Komfort-Hotel REY DON JAIME in Santa Ponsa! Preisbeispiel: 2 Wochen Kreuzfahrt-Kombination mit Vollpension – ab Deutschland – je Person schon ab DM 1704,–.

Kinder-Clubs auf Mallorca

In den Neckermann-Kinder-Clubs in Ca'n Picafort, Cala Millor und der Bucht von Alcudia sind Kinder unter sich. Erfahrene Kindergärtnerinnen betreuen Ihre Sprößlinge – damit es auch für die Kleinen ein großer Urlaub wird!

Komfort-Urlaub in renommierten Hotels

Unsere Hotels bieten in Preis und Leistung alle Voraussetzungen für gelungenen Urlaub. Besonders empfehlen möchten wir Ihnen die Häuser der Hotelkette ROYALTUR: ROYAL PLAYA DE PALMA, CUPIDO und ROYAL FORTUNA PLAYA. Sowie folgende Adressen: SUNNA/Paguera; ES PORT/Puerto de Soller; BON SOL/Illetas; REY DON JAIME/Santa Ponsa; CENTRO CALA D'OR/Cala d'Or.

Das Neckermann-Plus-Paket

Keine Urlaubsinsel bietet mehr als Mallorca – und auf keiner Insel bekommen Sie so viel geboten! Ein Blick in das Neckermann-Plus-Paket: 3-Wochen-Reisen zum 2-Wochen-Preis, Kinder-Ermäßigung bis zu 100 Prozent, Einzelzimmer ohne Mehrpreis, Menüwahl, Gala-Dinner, Mietauto und Sport inklusive, Taxi-Transfer und vieles mehr. Lassen Sie sich beraten!

Alle hier angegebenen Preise entsprechen den Angaben im Neckermann-Flugreisen-Prospekt Sommer '83.
Beratung und Buchung in allen Reisebüros mit diesem Zeichen:

NECKERMANN REISEN

Von Sheila Amengual

Die mallorquinische Küche in den Jahreszeiten
Über Tumbet, Matances und Ensaïmades

Wer ein neues Fleckchen Erde erkunden will, der sollte zusehen, wie die Einheimischen leben und vor allem ihre typischen Gerichte probieren – am besten rund ums Jahr.

Es gibt auf der Insel Restaurants mit guten mallorquinischen Spezialitäten, wo die einheimische Küche authentisch kennenzulernen ist.

Einen guten Überblick über das, was bei den Mallorquinern auf den Tisch kommt, gibt speziell im Sommer der Markt. Der Reichtum von Sommergemüse wird auf verschiedenste Weise genutzt – zum Beispiel: „Trempó", ein gemischter knackiger Salat, ist eines der beliebtesten und erfrischendsten Gerichte. „Tumbet", eine Art Ratatouille aus geschmorten Auberginen, Kartoffeln und Paprika, wird in einer dicken Tomatensauce als Beilage zu gegrilltem Fleisch serviert.

Im Monat September hängen – besonders malerisch in dem Dörfchen Portol – Ketten dunkelroter Paprika an den Fassaden der alten Steinhäuser. Wenn die Schoten getrocknet sind, werden sie zu rotem Mehl zerstoßen, Fleisch wird damit gewürzt und haltbar gemacht.

Von Oktober bis Dezember veranstalten die meisten mallorquinischen Familien an Wochenenden „Matances". Am frühen Morgen wird ein prächtig gemästetes Schwein geschlachtet, und bereits zur Mittagszeit ist nur noch wenig von seiner ursprünglichen Form übrig. Schwärme von Familienmitgliedern und Freunden haben die ihnen angestammten Aufgaben übernommen: Schneiden und Zerkleinern, Herrichten und Zubereiten, Waschen, Füllen und Vernähen von Därmen zu Würsten. Wenn sie sich zum wohlverdienten „arròs brut" niedersetzen – ei-

Traditionsgemäß werden die Paprikaschoten von den Frauen auf Schnüre gezogen – die süßen von den alten Jungfern und jungen Mädchen, die scharfen von den Verheirateten und den Witwen. Getrocknet werden die Früchte zu rotem Puder zerstoßen

nem Gericht aus Reis und Fleischstücken von Schwein, Huhn und Gemüsen –, dann warten bereits Dutzende langer, dünner, roter, ringförmiger Würste – „Llonganisses" genannt, besonders köstlich, wenn sie einige Wochen später über offenem Feuer gegrillt werden –, dicke „Sobrassades" ähnlicher Konsistenz, die man aufs Brot streicht, und schwarze Blutwürste, schon gekocht und fertig zum Aufhängen. Der Speck ist ausgelassen und in Steintöpfen aufbewahrt, die Lende des Schweins wird frisch gegessen, andere magere Fleischstücke werden gesalzen, nichts wird verschwendet.

Im Oktober kommen die Drosseln zum Überwintern und bleiben bis Februar auf der Insel. Für „Tords amb col", eines der beliebtesten Rezepte, werden sie mit Kohl gedünstet. Wem die Singvögel daheim im Garten oder im Park lieber sind, der sollte besser darauf verzichten.

Sonntagsausflüge werden oft mit der Suche nach „esclatasangs" verbunden, großen orange- bis grünfarbenen Pilzen, meist unter Pinien versteckt und schwierig zu finden. Die Suche lohnt, denn auf dem Markt kosten diese Pilze manchmal zwischen umgerechnet 40 bis 50 Mark pro Kilo. Am besten ißt man sie gegrillt.

Der 20. Oktober ist der Tag der Jungfrauen. Dann überreicht man den jungen Mädchen „bunyols" – entweder die raffiniertere Art, einem Windbeutel ähnlich, gefüllt mit Schlagsahne oder Vanillecreme, oder die einfachere Ausführung, eine Art Krapfen, in heißem Öl gebacken und mit Zucker bestäubt.

Am 1. November bekommen die Kinder einen Rosenkranz, ganz aus Süßigkeiten und kandierten Früchten gemacht, mit einem großen Medaillon aus kandiertem Kürbis. Schon Tage vorher sind alle Bäckereien und Konditoreien mit diesen bunten Leckereien dekoriert.

Das traditionelle Weihnachtsessen besteht aus einem kräftigen Menü: Klare Fleischbrühe mit gefüllten Nudeln, danach „Escaldums" – Truthahnfleischstücke, die in eine mit Pinienkernen, Mandeln und Sherry abgeschmeckte Sauce getunkt werden; danach folgt zarter und knuspriger Spanferkelbraten, und dann, nach den Früchten, die Mandelspezialitäten, die Mallorcas Küche von der 400jährigen maurischen Herrschaft übernommen hat – Marzipanfiguren, „Tur-

Schweinefleisch gibt gute Würste – und da die Mallorquiner gute Würste lieben, halten sie sich allerbeste Schweine. Geschlachtet wird am liebsten nach einer Mastkur mit Feigen zwischen Oktober und Dezember

rón"-Riegel, aus ganzen Mandeln, eingebettet in das harte Nougat von Alicante; oder mit den gleichen Zutaten, aber zermahlen und zu einer weichen, aber dennoch festen Masse verarbeitet; oder die hausgemachte Mandelpaste mit Zitronengeschmack zwischen runden Reispapierscheiben. Überall, wo Spanier Weihnachten feiern, sind diese Süßigkeiten, mit Süßwein oder trockenem Sherry gereicht, nicht wegzudenken. Nach der Mitternachtsmesse gibt es in allen Lokalen puderzuckerbestäubte schneckenförmige Kuchen, „Ensaïmades" wie die Ensaimadas mallorquinisch heißen, und dazu dickflüssige, dampfende Trinkschokolade, in die sie eingetunkt werden. Die Ensaïmadas gibt es nur auf den Balearen. Sie werden mit Schmalz gebacken, sind federleicht, und manch einer behauptet, sie allein seien bereits eine Reise wert. Eine noch warme Ensaïmada und dazu ein heißer „Café con leche", Milchkaffee, ergeben eines der besten Frühstücke der Welt.

Nach einem Regenguß macht es großen Spaß, Schnecken zu sammeln, die dann aus ihren Verstecken kommen. Ihre Zubereitung ist zwar sehr langwierig, doch das Schneckengericht „caragolada" ist besonders an Festtagen eine beliebte Mahlzeit. „Conejo con cebolla" ist eines der wohlschmeckendsten Kaninchengerichte. Die Kaninchenteile werden in einer dicken Sauce, hauptsächlich aus feinen Zwiebelringen und mit vielen Kräutern gewürzten Tomaten, serviert.

„Sopas Mallorquinas" ist nicht, wie der Name vermuten ließe, eine leichte mallorquinische Suppe, sondern ein ebenso schmackhaftes wie sättigendes Gericht. Es besteht aus einer Vielzahl von gekochten Gemüsen, und wenn es besondern gut sein soll, gibt es dazu Schweinefleischstücke, die zwischen dünnen, mit Brühe getränkten Scheiben dunklen Landbrotes geschichtet sind. Empfehlenswerte Suppen sind noch „Calderata de Pescado", eine stark gewürzte Fischbrühe, mit Fischstücken und Muscheln, mit oder ohne Reis, sowie „Potaje", eine dicke nahrhafte Suppe aus Bohnen und anderen Gemüsen.

„Mero à la Mallorquina" ist wohl die schmackhafteste Zubereitung dieses mächtigen weißen Mittelmeerfisches, des Zackenbarsches, von dem dicke Scheiben zusammen mit Kartoffeln, Tomaten, Zwiebeln, Petersilie, Pinienkernen, Rosinen und oft noch mit anderen Gemüsen im Ofen gegart werden. Verschiedene Sorten von frischem Mittelmeerfisch und Meeresfrüchten werden zur „Parillada de Pescado", einer Grillplatte, zusammengestellt. „Frito Mallorquin" ist eine saftige Mischung aus Leber, Kartoffeln, Zwiebeln, Tomaten und Artischocken, mit Fenchel gewürzt.

Ein Osterfest ohne „Empanadas", saftige mit gutgewürzten Lammfleischstücken gefüllte Pasteten, ist nicht denkbar; auch nicht ohne die einfachen süßen Kekse jüdischer Herkunft, in Herz- und Sternenform, „Crespells"; oder ohne die „Rubiols", dünne Teigtaschen, die mit Kürbismarmelade gefüllt sind. Die als reumütige Sünder verkleideten Teilnehmer der Osterprozession tragen große Taschen an den Kutten, die ausgebeult sind von Süßigkeiten einer ganz besonderen Sorte, Mandeln, mit einer dicken Zuckerglasur überzogen, die sie Freunden am Straßenrand zuwerfen.

Abgesehen davon, daß der Mai der Monat ist, in dem die Achtjährigen die Erstkommunion feiern, ist es auch der beste Monat, um Wildkräuter zu sammeln, sie entfalten dann ihren stärksten Duft. Zur Herstellung von „Hierbas", einem Kräuterlikör, der gern als Digestivum getrunken wird, werden rund 25 verschiedene Kräuter in einer Flasche süßen oder trockenen Anisschnapses angesetzt. Andere Kräuter, etwa Kamille, werden zu Tee getrocknet. „Palo" ist ein bitterer Likör aus den Früchten des Johannisbrotbaumes, der gern als Aperitif getrunken wird. In dem Dörfchen Bunyola steht die älteste Fabrik, die seit 1898 den 32prozentigen Likör herstellt. Am Rande von Palma wird der Sua Brandy Viejisimo destilliert, der den Vergleich mit guten französischen Cognacs aufnehmen kann.

Ein traditioneller Imbiß, identisch mit jüdischem Osterbrauch, heißt „pà amb oli" („Brot und Öl"); er besteht aus Scheiben des schweren und ungesalzenen Inselbrotes, die mit Olivenöl getränkt, dann gesalzen und mit Knoblauch und dem Fruchtfleisch einer Tomatenart eingerieben werden, die zur Lagerung auf Fäden aufgezogen wird. Der Fremde mag dies für eine merkwürdige Kombination halten; es schmeckt jedoch wirklich gut und wird heutzutage meist mit geräuchertem Schinken und/oder Oliven und dünnschaliger grüner Paprika gegessen.

Ein anderer beliebter Imbiß, „Coca de Verdura", kann in fast jeder Bäckerei gekauft und gleich an Ort und Stelle gegessen werden und sieht mit seinem Belag von Tomaten und Zwiebeln, Spinat und Sardinen oder Streifen von rotem Paprika so appetitlich aus, daß man kaum widerstehen kann. Auch die „Cocarrois" sind sehr wohlschmeckend, dünne süße oder pikant gewürzte Teigtaschen, die mit kleingehacktem, gekochtem Gemüse und großen, saftigen Korinthen gefüllt sind. Von der großen Auswahl an süßen Kuchen und „Coques" mit Apfelstücken und Aprikosen in der zuckerbestäubten Oberfläche ganz zu schweigen.

An Stelle einer regelrechten Mahlzeit nehmen die Spanier oft einen kleinen Imbiß in einer „Tapas"-Bar zu sich, mit vielen kleinen appetitanregenden Portionen: pikanter Tintenfisch, Huhn oder Fischkroketten, gegrillte Pilze, Garnelen, Kartoffelsalat und das immer wieder beliebte gute alte Kartoffel-Omelette.

Ein Restaurant-Typ, der unbedingt einen Besuch lohnt, sind die Cellers, in denen nur mallorquinische oder spanische Speisen serviert werden. Gewöhnlich ist die Ausstattung ziemlich spartanisch, an den Wänden stehen riesige alte Weinfässer, und das Essen wird am offenen Feuer zubereitet. Der bekannteste dieser Keller ist der „Celler Sa Premsa" in Palma.

Die mallorquinische Küche ist keine Haute cuisine, sie ist einfach und ländlich. Es empfiehlt sich allerdings, beim Kalorienzählen eine Pause einzulegen, wenn man wirklich etwas davon haben möchte. Guten Appetit.

Übrigens: Auf mallorquinisch heißt das „Bon Profit"! □

Lesen Sie auf der nächsten Seite, was der deutsche Meisterkoch Franz Keller auf Mallorca entdeckte.

Fische und Meeresfrüchte fehlen auf keiner mallorquinischen Speisekarte. Die großen Delikatessen allerdings, wie etwa Langusten, die Hummer der warmen Gewässer, sind kaum noch zu bezahlen: Sie kommen aus dem Atlantik

Von Mallorca im Sturm erobert

Franz Keller, 55, renommierter Gastronom und Weinkundler, Chef des »Schwarzen Adler« in Oberbergen mitten im Kaiserstuhl, fand auf Anhieb zwischen Palma und Pollensa ein paar exzellente Küchen

Erfahrene Reisende in Sachen Lukull wissen, daß überall dort, wo es viel Sonne, schöne Strände und herrliche Landschaften gibt, die individuellen Leistungen der Restauration selten sind. Zumindest während der Hauptreisezeiten sind die Diener der Feinschmeckerei in mehrfacher Hinsicht überfordert, psychisch, weil man auch ohne besondere Feinheiten sein Geld machen kann, physisch, weil dort, wo Überdurchschnittliches geboten wird, der Ansturm zu groß wird.

Dies für Mallorca zu prüfen, machte ich mich in der Vorsaison auf den Weg nach Süden.

Vor dem mitternächtlichen Einschiffen nach Palma wollte ich in Barcelona noch dem „Reeno" einen Besuch abstatten, denn, so sagte ich mir, die ersten Eindrücke über die spanische Küche sind wichtig, um Maßstäbe für die Beurteilung der mallorquinischen Küche zu bekommen.

Es war Spargelzeit, und der katalanische Spargel war großartig: grün, kräftig im Geschmack und mit Biß. Die Überraschung war der spanische Schinken vom Schwarzfußschwein (Jambon Serrano), einem hageren, schmalen Weideschwein. Mit echt südländischem Enthusiasmus berichtete man mir, daß der eben angeschnittene Schinken fast fünf Jahre alt sei. Die geräucherten Artgenossen aus Westfalen, Holstein oder aus dem Schwarzwald, können dieser Delikatesse das Wasser nicht reichen.

Ein guter Start also für die Suche nach kulinarischen Erlebnissen auf Mallorca: Hoch über Palma thront ein Schloßhotel, in dem das Geld von Ölscheichen den Luxus finanziert und ein absolut perfekter Service geboten wird. Selbst die Wagen der Gäste werden pünktlich auf die Minute vor das Portal gefahren. Terrassen mit Liegestühlen, die für jeden Gast und für jeden neuen Besuch neu und frisch mit Badetüchern bezogen werden, stehen rund um einen appetitlich sauberen Swimmingpool. Ein diskreter und unaufdringlicher Service liest den Gästen ihre Wünsche von den Augen ab.

Die Lage des herrlichen Hauses ist derart, daß man auch in heißen Sommern den Eindruck von „Sommerfrische" haben dürfte, weil fast immer ein frischer Wind für Kühlung sorgt. – Ein bestens gepflegter Golfplatz und Tennisplätze, von einem Kastanienhain umgeben, runden den Luxus für sportliche Gäste ab.

Das „Son Vida" ist allein eine Reise nach Mallorca wert, zumal die Preise im Vergleich zur Leistung höchst zivil gehalten sind. Die Küche ist natürlich internationalisiert, aber ich bekam dort die feinste und natürlichste Gaspacho, fast schon Rohkost, aber eine höchst genüßliche Rohkost.

»Das Hotel ›Son Vida‹ ist allein schon eine Reise wert«: allerbeste Küche, fabelhafter Service, wunderschöne Lage, gepflegte Atmosphäre

Den wilden Spargel, der in den Wäldern Mallorcas gedeiht, mußte ich mir extra bestellen. Weshalb? Geniert man sich, ihn den Gästen aus aller Welt anzubieten? Ich vermute, man hält ihn für zu gewöhnlich, weil ihn die Einheimischen als Hausmannskost verwenden. Ungeschält und nur geschnippelt backt man ihn in Pfannkuchen ein. Eigentlich schade. Spargelfans würden sich freuen, den deftigen Urgeschmack kennenzulernen. Zum Schälen ist er zu dünn, weshalb man ihn, „auf dem Punkt gekocht", so weit ißt, wie er sich beißen läßt. So bleibt dem Feinschmecker nur die Möglichkeit, ihn auf dem Markt für wenig Geld zu kaufen, um ihn dann selbst zu kochen oder im Hotel zubereiten zu lassen.

Etwa 20 Kilometer von Palma entfernt haben Carlo Landefeld und seine Lebensgefährtin Christel Reinighaus nach hartem Kampf mit den Mühlen der spanischen Bürokratie ein Refugium für erholungsuchende Feinschmecker geschaffen: das Hotel „L'Ermitage". Es liegt über einem erholsam grünen Hochtal und vor silberglänzenden Olivenhainen, und davor weiden unbewacht die Schafherden der Bauern des kleinen Weilers Orient. Schon der Empfang ist überwältigend. Hier ist die Welt noch heil. Die Speisekarte ist wohltuend klein gehalten. Mallorquinische Gerichte mit den Kräutern der Insel zubereitet wechseln je nach Jahreszeit. Ein Kabeljau-Filet nach baskischer Art unverfälscht auf natürliche Art in stark reduziertem Fond serviert, hat es mir besonders angetan. Den Schwarzfußschinken könnte man täglich essen, weil wir zu Hause Ähnliches entbehren. Der Küchenchef, den Landefeld in die Einsamkeit geholt hat, möge lange bleiben, denn dann wird es für die „Ermitage" keine Probleme geben. Die Weinkarte ist klein gehalten, aber mit köstlichen Weinen bestückt, sie läßt sofort erkennen, daß beim Zusammenstellen ein Kenner am Werke war.

An der Peripherie der Altstadt, an einem kleinen Marktplatz, liegt das Fischrestaurant „Penelope", eines der bestfrequentierten Restaurants in Palma. Tischbestellung ist unbedingt erforderlich. Ein riesiges Meerwasserbassin enthält alles, was im Mittelmeer lebt. Keine große Küche, aber trotzdem sehr interessante, deftige Zubereitungen. Sandmuscheln (Marinera) ähnlich wie bei uns Schnecken, mit viel Kräutern – auch Knoblauch – zubereitet. Langostinos (Cigala) halbiert und auf der Herdplatte gegrillt, sind delikat und höchst genüßlich. Das Servicepersonal ist mit Weinkenntnissen nicht belastet. Den Wein läßt man sich deshalb am besten vom Patron empfehlen. Geflügel- und Lammfleischgerichte sind gut, jedoch nicht so, daß man in Euphorie gerät. Rindfleisch ist wie überall auf der Insel von sehr mittelmäßiger Qualität. Im „Penelope" geht es ziemlich laut, eben typisch südländisch zu, was aber weiter nicht stört.

Noch von einer anderen Einsiedelei erzählte mir „L'Ermitage"-Chef Landefeld, vom Restaurant „La Violet" in Ca's Concos. Ein Pariser Liebespaar, echte Kinder unserer Zeit, er Architekt und Hobbykoch, sie ein bekanntes Fotomodell, hatten die Hektik der Weltstadt Paris satt. Sie suchten das andere Extrem, die totale Ruhe und Abgeschiedenheit, was ihnen hier wirklich gelungen ist. Über schmale Feldwege fährt man die letzten Kilometer zum „La Violet". Beim Umbau des einsamen Bauernhauses ließ man der Phantasie freien Lauf. Über Treppchen und Treppen kommt man in verschiedene Etagen der Speiseräume. Im Parterre liegt die interessanteste Restaurant-Toilette, die ich je sah: ein komplettes, mit mallorquinischen Keramikkacheln ausgebautes Badezimmer. Falls ich wieder mal ins „La Violet" komme, bestelle ich mir als Aperitif eine Flasche Champagner eben dorthin, um mich in der Badewanne von den Strapazen der Anfahrt zu erholen.

Die Küche ist die eines Hobbykochs. Chicorée mit Schinken und Käse überbacken, Fenchel in einer Béchamel-Sauce, Spinatauflauf, Ochsenschwanzragout, Hühnerbrust mit Kapern. Langostinos in rosa Pfeffer, Meerwolf in einer Sauce, die stark an deutsche Mondaminvorbilder erinnert. Alles ein bißchen bieder, eben typische Hobby-Küche. Mit den Insel-Weinen und deren Vorbildern vom spanischen Festland kommt der Pariser nicht zurecht. Sein Kollege Landefeld von der „L'Ermitage", der von ihm schwärmte, sollte ihn beraten.

Fährt man vom „La Violet" an die Ostküste zurück, von dort in nordöstlicher Richtung der Küste entlang, so fährt man fast 20 Kilometer durch ein Kinderparadies. Die zahlreichen kleinen Buchten sind während der Saison von kinderreichen Familien bevölkert. Der weiße Sandstrand und das stellenweise sehr flache Wasser sind ein Dorado für kleine Wasserratten.

Am Nordzipfel der Insel liegt Cala Ratjada, ein Marktstädtchen für die Umgebung. Im Hotel „Ses Rotges" wirkt seit wenigen Jahren ein Lyoner Koch. Die Michelin-Inspektoren hatten ihn gleich entdeckt, um ihm den verdienten Stern zu verleihen: Lyoner Küche mit spanischen Zutaten, intelligent dem Inselklima ange-

»Das ›Penelope‹ ist eines der bestfrequentierten Restaurants von Palma«: Die Spezialität des Hauses sind Fische, Muscheln und Krustentiere – der mächtige Zackenbarsch (mero) ist inzwischen im Mittelmeer eine mindestens ebenso große Rarität wie die leckeren Langusten

paßt. Aber frischen Spargel kann auch er nicht beschaffen. Die Gemüsehändler und Mallorquiner scheinen vom besten aller Gemüse nicht viel zu halten. In einem herrlichen, von Gartenpalmen und Sträuchern beschatteten Garten verweilt man vom Aperitif bis zum Kaffee. Die Paté de la Casa ist eine typische Lyoner Terrine deftiger Art. Die Seezunge in Estragon kann die Herkunft ihres Rezeptes auch nicht verleugnen. Die Patisserie hat der heutige Patron Gerard Tetard in Mühlhausen im Elsaß bei einem der berühmten Elsässer Patissiers gelernt. Seine Produkte sind dementsprechend. Man greift immer noch mal zu – auch wenn man schon gesättigt ist, „comme gourmandises" wie die Franzosen sagen. Egal wo auf der Insel man die Ferien verbringt, einmal sollte man die Fahrt ins „Ses Rotges" wagen, weil sie sich lohnt. Von Palma aus an der Küste entlang ist es allerdings fast eine Tagesreise; quer durch die Insel über Montuiri–Villafranca–Manacor etwa 60 Kilometer.

Im alten Geschäftszentrum von Palma gibt es das Restaurant „Rififi". Vielversprechend ist sein Name nicht. Aber es gibt einige alte spanische Spezialitäten in großen Portionen. Die Paella beispielsweise ist eine volle Mahlzeit, so daß man im Sommer höchstens eine Gaspacho oder einen Salat vorher essen sollte. Die Fisch- und Meeresfrüchteauswahl ist groß, aber alles etwas altspanisch-schlampig dargeboten. Die Weine sind preiswert, aber auch nicht überragend. Dem Wirt scheint es so zu genügen, denn sein Laden ist meistens voll.

Über die Autobahnausfahrt Coll d'en Rebassa führt von Palma kommend der Weg zum „Club Nautico" an der Cala Gamba. Der hat es mir angetan. Ich war zweimal dort, weil ich beim ersten Besuch an den Nebentischen appetitliche Gerichte gesehen und gerochen hatte, die ich mangels Volumen nicht probieren konnte. Wer allerdings gemütlich mitteleuropäische Atmosphäre sucht, ist fehl am Platz. Kühl, im Stile eines Pariser Bistro eingerichtet, hat man eine schöne Aussicht über den Segelhafen, wo man dann und wann auch noch einen Fischer mit dem Ruderboot hinausfahren sieht. Hier verkehrt fast nur einheimisches Publikum. Geschäftsleute führen hier ihre Besucher hin. Man ißt nur Fischgerichte und Meeresfrüchte in vielen Variationen. Mir hatten es die Mini-Aale mit dem Durchmesser von Spaghettis angetan, welche in Butter geschwenkt und leicht in Knoblauch gedünstet waren. Die Languste aus einem guten Sud war köstlich und preiswert.

Der Club wird besonders wegen der konstanten Qualität seiner Küche gelobt, der Service ist einfach, ohne Schnörkel, aber freundlich und schnell. Die Wein-

»Das ›Rififi‹ ist gut für einige alte spanische Spezialitäten«: Die deftige Paella kommt in großen Portionen auf den Tisch, der Wein ist preiswert, das Haus fast immer voll

»Der ›Club Nautico‹ hat es mir angetan«: sachliche Bistro-Atmosphäre, schneller Service, einheimische Kundschaft, qualifizierte Küche

»Über Puerto de Sóller liegt das ›Mirador Ses Barques‹«: An der Hochgebirgsstraße mit Fernblick verwöhnt María die Gäste mit mallorquinischen Spezialitäten, beispielsweise Gemüseeintopf mit Lammfleisch, mit Sobrasadas, Bauernbrot und kräftigem Landwein

karte ist gut bestückt, die Weißweine werden frisch serviert, was sonst auf der Insel nicht immer sicher ist.

Wer die landschaftlich enorm vielseitige Insel kennenlernen will, muß eine Fahrt an die Nordwestküste unternehmen. Über das Gebirge der Westküste führt eine schmale Höhenstraße, die teilweise Hochgebirgscharakter hat. Herrliche Aussichtspunkte. Die Straße ist streckenweise nicht ungefährlich, so daß sich der Fahrer die herrlichen Buchten und pittoresken Städte und Dörfer aus der Vogelperspektive sicherheitshalber von den Aussichtspunkten ansehen sollte.

Über Puerto de Sóller, einem stark frequentierten Ferienort, liegt an besagter Hochgebirgsstraße das „Mirador Ses Barques": Der erste Eindruck ist nicht besonders einladend. Aber die Herzlichkeit, mit der man – zumindest außerhalb der Hochsaison – empfangen wird, ist überwältigend. Die Wirtin, die eine kioskähnliche Bar neben der Aussichtsterrasse betreibt, heißt, wie viele hier, María.

Wer ihr ein gutes Wort schenkt, wird zum Aperitif mit köstlichem Bauernbrot und noch besserer hausgemachter Wurst (Sobrassada) versorgt, welche aus geschabtem Schweinefleisch und Rosenpaprika hergestellt und luftgetrocknet wird. Mallorquinischer Landrotwein rundet die Sache zu einem erinnerungswürdigen Erlebnis. María behauptet – mit Recht –, für ihren Orangensaft die besten Apfelsinen der Insel immer frisch zu pressen. Unter der Terrasse an den Berg gebaut, liegt das einfache Restaurant mit Papiertischtüchern, die ich für wesentlich hygienischer halte als selten gewechselte Tischtücher. Ein mallorquinischer Gemüse-Eintopf mit Lammfleisch, ein anderer mit Fischmeat, sowie kleine Spanferkel für sechs Personen (auf Vorbestellung) sind die Spezialitäten, die man zusammen mit der herrlichen Aussicht über die Bucht von Sóller genießen kann. Das Weinangebot ist das eines Kenners. Die Rotweine im Sommer aber – wie überall – viel zu warm.

Das Ausflugsziel „Escorca" heißt wie das kleinste Dorf der Insel, das nur aus dieser Gaststätte, einem Herrenhaus und einer kleinen romanischen Kirche besteht. An den steilen Gebirgshängen leben noch Wildziegen, und wenn man Glück hat, gibt es im „Escorca" Wildziegenbraten. Noch vor wenigen Jahren war dies der Feinschmeckergeheimtip der Insel, wobei man wissen muß, daß die Mallorquiner aller Schichten ein ausgefreudiges Volk sind. Am Sonntag wird zu Hause nicht gekocht. Jeder hat seine Stammkneipe, was dann auch zu entsprechendem Andrang führt. Inzwischen ist das „Escorca" um die alte Scheune vergrößert, der Trend zur Massenabfertigung ist deutlich erkennbar. In der Küche steht eine Brigade sauber gekleideter Köchinnen. Es wird schnell, fast zu schnell, serviert. Aber alles in allem wird deftige akzeptable Hausmannskost geboten. Der Wein wird grundsätzlich in den Tonkrügen aus den zahlreichen mallorquinischen Töpfereien serviert. Zum Aperitif gibt es à la discrétion beträchtliche Mengen der guten Insel-Oliven. Doch man muß sich merken: Sonntags sollte man das Lokal meiden, denn das Kindergeschrei entspricht dem eines größeren Kindergartens. Alles in allem aber lohnt sich die Fahrt schon wegen der Unberührtheit dieser herrlichen Gebirgslandschaft.

Lukull hat seine Hand im Spiel, als ich mir das „La Gritta" in Paguera für den letzten Tag meiner „Culinara Mallorquina" vorbehielt. Hier, hoch über einer weißen Sandstrandbucht, hat ein Italiener das Restaurant eines Apartmenthotels als Pächter fest in seinen von den Vorfahren gesegneten Händen. Weitab vom Verkehrsgetriebe auf einem Felsen thronend, liegt vor dem Restaurant eine Sonnenterrasse, auf der man den Aperitif serviert. Zwei verschiedene Arten von Appetit werden angeregt, wenn die Terrasse gleichzeitig von Sonnenanbeterinnen bevölkert ist. Der Ober empfahl mir zwei Vorspeisen in kleinen Portionen. Der Umstand, zweimal Teigwaren zu bekommen, störte mich überhaupt nicht, schließlich war ich ja bei einem italienischen Kochkünstler. Ich sträubte mich anfangs gegen die Languste, weil es dergleichen praktisch in jedem besseren mallorquinischen Restaurant gibt. Die Begeisterung des Obers für die besondere Zubereitungsart dieser Nobel-Crustade war schließlich ausschlaggebend.

Fettuccine „La Gritta", hausgemachte Nudeln, Champignons, Schinken und Käse sind darin so leicht zubereitet, wie es die Zutaten erlauben. Spaghetti „a la carretera" mit Tomaten, Olivenöl in Knoblauchsauce – nur ein kaum spürbarer Hauch von Knoblauch umspielte den Duft der gartengereiften Tomaten, die der Chef zur Frühlingszeit aus Südspanien bezieht.

Der Höhepunkt war zweifellos die Langusta a la plancha mit einer als Spezialsau-

»Bei ›La Gritta‹ hatte Lukull seine Hand im Spiel«: Oberhalb von Paguera betört vor großartigem Panorama ein echter Italiener mit hausgemachten Nudeln, heimatlichen Mittelmeer-Spezialitäten und köstlichen Desserts

»Wenn man Glück hat, gibt es im ›Escorca‹ Wildziegenbraten«: hoch in den Bergen, deftige Hausmannskost und Landwein in Tonkrügen. Hier oben wird es nie zu heiß

ce bezeichneten Beilage. In der Pfanne „gegrillt" die Languste, zart und saftig zugleich, so daß für den höchsten Genuß auf die exzellente Sauce zu verzichten ist.

Solomillo, ein Filet im Blätterteig, leider wieder mit Schinken, aber auch mit Gänseleber und mit Cognac raffiniert abgeschmeckt. Etwas mächtig das Ganze, aber – außer dem Schinken – als große Küche zu bezeichnen. „Nouvelle cuisine" war das – außer der Languste – nicht. Als „grande cuisine italiene classique" verdient die Leistung des Chefs höchstes Lob. Und einmal in der Woche kann den Feinschmeckern unter den Mallorca-Urlaubern diese Art von Küche wärmstens empfohlen werden. Die Weinkarte enthält verständlicherweise viele italienische, aber auch gute spanische Weine, und wenn die Rotweine etwas kühler serviert würden, so gäbe es eigentlich nur Lob.

Es ist mir unverständlich, daß die durchaus anerkennenswerte mallorquinische Küche nicht besser kultiviert wird, daß die zwei besten Restaurants, die ich auf Mallorca besucht habe, von einem Italiener oder einem Franzosen geführt wurden. Wer köstliche Fischsalate, Gemüse- und Fleischgerichte probieren will, muß in die große Markthalle von Palma gehen, wo man diese in kleinen Portionen zu erschwinglichen Preisen anbietet. An Kiosken in der riesigen Fischmarkt-Halle und neben den Gemüseständen werden außerdem glasweise mallorquinische und spanische Weine verkauft.

Das riesige Angebot an Fischen und Meeresfrüchten in diesen Hallen kommt meist von der spanischen Festlandküste. Die mallorquinische Fischerei ist – von einigen unentwegten Fischern abgesehen – ausgestorben – für uns Binnen-Europäer ziemlich unverständlich. Trotzdem ist den Feinschmeckern zu empfehlen, das reichliche Angebot dieser Branche zu nutzen, weil die Inselbewohner und die Gastronomie mit diesen Dingen fachgerecht umzugehen verstehen und frische Ware die Norm ist. In den Hallen gibt es aber auch ein großes Angebot an gefrostetem Meeresgetier, wobei die spanische Gastronomie streng darauf achtet, daß Gefrostetes an speziellen Ständen unter entsprechendem Hinweis verkauft wird.

Was ich nicht erwartet hatte, ist nach meiner Test-Visite auf Mallorca eingetreten: Das erfrischende Frühlingsklima, die pittoresken Küsten und die heile Welt im Innern der Insel machten mich zum Mallorca-Fan. ☐

Sehen Sie auch „Restaurants" im Info-Teil ab Seite 144.

Climent Garau kämpft seit Jahrzehnten für die Autonomie der Inseln

»Die Balearen müssen sich selbst regieren«

GEO: Señor Garau, immer wieder begegnet man in Gesprächen einer Rivalität zwischen dem Spanischen, der offiziellen Landessprache, und dem Mallorquin, der Sprache der Einheimischen. Genauso taucht in Diskussionen immer wieder das Wort Autonomie auf. Ist das nur die Marotte einiger weniger, oder steht dahinter eine ernstzunehmende Bewegung?

GARAU: Unsere Autonomiebestrebungen sind sehr wohl eine politische Kraft. Sie dürfen nicht vergessen, daß Spanien bis vor kurzem eine rigide und zentralgelenkte Militärdiktatur war und nicht ein föderativ aufgebauter Staat wie die Bundesrepublik. Jahrzehntelang mußten wir unsere Identität verbergen. Wer in der Öffentlichkeit Mallorquin sprach, riskierte, ins Gefängnis geworfen zu werden. Wenn man die Katalanen auf dem Festland dazuzählt, dann sind unter General Franco Tausende deswegen eingesperrt, viele sogar mißhandelt und gefoltert worden. Ich selber hatte Glück, ich bin nur immer wieder vorgeladen und verhört worden.

GEO: Sie sprachen eben von der Identität Mallorcas. Meinen Sie damit mehr als nur die Sprache?

GARAU: Ja, natürlich. Im Jahre 1229 landete ein Mann auf dieser Insel, der einen Kopf größer als die anderen Männer war, die ihn begleiteten. Das war der „sehr große König" Jaime I. Der König wurde von den Mallorquinern tief verehrt.

Climent Garau, 58, Biologe und engagierter katalanischer Nationalist, ist Mitglied des Vorstandes der Sozialistischen Partei Mallorcas und Kandidat für den Regierungsrat der Balearen

Es gibt Hunderte von Anekdoten und Fabeln über ihn. Sein Schatten zieht sich durch unsere Traditionen, und in den Felsen unserer Berge glaubt man, sein Pferd schlagen zu hören. Ihm verdanken wir die Eingliederung in die europäische Kultur. Wir verdanken ihm ebenso die schöne katalanische Sprache. Im übrigen: Es genügt, sich die Zeichnung eines Llaut, eines mallorquinischen Fischerbootes, anzusehen und sich mit unserer Bautechnik zu befassen, um zu verstehen, daß wir eine eigene Kultur haben. Unsere Lieder und Sprichwörter sind unerschöpflich an Einfällen, die Ausdruck von volkstümlicher Kultur geben.

GEO: Ist diese Kultur durch die alljährliche Invasion von Millionen Touristen gefährdet?

GARAU: Ich glaube, daß wir alle auf der Insel Platz haben, ohne uns gegenseitig sehr zu stören. Sowohl die hellhäutigen Besucher haben Platz als auch wir, die wir inzwischen zu Kellnern Europas geworden sind. Wir sollten von der Auffassung abkommen, daß die Balearen-Inseln überfüllt sind; sie sind es nicht. Außerdem gibt es einen Raum, den die Inselmenschen gut beschützen: Dieser Raum ist in uns selbst, er schützt wie eine Rinde unsere Intimität. Die Mallorquiner sprechen nicht viel. Wenn die kleinen Kulturen nicht von den großen aufgefressen werden wollen, müssen sie lernen, sich sehr diskret zu verstecken.

GEO: Welches sind die Ziele Ihrer Arbeit?

GARAU: Wir sind die Nachkommen und Erben derer, die sich seit dem vergangenen Jahrhundert gegen das Diktat der Zentralregierung in Madrid um die Wiedererlangung unserer Identität und der Freiheiten für unser Volk bemüht haben. Wir haben erkannt, was unser Volk hätte sein können und nicht geworden ist. Wir sind eine Kraft, die weiterbestehen muß, allein schon damit die Regierung in Madrid ein Gegengewicht behält.

GEO: Was sind Ihre konkreten Ziele?

GARAU: Selbstregierung auf den Inseln mit gegenseitiger Solidarität gegenüber den anderen Teilen Spaniens, mit Cataluña, dem Baskenland, Andalusien und anderen. Wir wollen einen Bundesstaat unter einem europäischen politischen Dach.

GEO: Sie sind Mitglied des Vorstandes der PSM (Partido Socialista de Mallorca). Erleiden Sie heute noch Repressalien wegen Ihrer politischen Aktivitäten?

GARAU: Repressalien? Nein. Heute wird die politische Gegnerschaft anders ausgetragen, subtiler.

GEO: Zum Beispiel?

GARAU: In Presse, Rundfunk und Fernsehen werden unsere Ziele verfälscht dargestellt. Und natürlich verwehrt man uns den Zugang zu diesen Institutionen. Aber das entmutigt uns nicht. Inzwischen dürfen Bücher auf mallorquin gedruckt und verkauft werden, wird Mallorquin in den Grundschulen neben Spanisch gelehrt, ist Mallorquin Unterrichtssprache an der Universität von Palma. Unser Brauchtum erlebt eine Renaissance, und auch politisch geht es voran: Bei den letzten Gemeindewahlen erhielten wir zwar nur 14 Prozent der Stimmen, aber immerhin sitzen inzwischen PSM-Bürgermeister in mehreren Rathäusern der Insel. □

...löscht Kenner-Durst.

In allen 5 Kontinenten

Heimliche Insel der VIPs

Kein sonnensicherer Platz ist so schnell und so problemlos von Frankfurt, Düsseldorf oder Hamburg aus zu erreichen wie Mallorca. Kein Wunder, daß sich fast unbemerkt eine bunte Mischung von Prominenten zusammengefunden hat, um die Schönheit der Insel von den eigenen vier Wänden aus zu genießen. Unter den »very important persons« sind Namen wie René Kollo, Johanna von Koczian, Peter Ustinov, Ralph Siegel, Freddy Quinn und andere

Unterm Haus eine eigene Tropfsteinhöhle

Nach 23 Jahren Weltenbummelei hat sich der aus Argentinien stammende Karikaturist Mordillo zwischen Palma und Paguera niedergelassen. Beim Hausbau an der Costa d'en Blanes entdeckte er eine mannshohe »Cava«

Fluchtburg auf felsiger Küste

Eine Sackgasse, ein Fernsehauge über der Tür, Domizil von Prinzessin Ashraf, der Schwester des Schah. Sie kam in Font de Mar bei Cala Ratjada unter – in einer prächtigen Villa, direkt am Wasser und mit eigenem Anlegesteg im Mittelmeer

Freier Blick in die Sonne

»Ich wollte Schönheit, die unzerstörbar ist, und einen Blick in den Sonnenaufgang«, sagt TV-Autor Herbert Reinecker. In den blauen Bergen hinter Es Verger bei Esporlas hat er beides gefunden – an steilem Hang und von Pinien umgeben

Adel in Allahs fester Burg

Mit 500 Schafen hinter meterhohen Mauern und in einem Labyrinth französischer Gärten wohnt Fernando Conde von Spanien. Defla heißt seine 1000 Jahre alte Maurenburg mit dem einzigen Bambushain der Insel

Bauernhaus in neuer Wildnis

»Im wirklich schönen Norden Mallorcas«, bei Pollensa, hat sich Showmaster Frank Elstner eine weinumrankte Finca ausgebaut und sein Land brachliegen lassen, um richtige Wildnis entstehen zu lassen

Der Palacio des spanischen Königs liegt unmittelbar bei Palma, versteckt hinter dem Benzin-Depot der Insel, und war bis vor ein paar Jahren das »Museum Saridakis«. Auf die Frage, warum er Mallorca als Feriendomizil gewählt habe, antwortet Juan Carlos für gewöhnlich: »Weil es ein Paradies ist.« Der segelnde Monarch verbringt hier gemeinsam mit seiner Familie nicht nur den Sommer, sondern auch viele Wochenenden

Marivent – Meer und Wind – heißt das Chalet des Königs

Palast am Berg der Mönche

Eine Villa im Costa Brava-Barock am »Mönchshügel« von Randa, auf dem ein Kloster steht. Sie gehört dem vor kurzem verstorbenen schwedischen Großbankier Marcus Wallenberg. Er verhängte seine Eremitenwelt mit Verbotstafeln, die kein Einheimischer verstand: Es wurde auf Schwedisch verboten

Ein Versteck der Verliebten

Seiner Silhouette wegen nennen die Mallorquiner dieses Haus in der exklusiven Bucht von Formentor »das Schiff«. Fürst Rainier von Monaco verbrachte dort besonders zu Beginn seiner Ehe mit Gracia Patricia viele Stunden unter Ausschluß der Öffentlichkeit

Ballhausplatz am Mittelmeer

In seinem Häuschen oberhalb von Palma macht Bruno Kreisky mit seiner Frau Urlaub. Vor allem im Sommer ist es Österreichs heimliches Kanzleramt

GEO besuchte Österreichs Bundeskanzler Bruno Kreisky in dessen Ferienhaus

„Hier kann jeder leben, wie er will"

GEO: Herr Bundeskanzler, was hat Sie nach Mallorca verschlagen?

KREISKY: Da dies eine relativ späte Liebe ist, kann ich mich gut an Details erinnern. Ich war gerade als Außenminister aus der Bundesregierung ausgeschieden, da hat mich ein Freund in sein Haus hier eingeladen. Bis dahin war ich grundsätzlich der Auffassung, ich verbringe keinen Urlaub in einem Land, in dem die Leute wegen ihrer Gesinnung eingesperrt werden. Man hat mir zugeredet, Mallorca sei nicht Spanien . . .

GEO: . . . wann war das?

KREISKY: 1966. Es hat mir sehr gut gefallen, aber eben wegen der Franco-Diktatur blieb es lange bei diesem kurzen Aufenthalt. Ich bin auch erst dann nach Jugoslawien gefahren, als es dort keine eingesperrten Sozialdemokraten mehr gab. Kurz nach Francos Tod hat mich dann ein Freund eingeladen, einen Vortrag vor hiesigen Wirtschaftsleuten zu halten. Spanien war zwar auf

GEO 101

dem Weg zur Demokratie, aber in letzter Minute hatte man den ersten Kongreß der Sozialistischen Partei hinausgeschoben, und da habe ich meinen Freunden gesagt, wenn die hier nicht das Recht der freien Rede haben, möchte ich auch nicht hier reden. Das hat man auch verstanden. Ich hatte aber damals schon Kontakte mit dem spanischen König, und bei einer solchen Gelegenheit hat man mir gesagt: Es gibt jetzt Leute, die nervös sind und, was weiß ich, annehmen, in Spanien könnte eine Revolution ausbrechen.

GEO: Sie meinen einen Putsch?

KREISKY: Nein. Damals war man der Meinung, es könne wieder so eine Bürgerkriegssituation entstehen. Jedenfalls haben das gewisse Ausländer geglaubt und sich entschlossen, hier nichts zu kaufen. Während des kurzen Aufenthalts haben mir Freunde zugeredet, ein Appartement zu kaufen. Ich habe mir

❝Was soll ich in einem Haus, wo Tausende von Leuten wohnen❞

Appartements angeschaut und gesehen, daß ich da unter furchtbar vielen Leuten wohne. Ich bin immer unter vielen Leuten, was soll ich da in einem Haus, wo Hunderte, ja Tausende von Leuten wohnen. Da sagte mir einer, da oben baue ich ein Haus, schauen Sie es sich an. Das habe ich getan, und es hat mir sehr gut gefallen. Ich habe eine wunderschöne Aussicht aufs Meer. Das Haus ist bescheiden, aber komfortabel, und so habe ich mich entschlossen, es zu kaufen. Hier gibt es nur ein Wohnzimmer und drei kleine Schlafzimmer, Badezimmer und ganz unten ein Arbeitszimmer. Ich fühle mich sehr wohl hier.

❝Mir ist es sympathisch, an einem Platz zu leben, der nicht exklusiv ist❞

GEO: Und wie finden Sie die Menschen?

KREISKY: Die Mallorquiner sind eine sehr gute Mischung, sie sind von einer wirklich besonderen Freundlichkeit.

GEO: Das sagen viele.

KREISKY: Ja, sie sind effizient, sie sind freundlich, sie sind ehrlich und anständig. Ich kann Ihnen sagen, sie betrügen einen nicht. Das zweite, was mir an dieser Insel gefällt ist – was viele verabscheuen –, daß sie so zugänglich ist. Es ist kein Luxus, hier zu leben. Tausende leben hier.

GEO: Viele nennen Mallorca „die Putzfraueninsel".

KREISKY: Jaja. Mich kommen österreichische Pensionisten, Arbeiter und Angestellte besuchen. Nicht, daß ich so recht das Bedürfnis hätte. Dazu habe ich genügend Gelegenheit in Österreich. Aber mir ist es sympathisch, an einem Platz zu leben, der nicht exklusiv ist. Ich bin mein Leben lang dafür eingetreten, daß es den kleinen Leuten gutgehen soll. Wenn mir die Putzfrauen als Wähler sympathisch sind, dann müssen sie mir auch als Urlauber sympathisch sein.

GEO: Abgesehen davon, daß der Jet-Set . . . (Telefon klingelt im Hintergrund)

KREISKY: Es ist großartig, daß hier auch Leute mit niedrigem Einkommen Urlaub machen können. Hier kann jeder leben, wie er will. Und schließlich ist die Insel unfaßbar schön. Sie hat so unberührte Teile, wie man sie auf dem Kontinent kaum noch irgendwo findet, Teile, in denen es wirklich nur Felsen, Berge und Meer gibt, oder wunderschöne kleine Dörfer. Wenn man hinausfährt aufs Meer, kann man noch wunderbare Plätze und Buchten finden. Ich bin kein Segler, aber ich lasse mich gerne mitnehmen . . . (Telefon klingelt)

GEO: Wie verbringen Sie den Tag, wenn Sie hier sind?

KREISKY: Es kommt auf die Jahreszeit an. Ab fünf bin ich immer telefonisch erreichbar. Das Schönste ist, wenn man aufs Meer hinausfährt einen ganzen Tag mit Freunden und draußen eine Kleinigkeit ißt und dann am Abend nach Hause kommt. Im Winter mache ich kleine Ausflüge hinein in die Insel – wenn's nicht zu heiß ist. Dann sitze ich auf meiner Terrasse und lese.

GEO: Was lesen Sie?

KREISKY: Im Moment lese ich Willy Brandts letzte Biographie über seine Frühzeit, bis 1950. Es ist wirklich faszinierend, das beste Lesebuch der deutschen Politik der dreißiger Jahre und später. Das Ganze ist mit einer kritischen Milde geschrieben und mit sehr viel Bemühen, die Zusammenhänge zu erklären. Ich lese immer zwei oder drei Bücher gleichzeitig. Jetzt lese ich Kafka. Man hat hier Zeit . . . (Telefon klingelt) Auch durch das Zeitunglesen verliere ich kaum Zeit. Nachrichten bekomme ich alle durchtelefoniert.

GEO: Schwimmen Sie viel?

KREISKY: Na ja, vom Boot aus. Früher habe ich Tennis gespielt. Das kann ich jetzt nicht mehr, dazu bin ich zu alt, nicht mehr ganz gesund. Am Abend gehe ich meistens mit Freunden in die kleinen Fischrestaurants.

GEO: Werden Sie in der Öffentlichkeit nicht immerzu erkannt?

KREISKY: Nein. Die Leute sind sehr taktvoll. Einmal hat uns der Niki Lauda besucht. Da saßen wir im Hafen von Andraitx, und da hat jeder von Niki Lauda ein Autogramm verlangt, von mir aber niemand.

GEO: Haben Sie hier Freunde?

KREISKY: Ja, zum Glück. Ein alter Schulkollege von mir, der war Generalkonsul in Südafrika. Andere sind Schweden, meine Frau ist Skandinavierin. Ich habe zwölf Jahre in Schweden gelebt, und wir haben auch spanische Freunde.

GEO: Haben Sie auch politische spanische Freunde?

KREISKY: Ja, in der Sozialistischen Partei. Das sind kluge, ruhige Männer und Frauen, mit denen ich gelegentlich zusammenkomme.

GEO: Wie kommen Sie auf die Insel?

KREISKY: Normalerweise fliege ich mit dem österreichi-

❝Ich fahr in der Früh weg aus Wien und esse dreieinhalb Stunden später hier zu Mittag❞

schen Charter. Ich bin in zweieinviertel Stunden hier. Dann fahr ich in der Früh weg von meiner Wohnung in Wien, und esse dreieinhalb Stunden später schon hier mein Mittagessen.

GEO: Das ist eine richtige Chartergesellschaft?

KREISKY: Das ist die normale österreichische Chartergesellschaft.

GEO: Kein Bundeswehr-Flugzeug?

KREISKY: Nein. Hie und da, wenn einer meiner Freunde in diese Gegend fliegt, dann setzt er mich hier ab . . . (Telefon klingelt)

GEO: Herr Kreisky: Ich habe während dieses Gesprächs vier Anrufe gezählt. Wie kommen die Anrufer an Ihre Telefonnummer? Und würden Sie auch sagen, wer angerufen hat?

KREISKY: Der Anruf aus Tunis kam vom ersten PLO-Mann nach Arafat; dann hat Olof Palme angerufen, Wolf von Amerongen und der Stellvertreter von Felipe Gonzales. Wie man sieht, es geht auch ohne Sekretär. □

Geht's uns gut! „Dos Veterano, por favor."

Ehrlich, reif und voll Charakter.
Veterano von Osborne.
Der große spanische Brandy.

César Manrique, Spaniens

»Macht Schluß mit dem Verbrechen«

Die Hauptinsel der Balearen, Mallorca, ist durch ihre Landschaft, ihr mildes Klima so begünstigt, daß keine der anderen Inseln Spaniens, keine der Landschaften des spanischen Festlands sich mit ihr vergleichen kann. Außerdem genießt Mallorca noch den Vorteil, für ganz Europa schneller erreichbar zu sein als irgendein anderes spanisches Ferienziel.

Wahrlich, Gründe genug für uns Spanier, mit der Schönheit Mallorcas pfleglich umzugehen. Haben wir es getan? Leider nein.

Fast niemand, der einen Einfluß auf die Entwicklung in Mallorca gehabt hat, zeigte bisher die Verantwortung, die dieses Juwel der spanischen Landschaft verdient, sei es aus Gedankenlosigkeit, sei es aus Mangel an Phantasie, sei es aus Gewinnsucht. Ich sehe darin ein Verbrechen, mit dem jetzt endlich Schluß sein muß.

Ein Beispiel für Phantasielosigkeit ist schon der Flugplatz, der den Anreisenden empfängt, eine trübselige Verladestation für menschliche Fracht, genauso grau und bar jeder persönlichen Note wie die übrigen spanischen Flughäfen. Dabei könnte es so anders sein. Ein Flugplatz sollte einen Vorgeschmack geben von dem, was man vor Ort entdecken und erleben wird. Wir auf Lanzarote haben dafür ein glückliches Vorbild gegeben. Wir haben einen Flugplatz voller Heiterkeit gebaut, gehalten in den traditionellen Farben dieser kanarischen Insel, unter Benutzung traditioneller architektonischer Motive. Und man darf nicht etwa glauben, daß das ein teurer Luxus war. Im Gegenteil, unser Flugplatz wurde der billigste von ganz Spanien.

Man möge mir verzeihen, daß ich mich auf Lanzarote beziehe, aber das ist nun einmal meine eigene Inselerfahrung und, wie jeder weiß, eine Erfahrung, die ihr zum Wohl gereicht hat.

Wenn man heute auf Mallorca herumfährt, hat man den Eindruck, als ob jeder, der irgend etwas mit der baulichen Entwicklung der Insel zu tun gehabt hat – Zentralregierung, Inselbehörden, Bürgermeister, Städtebauer, Architekten –, nichts anderes im Kopf gehabt hätte, als so schnell wie möglich das große Geld zu machen. Die Insel wurde mit einem architektonischen Sammelsurium gefüllt, ohne Stil, ohne jede Beziehung zur alten Architektur der Balearen. Ich weiß, es gibt Ausnahmen. Aber im großen und ganzen stimmt leider, was ich sage.

Und dennoch: Mit all seinen Entartungen reicht das Panorama von Mallorca glücklicherweise noch keineswegs an die Monstrositäten heran, die man von der Costa del Sol kennt. Nicht als ob daraus irgendein Verdienst abzuleiten wäre – die Natur hat es nur einfach nicht zugelassen.

Die Topografie Mallorcas hat es zum Beispiel unmöglich gemacht, Straßen durchgehend an der Küste entlangzuführen. Sie ist vielfach so schroff, daß Straßenbauten sich verbieten. Die Hauptverkehrsstraßen von Mallorca liegen im Innern der Insel und sind mit der Küste nur durch kurze Zufahrtsstraßen verbunden, Zufahrtsstraßen, die zu den „Calas" führen, den Buchten. Die meisten sind bereits urbanisiert, und das ohne viel Geschmack.

Wenn ich mich darauf besinne, was wir auf Lanzarote möglich machten, dann darf man mit Fug und Recht, was

Dicht an dicht stehen die Betonbauten der Bettenburgen rund um die Insel. Die alte einheimische Niedrigbauweise wird erschlagen. César Manrique fordert ein Bauverbot für Hochhäuser

Vorkämpfer für eine bessere Umwelt, wettert gegen Mallorcas Baulöwen

Der 63jährige César Manrique, Architekt, Maler und Bildhauer, lebt auf Lanzarote und wurde dort zum Umweltschützer. Seinem Einsatz ist es zu verdanken, daß Lanzarote durch den Tourismus nichts von seiner Schönheit eingebüßt hat. 1981 wurde er mit dem Ersten Preis des Goslarer Mönchehaus-Museums ausgezeichnet

Mallorca angeht, grenzenlos optimistisch sein – ohne die Scheußlichkeit dessen, was man vorfindet, zu verkennen.

Auf Lanzarote begann ich sozusagen mit nichts, einer fast regenlosen vulkanischen Ascheninsel. Aber wir machten aus der Kargheit einen besonderen Reiz, indem wir sie in ihrer Eigentümlichkeit mit Sorgfalt erhielten, und haben heute die Genugtuung, daß Lanzarote den Ruf genießt, ein Ferienparadies für anspruchsvolle Individualisten zu sein.

Alte gewachsene Formen sind unserem Erfindungsgeist überlegen

Wenn es gelang, mit Geschmack und klaren Richtlinien die Kargheit aufzuwerten – was läßt sich nicht alles mit der überschwenglich fruchtbaren und vielgestaltigen Landschaft von Mallorca machen! Dazu ist nichts weiter notwendig, als einige wenige Richtlinien zu beherzigen, die sich in meiner langen Erfahrung auf Lanzarote herausgeschält haben.

Die erste dieser Richtlinien muß heißen: Es darf auf ganz Mallorca kein Haus gebaut werden, das mehr als vier Stockwerke hat, um es genauer zu sagen: vier Stockwerke über der Erde. Nach unten kann jeder Bauherr gehen, so tief er will, und zwar hat dies zu gelten für Bauten jeder Größenordnung.

Ich kann mich auch hierin auf meine eigenen Erfahrungen berufen. Ich leite eben jetzt in Madrid den Bau der sogenannten „Vaguada", die eines der größten Einkaufszentren Europas werden wird. Zwischen dem Bauherrn und der Stadtverwaltung entbrannte ein Streit um die Höhe des Gebäudes, an dem seine Ausführung fast gescheitert wäre. Die Kompromißformel, auf die man sich schließlich einigte, lautete: vier sichtbare Stockwerke über der Erde, zwei – teilweise sogar drei unter der Erde. Man darf wohl sicher sein, daß der Bauherr, ein gewiegter internationaler Konzern, kaum auf diesen Vorschlag eingegangen wäre, wenn er geglaubt hätte, Geld zu verlieren.

Wenn mir ein Hotelier sagt, daß er fraglos größere Gewinne erzielen könnte, wenn er noch zwei Stockwerke draufpacken dürfte, dann würde ich ihn daran erinnern, daß diese zwei Stockwerke die Schönheit der Insel mindern und daß diese Schönheit das Kapital ist, von dem er lebt. Und wenn er dann immer noch nicht Ruhe gibt, würde ich fragen, ob es denn zum Donnerwetter noch keine Hoteliers gibt, die bereit sind, es sich auch etwas kosten zu lassen, wenn sie die Gelegenheit haben, einmal einen Komplex von bleibender Schönheit hinzustellen? Das hat doch wahrhaftig auch seinen Wert!

Aber, wie gesagt, ich glaube nicht einmal, daß man mit weniger Stockwerken weniger verdient. Jedenfalls nicht in den Calas von Mallorca.

Ein weiterer eherner Grundsatz muß es sein, daß sich die Architektur der neuen Gebäude an die traditionellen architektonischen Formen der Insel anlehnt. Sie muß sie nicht kopieren, das meine ich nicht. Aber die Harmonie muß sichergestellt sein. Das mag manchem Architekten allzu bescheiden klingen, und es ist auch bescheiden, oder besser gesagt, demütig, insofern, als ich glaube, daß die überkommenen, in Jahrhunderten gewachsenen Formen unserem Erfindungsgeist überlegen sind, es steckt in ihnen einfach mehr Lebenserfahrung und Wissen, als ein einzelner von uns aufbringen kann.

Doch ich möchte die spektakuläre Ausnahme nicht ausschließen: Es kann sie geben, darf sie geben, und man muß sich nicht dagegen sperren. So wie Paris sein Centre Pompidou hat, so hat Lanzarote – ich kann mir nicht helfen, ich muß noch einmal darauf zurückkommen – sein großes Hotel Salinas, eine so geglückte, mit der Natur innen und außen verwobene Lösung, daß man sie einfach akzeptieren mußte. Mit Recht gilt Salinas als eines der wirklich schönen Hotels der Welt.

Wir Spanier haben ein lebendiges Gefühl für die Tradition und sind sehr bereit, sie zu respektieren, wenn man sie uns erklärt. Ich habe da gute Erfahrungen gesammelt. Man braucht architektonische Richtlinien nicht von oben zu diktieren, man kann es den örtlichen Behörden, ja auch dem einzelnen Bauherrn durchaus begreiflich machen, worum es geht.

Geglückte Städte sind Kunstwerke und nur von Künstlern zu bauen

Gleichzeitig aber halte ich es für unerläßlich, die Künstler mitreden zu lassen. Mallorca darf nicht nur den Behörden und den Bauherrn überlassen werden. Selbst wenn man den einen den richtigen Weg gewiesen und die Gewinnsucht der anderen gezügelt hat. Nein, man muß die Künstler heranlassen, ja herbeirufen und um ihre inspirierende Mithilfe bitten. Geglückte Städte, geglückte „Calas" sind Kunstwerke, sie entstehen nicht auf dem Reißbrett einer Behörde. Das darf man nicht vergessen.

Man sollte auf Mallorca durchsetzen, daß die Verschandelung der Landschaft durch Reklameschilder verboten wird. Ganz Spanien wird davon verhunzt, mit der einzigen rühmlichen Ausnahme von Lanzarote, Behörden und Regierung scheinen irgendwie zu meinen, daß es einen Eingriff in die persönliche Freiheit bedeutet, wenn man diese Scheußlichkeiten verbietet. Das ist Unsinn. Es genügt ja, sich davon zu überzeugen, daß andere Länder, zum Beispiel die Bundesrepublik, entlang den Autobahnen die Landschaft vor diesen Verunstaltungen bewahrt haben.

Auch sollte man darauf bestehen, Telefon- und Stromkabel unterirdisch zu verlegen. Ich höre schon, wie man entgegnen wird, das werde zu teuer. Dieses Argument ist zu kurzsichtig, als daß es stimmte. Wie wäre es sonst zu erklären, daß alle privaten Erschließungs- und Siedlungsgesellschaften nicht im Traum daran denken, ihre Terrains durch ein Dickicht von Masten und Kabeln zu verschandeln? Sie rechnen eben genauer und wissen, was die Schönheit wert ist.

Das sind Ratschläge, die sich schlicht genug ausnehmen, keine Geniestreiche, weiß Gott nicht, aber man darf mir glauben: Sie sind eine Garantie dafür, die Schönheit von Mallorca zu erhalten. Und wenn man mich fragt, was denn mit den Scheußlichkeiten geschehen soll, die nun schon einmal dastehen, so wüßte ich ein Trostwort: Sie sind meistens nicht so gut gebaut, als daß sie ewig halten werden. □

Die Fischer von Cala Ratjada

Sie kennen die Unterwasserlandschaft rund um die Balearen wie Jäger ihr Revier. Groß allerdings ist die Beute nicht, die Fanggründe sind überfischt. Ernst Alexander Rauter ist mit Juan und seinen Männern draußen gewesen

Die Bucht ist eine Beschwichtigerin. Ich muß mir ihre Wellen immer höher vorstellen, wenn ich abschätzen will, was das Meer draußen mit mir täte, wenn ich mit dem Kutter hinausgefahren wäre. Die Wellen kommen gemächlich daher. Von meiner Terrasse gesehen sind sie gerade einen Meter hoch. Ein Meter, denke ich, warum soll ich da nicht hinausfahren? Sobald die harmlose Meterwoge den Felsen unter meinem Haus berührt, erhebt sich eine weiße Wand aus Schaum, so hoch wie mein Haus, und fällt über mein Ufer her. Vor der Terrasse bricht sie zusammen und rutscht zurück ins Wasser, schlürfend, glucksend, schmatzend. Und ringsum stehen weitere Wände auf.

Vergleicht man meine Bucht mit dem Maul einer Beißzange, dann sitzt das Haus, in dem ich wohne, an der Innenseite, nahe an einer der beiden Schneiden. Abends um acht kommen die Kutter hinter der Außenseite der Schneide hervor ins Maul. Sobald sich ihr Bug hervorschiebt, setzt das Pochen der Dieselmotoren ein, ohne Übergang, der erste Schlag der dumpfen Pauke ist ebenso laut wie die nachfolgenden Schläge. Allmählich wird das Pochen leiser, die Kutter entfernen sich zum Hafen hinüber.

Wenn ich die ersten Paukenschläge höre, verlasse ich das Haus und gehe so schnell, wie es mir die Dunkelheit auf den Felsen und dem holperigen Weg erlaubt, am Ufer entlang zum Hafen. Der Kutter ist eher da als ich. Die Bucht heißt „Rochenbucht", in der Sprache der Mallorquiner „Cala Ratjada".

Im Hafen liegen zehn Kutter, sogenannte Heckfänger, einige Dutzend kleine Fischerboote, Yachten. „War das Wetter schlecht heute?" frage ich Juan. Er ist der Patron des Schiffes, auf dem ich fahren möchte.

„Schlecht?" fragt er zurück und läßt sich mit der Antwort viel Zeit. Sie besteht aus einer Silbe, aus dem mit hohem Druck hervorgeblasenem Ruf „Uh!" Der Laut erinnert mich an die sich aufrichtende weiße Schaumwand vor meinem Haus. Er soll Sprachlosigkeit anzeigen, die Unbeschreiblichkeit der Tobsucht des Meeres draußen vor der Bucht.

„Was meinen Sie, wie wird es morgen früh sein?" Ich nehme mir vor, ihn so bald wie möglich zu duzen. Ganz schlecht, meint er. Das meint er seit Tagen. Gönnt er mir sein Meer nicht?

Das nächste Mal stehe ich morgens um drei am Kai. Ich bin der einzige Mensch im Hafen. Ich warte auf Juans Bruder. Mateo fährt die Fische, die Juans Mannschaft am Abend gebracht hat, nach Palma, das sind 80 Kilometer, fast der ganze Inseldurchmesser. Ich bin am Lastwagen mit ihm verabredet. Er verspätet sich. Von der Ladefläche tropft Wasser.

Jedesmal wenn der Kutter in den Hafen eingelaufen ist, holt die Mannschaft des Kutters die Fische aus dem Laderaum unter Deck, in kleinen, flachen Kisten. Die Männer zerklopfen während des Entladens mit einem großen Holzhammer dicke Barren von Eis zu Eisschutt und schaufeln ihn über die sortierten Fische in den Kisten.

Jetzt tropft Wasser auf den Kai, Fischwasser. Wasser, das langsam vom Eis tropft, durch den Fisch sickert, beim Hindurchsickern im Laufe der Nachtstunden Teilchen des Fisches herausholt, sich zersetzende, stinkende Gewebeteilchen und Geruchsstoffe. Die Fischmoleküle fallen mit dem Wasser auf den Kai-Beton. Das Wasser rinnt zu einer Zeile zusammen und sammelt sich, wo zwei Steine der Kaimauer eine Fuge bilden. Von der Fuge läuft das Fischeiswasser ins Hafenwasser, eine kalte Fischsuppe für die Fische im Hafenwasser. Was wetten wir, sage ich, während ich unter der Bogenlampe auf Mateo warte, daß an der Stelle, wo die homöopathisch gestreckte Brühe ins Hafenwasser rinnt, ein Fischschwarm vor der Kaimauer steht? Ich trete an den Kairand vor, meine Schlauheit mit einem Blick ins Wasser zu testen.

Weit mehr als hundert Fische bestätigen mich. Zehn, zwölf Zentimeter lang stehen sie ausgerichtet, Kompaßnadeln des Hungers, und glotzen in die richtige Richtung, aus der nie etwas anderes kommen wird als ein Versprechen.

Die Landstraße, die Verkehrsachse Mallorcas, gehört uns um diese Zeit. Wir haben für etwa viertausend Mark Fische auf der Ladeflä-

Für alle Fischer der Insel ist der Großmarkt von Palma der Umschlagplatz. Für Juans Männer heißt das jedesmal 80 Kilometer mit dem Fisch und 80 Kilometer ohne Fisch zurück über die Landstraße. Hier kaufen die Händler und Großhändler. Sie bestimmen den Preis und verteilen die kostbare Ware an die meistbietenden Restaurant- und Hotelbesitzer

che. Mateo fährt die Strecke seit 20 Jahren jede Nacht außer in den Nächten von Samstag auf Sonntag und Sonntag auf Montag, außer in den Nächten, in denen es keinen Fisch gibt, warum auch immer.

20 Kilometer von ihrer Grenze beginnt die Stadt um diese Stunde, Transportfahrzeuge mit frischen Lebensmitteln einzuatmen. Wir, der Fisch, überholen Salathügel und Schweine, Eier und Tomaten, Knoblauch und Zwiebelhalden und werden von Gurken- und Hühnerhaufen überholt. Um halb sechs sind wir in Palma am Hafen, gegenüber der Kathedrale, die auch schon 700 Jahre herüberschaut, ein musikalisches Gebirge mit 6600 Quadratmeter Grundfläche.

Alle Menschen, die sich hier treffen, kennen sich untereinander seit Jahren, man merkt es an dem hohen Grad des Ausgeschlossenseins. Mateo grüßt immer wieder an meinen Augen und Ohren vorbei.

Ein lebhafter alter Mann setzt sich an unseren Tisch, er sieht aus wie eine Nazi-Karikatur eines Juden, gekrümmtes Profil, hervorstehende Augen, der Mund ein schlecht aufgepumpter Autoschlauch. Sie unterhalten sich auf mallorquin. Zwei weitere Männer finden unseren Tisch jetzt so interessant, daß sie sich dazusetzen. Der alte Händler unterhält uns alle, ab und zu spricht er Spanisch, damit auch ich etwas von ihm habe.

Blinzeln, Frage und Antwort erhalten die Gewalt eines Vertrages

Ich wollte den Kaffee für alle am Tisch bezahlen. Er erledigte das eher beiläufig, er zog einen Stoß von Tausendpesetenscheinen aus der Tasche; tausend Peseten waren 38 Mark. Er brauchte das Bargeld, es war sein Werkzeug, um Handelsgelegenheiten wahrzunehmen.

Als während des Mittelalters die spanischen Christen ihre Juden umbrachten, wanderten viele der Verfolgten nach Mallorca aus. Dort regierten damals, im zwölften Jahrhundert, noch die toleranten Araber. Aber die Christen kamen bald hinterher und verbrannten nach der Eroberung der Insel wiederum Juden in großer Zahl. Immerhin durften Juden wenigstens zum Christentum überlaufen, weshalb Mallorca heute nach New York, Israel und dem Jüdischen Autonomen Gebiet in der Sowjetunion die Region mit den relativ meisten jüdischen Nachkommen der ganzen Erde ist.

Man erkennt sie, wenn sie nicht so eindeutig aussehen wie der Fischhändler Miró, an ihren Namen. In manchen Ortschaften soll ihr Anteil an der Bevölkerung mehr als die Hälfte ausmachen. Mateo sagt, es gebe keinen Antisemitismus auf der Insel. Warum nennt man sie heute noch Juden, wenn sie seit Jahrhunderten Christen sind?

Die Fischhändler von Mallorca schirmen sich ab. Sie lassen niemanden in ihre Börsenhalle, der nicht am Rockaufschlag, häufiger am Pullover, seinen in Plastik versiegelten Händlerausweis trägt. Es ist ihr eigener Laden, sie haben den Bau bezahlt. Wer kaufen und verkaufen möchte, muß Bedingungen erfüllen; eine Sicherheit hinterlegen, seinen Fisch pünktlich bezahlen, wenn er Wiederverkäufer ist, er kommt sonst nicht mehr zu seinem versiegelten Portraitchen, an keinen Fisch, der den Handel lohnt.

Bringen die Fischer mehr als den Durchschnitt, müssen sie mit den Preisen herunter. Die Händler treiben bei geringerem Angebot die Preise in die Höhe, weil jeder von dem wenigen die gleiche Menge kaufen möchte wie sonst.

Eine Minute vor sechs stehe ich auf der Empore, wo die Kaufleute ihre Büroräume haben. Unter mir zweihundert Personen, dreihundert. Die verteilen den Fisch an die Menschen auf der Insel. Vor sechs Uhr darf nichts passieren. Wenn die Zeiger der Bahnhofsuhr über der Menge zur senkrechten Linie zusammenspringen, darf der Händler zum Fischer sagen: Ich möchte diese und diese Kiste, ich zahle das dafür und das. Vorher darf er das nicht sagen. Da gibt es – unter Freunden – Augenzwinkern vor sechs. Und gerade Mateo scheint zu jenen zu gehören, deren Lieferung verkauft ist vor dem Zeigersprung. Auf unserem Boot wird angeblich besonders sorgfältig ausgelesen.

Der Zeiger springt auf sechs. Ich stelle mich wieder zu Mateo und zu unseren dreißig Kisten. Zum Kaufen der Fischpartien brauchen die Händler ein Werkzeug. Ein dünner Spazierstock aus Stahl hängt an ihren Fingern, am unteren Ende zum Haken gekrümmt. Wo Blinzeln, Frage und Antwort die Gewalt eines Vertrages erreichen – die Mindestmenge ist die Kiste zu zwölf Kilo –, schlägt er seinen stählernen Spazierstöckchenhaken über den Kistenrand und zieht das Erworbene über den feuchten Hallenboden hinaus ins Freie zu seinem Lieferwagen. Mateo schreibt in einen Formularblock Menge, Sorte, Preis und Käufer, mit Durchschlag. Mit den Formularen steigt er auf die Empore, wo es Geld gibt.

Dann holen wir unsere Kisten vom Vortagsverkauf aus einem Lager, dorthin bringen die Käufer die Kisten zurück: Jeder Fischer hat seine Nummer darauf stehen. Es ist nicht Mateos Art, Erklärungen abzugeben, er verläßt sich darauf, daß ich ihm ansehe, wann ich einsteigen muß. Im Führerhaus staut sich bereits Sonnenwärme. In der Stadt steigen wir wieder aus, steigen kühle neue Marmorstufen hoch, betreten kühle Büroräume. An den Wänden hängen Farbdrucke aus Dänemark mit kanadischen, amerikanischen und europäischen Flußfischen, mit Mittelmeerfischen und Fischen aus dem Pazifik. Im Chefzimmer sitzt Miró.

Im Laufe des Vormittags stellt sich heraus, er ist ein reicher Mann. Er kann sich Bauch und verbeulte Hosen leisten und seine Kleinheit, ich – mitteleuropäische Durchschnittsgröße – komme mir neben ihm vor wie eine Giraffe. Miró hat die renommiertesten Fischläden in Palma, er beliefert Hotels der ersten Kategorie. Er lacht, er macht Witze, er verwischt den Ernst, mit dem er ein Leben lang Vermögen an sich gebunden hat. Ich komme mir schon pathetisch vor, wenn ich ihn nur beobachte.

Dieser Miró hat einen Sohn, er sieht nicht nur so aus wie der Vater, wenn auch vierzig Jahre jünger, er ist ebenso unfeierlich, unfein. Ich frage ihn: Kann man diese Karten an der Wand kaufen? Alles kann man kaufen, antwortet er ohne nachzudenken und mit einer Stimme, als sage er: „Die Würde des Menschen ist unantastbar."

Mateo und Miró haben geschäftlich miteinander zu tun. So erfahre ich, was man nicht sieht. Das Schiff meines Patrons gehört zur Hälfte Miró, und damit gehört ihm auch die Hälfte des Eigentümeranteils am Erlös. Weil Miró Juan das Geld geliehen hat, seinen Schiffsanteil zu kaufen, erwarte ich, daß die Brüder über Miró klagen. Nein, sie sprechen in freundlichen und respektvollen Worten über ihn.

Auf der Heimfahrt reißt uns der Fahrtwind ein bißchen Hitze aus dem Führerhaus. Mateo erzählt. Sein Vater war sieben Jahre im franqui-

Keine zehn Kutter sind heute in dem einstmals idyllischen Hafen von Cala Ratjada zu Hause. Das Fischerdorf an der großen geschwungenen Bucht im Nordosten der Insel ist längst eine Touristenhochburg geworden, der Hafen Liegeplatz für zahllose Freizeitkapitäne. Wenn die See richtig hoch geht, bleiben auch die Profis lieber im Schutz der Mole vor Anker

stischen Gefängnis in Palma als „Roter". Wir fahren am Gefängnis vorbei, heute ist es ein Kino. Die Brüder gehören zu den aktivsten Sozialisten ihrer Gemeinde. Vier Wochen später werden sie ihren Kandidaten als Bürgermeister durchsetzen, wird Mateo zweiter Bürgermeister sein.

Fast habe ich mich an das frühe Aufstehen gewöhnt: Ich nähere mich dem Schiff um halb drei Uhr morgens in kleineren Schritten, mit vorgerecktem Kopf äugend wie ein Wasservogel. Da ist ein Licht, zu dem Licht gehört ein Mensch. Ich sage artig mein „Guten Tag". Er kommt aus dem Häuschen, das man in der Seemannssprache „die Brücke" nennt. Im Inneren, zu „ebener Erde", ist die Kombüse, ein Kämmerchen mit einer Sitztruhe, einem Wandschrank und einem zweiflammigen Gaskocher; drei Stufen nach oben rückwärts der Kommandostand. Das Licht kommt aus der Kombüse. Der Mann spült einen Kaffeefilter aus: „Trinken Sie auch einen Kaffee?" Noch drei, vier Männer treffen ein, große Neugierde an mir entdecke ich nicht bei ihnen. Ich achte darauf, jeden im richtigen Augenblick zu grüßen. Als letzter kommt Juan, meine „Bezugsperson".

Dann rollen tausendfünfhundert Meter Kabel von den Trommeln

Er steigt nach oben, steckt seinen Kopf aus dem Fenster. Er sagt einige Wörter vor sich hin, die Folge ist, daß die Männer die Taue lösen und das Schiff vom Kai stemmen. Die Mauer entfernt sich, nach einem Meter oder so droht uns der Kutter in sehr lauten, harten, strengen, kurzen einzelnen Silben, es ist nichts anderes mehr zu hören. Der Hafen ist auf einmal sehr klein.

Ich trinke meinen Espresso auf der Brücke neben Juan. Am Ruder steht Antonio, die beleuchtete Kompaßskala vor der Nase. Der Mann, der den Kaffee gemacht hat, sitzt auf den Stufen. Es ist dunkel in der Kabine, nur einige Instrumente leuchten uns. Das Gekeife aus dem Maschinenraum, das uns aus Cala Ratjada vertrieb, wird durch unsere Gewöhnung in Musik verwandelt, dessen Komponist nur mit einem Zwölfzylinder-Dieselmotor arbeitet. Wir fahren unter dem gestreiften Schirm, der sich um den Leuchtturm von Capdepera dreht und bis zum Horizont reicht. Der Turm steht auf dem östlichen Punkt der Insel, tausend Meter von meinem Haus.

Der Mast rührt in den Sternen herum. Ich stehe allein auf dem Deck, genau in der Mitte des Schiffes. Dort verlangt das Meer die geringste Balancierarbeit von mir. Ich kontrolliere Antonios Kurs, er steuert Norden, sagte er. Er läßt den Polarstern oft und lang die Radioantenne umtanzen. Wir fahren zwischen Mallorca und Menorca hindurch.

Erst Stunden später verstehe ich, daß die Männer um diese Zeit unter Deck schlafen gehen. Juan geht, wenn wir drei Leuchtfeuer wahrnehmen, von Formentor, Capdepera und Cabo Artrux auf Menorca. Antonio bleibt allein, er steht aufrecht, groß, mit Wollmütze am Steuerrad, ein moderner Dirigent, der eine moderne, sehr subtile, wenn auch laute Musik sehr subtil dirigiert, mit einer Bewegung des Steuerrads oder mit der Verlagerung eines Beines. Und wer genau hinhört, der kann hören, wie sich in der Instrumentierung der Dieselmaschine etwas ändert, wie manche Töne deutlicher hervortreten und andere, die man nun bis zum Überdruß kennt, sich zurückziehen. Die Maschine kommt aus Dänemark, sie kostete 400 000 Mark, soviel wie drei Häuser auf Mallorca. Sie beansprucht einen Raum für sich, den größten.

Ich hatte zwei Stunden Schlaf gehabt, ich spürte leichte Übelkeit. Ich wußte, 17 Stunden würde ich ohne Pause damit beschäftigt sein, mein körperliches Gleichgewicht zu halten. Die nächsten vier Stunden würde nichts passieren. Ich war in einem Gefängnis, übermüdet, mit Schlafverbot und Schaukelfolter. Das Meer widerte mich an.

Nach zwei Stunden kam wenigstens Juan zurück. Des freundlichen Antonio Unlust zu reden war bedrohlich. An Juan gab es auch einiges zu kucken. Antonio hielt dauernd das Steuerrad in Händen und rührte sich nicht vom Fleck, er mußte auf die Musik aufpassen, er lauschte. Juan überließ das Ruder sich selbst, warf ab und an einen Blick auf den Kompaß, korrigierte eventuell, war immer in Unruhe. Die Bootseigner unterhielten sich miteinander über das Funkgerät im Umkreis von 200 Kilometer. Mal sprach Juan Spanisch, mal Mallorquin. Er war dauernd beschäftigt, während es nichts zu tun gab, als zu warten, daß das Boot die Stelle erreicht, wo das Netz ins Wasser gelassen werden sollte.

Wo Juan wirklich Erstaunliches zu bieten hatte, gab er eine übertrieben sparsame Demonstration, um auszudrücken, das, was du so an mir bewunderst, kostet mich n' Klacks. Er sieht die Landschaft um die Balearen, als wäre sie nicht von Wasser bedeckt. Er hat sie täglich, 25 Jahre lang, außer Samstag und Sonntag, 17 Stunden lang abgetastet. Er zeigt auf den Papierstreifen im Echolot: „Gleich fällt der Boden senkrecht ab, und dann verläuft die Linie waagerecht." So ist es. „Wenn die Ebene anfängt, schmeißen wir das Netz raus."

Das bedeutet für mich, endlich passiert etwas, was mich rechtfertigt. Dem Netz folgen zwei

„Türen" aus Holz, mit Stahlumrandungen, sie halten das Netz auseinander. Sind die „Türen" verschwunden, rollen tausendfünfhundert Meter Kabel von den Trommeln.

Diese Ereignisse haben akustische Konsequenzen. Die Aufführung der Symphonie der zwölf Zylinder ist zu Ende, das Orchester bleibt noch, übt kleinere Kompositionen. Beginnen die Kabeltrommeln sich zu drehen und ihre anderthalb Kilometer herzugeben, spielt der Klangkörper unter den Deckplanken ein neues Stück, eine Vierstundensymphonie in Moll. Das Schiff fährt jetzt langsamer. Es schleppt.

Die Männer sitzen und rauchen. Die beiden Kabel stechen wie Stangen flach ins Wasser. Immer ist mir leicht schlecht. Irgendwann fragt Juan, ob ich mich hinlegen möchte. Der Bugraum unter Deck enthält sechs Kojen. Ich lege mich unter eine der alten, schmuddeligen Decken, zufrieden. Das Schiff versucht fortwährend, mich auf den Rücken zu drehen. Ich strecke einen Arm weit von mir ab, mache aus ihm einen Ausleger. Der Arm stabilisiert den Rumpf und verkleinert dessen Wälzbewegungen. Ich laure, ob meine Übelkeit zunimmt. Der Treppenaufgang führt in die Brücke. Vom viereckigen Ausschnitt sinkt trübes Licht herunter, das erinnert mich an unsere Scheune zu Hause. Ich versuche herauszufinden, woran ich erkenne, daß sich das Viereck des Aufgangs hebt und senkt. Das Schiff schwankt nach allen Seiten. Ich werde geschwenkt, als wäre ich der Inhalt einer Schüssel. Wände und Decke knattern wie Flügelschläge von Wildenten, das Schiff ist aus Holz. Ich mache mit Absicht ein zufriedenes Gesicht, um etwas weiter vom Rand der Übelkeit wegzukommen.

Um elf Uhr reißen die hundert Dezibel mit einem Ruck. Die Maschine „mahnt" nur. Das Schiff macht andere Bewegungen, kürzere, heftigere. Oben rufen sie sich Dinge zu. Ich bin aufs höchste beunruhigt.

Die zwei Großen unserer Besatzung, Antonio und der Steuermann, auch ein sogenannter Jude, standen auf der Heckkante, einer an jeder Seite. Ihre Gestalten sanken und stiegen durch

Vier Stunden lang zieht das Boot das Netz über den Grund. Dann wird es eingeholt. Zuletzt schwebt der Steert mit dem Fang an Deck. Jetzt beginnt für die Männer die eigentliche Arbeit, das Sortieren der Fische. Was an Zivilisationsmüll aufgefischt wird, geht wieder über Bord

Während das Netz ein zweites Mal geschleppt wird, legen die Männer die verschiedenen Fischsorten und Größen in Kisten, Katzenhaie und Rochen werden gleich ausgenommen und gehäutet. Ist alles getan, der Fang im Schiffsbauch gestapelt, wird aus den besten Stücken das Essen gekocht und mit Rotwein an Deck serviert

den Horizont. Sie warteten auf die „Türen". Langsam drehten sich die Trommeln und verwandelten die Eisenstangen, die flach und zitternd aus dem Meer ragten, wieder in Kabel. Juan hatte seinen riesigen Kopf aus dem rückwärtigen Fenster der Kabine gesteckt und paßte auf.

Das Schiff machte kaum Fahrt. Die „Türen" – mannshoch, über einen Meter breit, zehn Zentimeter stark – stiegen aus dem Wasser, wurden mit dem Flaschenzug polternd hochgehievt und an den Seiten vertäut. Den beiden Kabeln folgten jetzt Stricke. Während sie von den Trommeln aufgespult wurden, rann hellbraune Erdsauce aus ihnen aufs Deck. Lange bevor das Netz zu erkennen war, zeigte ein Schwarm von mehreren hundert wild durcheinanderfliegenden Möwen an, daß es dicht unter dem Wasserspiegel trieb. Ich gebärdete mich ähnlich wie eine jener Möwen, rannte zu verschiedenen Stellen des Schiffes und suchte den wirkungsvollsten Winkel für die Kamera.

Das Hinundherspringen mit dem Fotoapparat und die Blicke durch den Sucher beherrschten mich nur an der Oberfläche. Mich erfüllte etwas anderes. Unter dem Meeresspiegel, in dem 20 Meter langen Netzbeutel geschah jetzt etwas Unheimliches. Da unten gab es einen Kosmos von Qual; Tausende von Lebewesen, die nicht begriffen, was mit ihnen geschah, die etwas Wahnsinniges erlebten, auf engstem Raum zusammengepfercht wurden, gegen jeden Impuls aneinandergepreßt, von Freßinstinkt und Todesangst verwirrt. Ich esse Fisch, nicht gerade selten; ich habe auch schon geangelt. Jetzt war ich Assoziationen ausgeliefert wie Inquisition, Maidanek. Ich weiß, es ist unvergleichlich und abwegig und nicht vernünftig. Wenn ich an die Masse lebender Tiere unter dem Wasserspiegel dachte, beschlich mich eine traurige, düstere, unheildrohende Stimmung, als geschähe da etwas, das diese Männer beflecken würde für Jahre. Ich plädiere nicht für die Abschaffung des Fischfangs, ich versuche, meine Empfindungen in Worte zu bekommen, die mich erfüllten, während das Netz und die Möwen näherrückten. Die Menschen brauchen Eiweiß und Mitleid.

Das Netz lag lang und hellgrün im dunklen Schiefergrau, eingerahmt von braunen Stricken. Der Fang sammelte sich in den letzten fünf Metern, im Beutel. Antonio und der Steuermann zogen mit dem Flaschenzug Stück um Stück des großen Strumpfes aus der Brühe, die anderen schleppten das Gewebe nach vorn und lagerten es dort ab, bis das Reststück, „el saco", ans Heck gerückt war. Unter dem kreischenden Beifall der Möwen schleiften sie den „Sack" über die Heckkante. Sie ließen die prall gefüllte Blase eine Weile am Flaschenzug hängen, zerrten die Basis an eine bestimmte Stelle auf dem hinteren Deck und ließen dann das Netz fallen, das breitete sich aus wie ein Teig. Silber und rot, ein Hochrelief aus kleinen Fischköpfen, einer Heringsart, ist durch die Maschen gewachsen. Aus jeder Netzmasche ragt ein Kopf bis zu den hellrot leuchtenden Kiemen, hellrot leuchten die kleinen Rachen, in jeder Masche ein aufgerissenes Maul. Ein geometrisches Muster. Das ist bei jedem Fang so.

Antonio und der Steuermann entleerten schließlich den Sack auf die Planken, machten aus dem Fladen einen Haufen. Sie warfen das

Netz wieder ins Wasser, versenkten die „Türen", der Koch und der Andalusier stehen wieder an den Trommeln und spulen die Kabel ab. Das Schiff zieht wieder den hungrigen Strumpf durch die Bewohner der Ebene nördlich der Insel Menorca.

Bei den Fischen lagen Plastiktüten, Konservendosen, Flaschen, große Fetzen schwarzer Plastikfolie, drei Puppen aus Plastik, ohne Arme und Beine, und anderes, schwer zu definierendes Gerümpel. Da war auch, was aussah wie ein kurzer Baumstamm. Der Müll ließ die Fische aussehen wie Müll.

Träge wie fließender Honig regten sich braungraugrüne Kraken. Die Garnelen versuchten unermüdlich, über Stunden hinweg, sich mit den gepanzerten Hinterleibern an die Brust zu schlagen. Die Katzenhaie wedelten mit Kopf und Schwanz gleichzeitig. Seeaale peitschten mit sich auf andere ein. Garnelen und Katzenhaie bewegten sich noch, wenn sich sonst nichts mehr rührte.

Der Andalusier, der Steuermann und Antonio setzten sich auf Kisten vor den Haufen und sortierten. Die Eiweißlappen, die Rochen, klatschten auf die Planken steuerbords, mit den Katzenhaien. Die anderen Sorten schichteten sie in Kisten. Flaschen, Blech und Plastik flogen dorthin, wo alles schon einmal hingeflogen war. Die Arbeit verwandelte die Beute in Ware.

Aus den Mäulern einiger Seeteufel und Rochen ragten Fische. Zu den Sehenswürdigkeiten gehörte eine Seespinne, eine gelbrote harte Kugel von rauher Oberfläche mit acht 50 Zentimeter langen Stockbeinen. Neben einem Katzenhai lag eine nackte Puppe auf dem Rücken und betrachtete mich mit dem Ernst einer Behinderten, der Katzenhai versetzte ihr ab und zu einige Stöße, wie ein künstlicher, aufgezogener Katzenhai.

Nach einiger Sortier- und Aussortierarbeit blieb Unverwertbares zurück, das die Fischer bei der Arbeit störte. Sie warfen es mit einer großen Holzschaufel über Bord, kleinere Ausgaben verschiedener Fische. Die Möwen fielen mit einem Aufschrei auf die Geschenke.

Der Koch hatte endlich die Gasflammen in seinem Kämmerchen entzündet und sein Aluminium darüber gestellt. In einem der Töpfe kochte Gemüse für die Fischsuppe. Er nahm einen Seeaal, schnitt ihn, wie ein Kaufmann die Wurst, in der Mitte durch und zog ihm die Haut ab. Er suchte zwei Dutzend der dicksten Gambas; in die Suppe kam Reis. Für den zweiten Gang nahm er zwei oder drei Seeteufel aus. Das Beste vom Besten, auf dem Markt das Teuerste. Jeder kriegte Zitronenscheiben dazugepackt und ungesalzenes mallorquinisches Weißbrot.

Sie spritzten sich aus einem Lederbeutel Rotwein in den Rachen. Selten habe ich mit so großem Appetit gegessen, und niemals haben mir Gambas so geschmeckt, eigentlich mochte ich sie nie.

Ist der letzte Fisch aus dem zweiten Maschenbeutel aufs Deck geronnen, schaltet Juan auf volle Kraft voraus und wirbelt – immer mit dem Kopf aus dem hinteren Fenster – das Steuerrad herum. Der Kutter wendet scharf. Was mir in der Nacht wie ein Wutschrei geklungen hatte, klingt jetzt wie Jubel aus dem Blechkamin. Es ist jetzt vier Uhr nachmittags, zwischen sieben und acht werden wir in Cala Ratjada sein.

Die See wird unruhiger, die Wogen quellen rasch unter den Backbordplanken hervor und rennen davon. Der Wind wird stärker.

Antonio und der Steuermann sitzen am Fischhaufen, werfen aus dem Schiff, packen in Kisten. Der Andalusier nimmt die Rochen aus. Er zieht sie mit einem Eisenhaken an sich heran, schneidet den Schwanz ab, bedeutet mit einer Bewegung der Klinge, daß der Schwanz ab sei. Zieht einen Schnitt über den Bauch, greift hinein, kappt die Eingeweide, wirft den Rochen in eine Kiste, der liegt noch nicht richtig, ist der Schwanz des nächsten Exemplars ab.

Der Wind hebt Schleier von den Schaumkronen, zieht sie über die Männer im Heck. Die glänzen jetzt in Ölzeug, während sie den Kleinkram hinauswerfen und Fische in den Kisten spülen mit einem armdicken Wasserschlauch, mit dem Schlauch wühlen sie sanft in den Fischen, um sie nicht wieder aus der Kiste zu drängen.

Der Sonnenball schwebt aufs Wasser. Unter seinen flachen Strahlen wird unser Kutter ein rotglühender Nachen, der über schieferdunkle Unendlichkeit dahinstürmt. Das Schiff taucht einmal mit dem rechten Rand ins Wasser, einmal mit dem linken, es nimmt Wellen ans Deck. Ich frage Juan, ob der Seegang in den Tagen, als ich nicht mitgefahren bin, auch so stark war. „Uh!" macht er, das heißt, unbeschreiblich viel schlimmer.

Die Schiffsbewegungen werfen mich durch Juans Kabine. Auch wenn ich vorsichtig bin, irgendwann reißt mich das Schiff hin zu einer falschen Bewegung.

Wenn die 17 Stunden Fischfangbeobachten vorüber sind, sind sie lange nicht vorüber. Immer wenn ich einen Schritt gemacht habe, mußte ich warten, bis mein Haus in der Bucht wieder stille stand. □

> **Flaschen, Blech und Plastik flogen dorthin, wo alles schon einmal hingeflogen war**

Von Feiertagen können die Mallorquiner kaum genug

Von den Feinden blieben die Feste

Schon immer waren die Mallorquiner im Feiern von Festen groß. Sie feiern nicht nur die großen und die kleinen Feste der Kirche, sie feiern alles, was sich feiern läßt – so auch die Feste, die jeweils die Eroberer auf die Insel brachten, wie solche, die an deren Vertreibung erinnern sollen.

Es gibt so viele allgemeine und örtliche Feste, daß selbst der gründliche Baedecker davor kapituliert und nur die wichtigsten aufzählt. Vor lauter Festen weiß man zu Zeiten gar nicht, wohin. Während den ganzen September hindurch von Palma bis Magalluf überall Volksfeste stattfinden, feiern gleichzeitig Banyalbufar und vier andere Orte fröhlich Mariä Geburt, und im selben Monat findet im Weinbauzentrum Binisalem die berauschende „Festa d'es Vermar" statt, das Fest der Weinlese, bei dem der neue Most gesegnet und Wein des Vorjahres umsonst ausgeschenkt wird.

Was immer sich vom Alltäglichen abhebt, wird zum Anlaß genommen, das Leben für ein paar Stunden zum Fest zu machen.

Gefeiert wird hierorts und daorts der Abschluß der Olivenernte wie der Weinlese, das Schweineschlachten wie „die tapferen Frauen" – die Schwestern Casasnovas, die 1561 türkischen Freibeutern besonders tapfer widerstanden hatten. Gefeiert werden selbstverständlich die lokalen Schutzheiligen und ganz besonders und rührend, das Wiederauffinden von Marien-Statuen.

Als vom 8. Jahrhundert an die Muslims die Lande nördlich Gibraltar eroberten, versteckten die Mallorquiner alle ihre christlichen Heiligenbilder. Nach der Befreiung rund 400 Jahre später wurden davon zwei wiedergefunden, Bildwerke der Heiligen Jungfrau. Beidemal waren es zurückgebliebene Araberjungen, die sie entdeckten: das eine in einem ausgehöhlten Olivenbaum bei San Juan (Fest am 4. Fastensonntag vor Ostern), das andere in einem Dornenbusch bei Lloseta (Fest am Mittwoch nach Ostern).

Wenn Mallorca feiert, sind nach den religiösen Zeremonien freigebige Schmausereien, Maskeraden und Tanz nach Dudelsack, Schalmei und Tamburin die wichtigsten Punkte der Festtagsordnung. Zum Vergnügen gehören jedoch auch allegorische Darstellungen des ewigen Kampfes zwischen Gut und Böse und bei dem die Teufel ewig den kürzeren ziehen.

Schon immer war die Insel bereit, Hergebrachtes durch Neues zu ergänzen. Ohne Federlesens wurden die modernen Miss-Wahlen und die einschlägige Musik eingeschoben ins traditionelle Programm – ebenso wie die Mitbringsel der „Kubaner":

Um die Jahrhundertwende konnten viele mallorquinische Familien nur überleben, wenn ihre Männer Geld von weither heimholten. Tausende gingen damals, zur Zuckerrohrernte, nach Kuba. Sie brachten die Habanera, die Rumba und den Tango mit nach Hause, die ebenso Teil der Festtagsmusik wurden wie die heute modernen Rhythmen. □

Montuiri, 24. August: *Am Tag des Ortspatrons San Bartolomé tan*

Palma, Anfang Februar:
Mit Umzügen von Masken, die nicht selten archaischen Ursprungs sind, mit Freudenfeuern und mit fröhlichen Gelagen macht sich Mallorca die Tage vor dem einwöchigen Fasten so lustig wie möglich

bekommen, und tatsächlich hat ihre Geschichte ihnen stets neue Anlässe geliefert

Felanitx, 28. August:
Tänzer, die mit umgeschnallten Pferdeattrappen einem uralten religiösen Brauch huldigen, reiten im Festumzug zu Ehren des Heiligen Augustin

zen die Lichtgestalten des Guten um einen Teufel herum und bringen ihn zur Strecke

Artá, 17. Januar:
Teufelspuppen gehen in Flammen auf zur Erinnerung an die Siege, die der Heilige Antonius, dem dieses Fest gewidmet ist, über das böse Gelichter errang

Teufel überall.
Der Böse, durch schaurige Masken dargestellt, erscheint auf vielen großen Festen

Sóller, Anfang Mai:
Am Fest der »Tapferen Frauen« wird mit langen Prügeln der Abwehrkampf gegen türkische Piraten nachgestellt, der dank zweier Schwestern siegreich war

GEO 115

Palma ist nicht nur Hauptstadt der Balearen, sondern auch wichtiger Vorposten der spanischen Kriegsmarine. Zu deren Luftflotte gehören Seeaufklärer und U-Bootjäger vom Typ Grumman Albatros

Die Ciutat

Leidenschaftliche Mallorquiner, die Spanisch eher für eine Fremdsprache halten und denen der Name Palma eher als ein Synonym für Fremdherrschaft gilt, nennen ihre Hauptstadt liebevoll »Ciutat«, Stadt. Doch erst, wenn die alljährliche Touristenflut vorüber ist, läßt sich in dieser uralten urbanen Siedlung genuines mallorquinisches Leben erfahren – das steingewordene und das durchpulste

Um das Haus des Herrn, die Kathedrale, drängen sich die Cases de Senyor

Der Fremde sieht Häuser und Paläste als geschlossene Fassaden, als mächtige Mauern. Sie werfen ihre Schatten nach innen, wo in kühlen, weiträumigen Patios zwischen Blüten, Licht und Grün Lebensqualität gedeiht

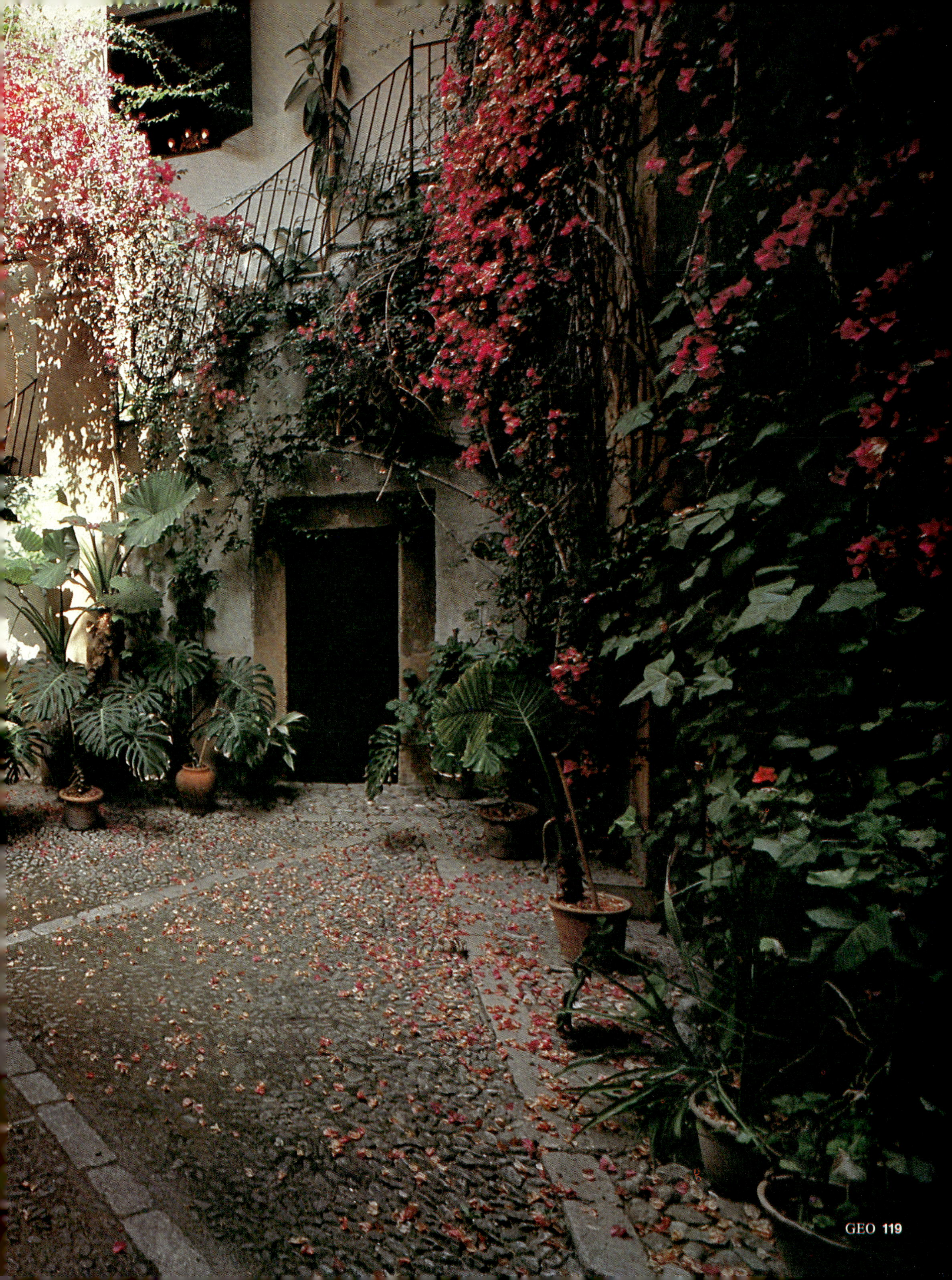

La luminosa – das leuchtende Mallorca – wurde für Künstler aus aller Welt zum Atelier

Mirós Geschenk an Palma wird »Personatje« genannt. Die bronzene weibliche Figur symbolisiert das Kunstleben in dieser Stadt. Hier gibt es dreißig Galerien und viele reiche und kenntnisreiche Käufer. Treffpunkt der Palmesen sind die Borne und die Vía Palma, auch Rambla genannt, mit ihren Platanen und Blumenständen – als Flanierstraße ist sie so berühmt wie die Rambla von Barcelona

GEO 121

Weiße Engel zwischen zeitgeschwärzten Mauern

Seit bald drei Jahrhunderten existiert der Orden vom Heiligen Herzen. Seine weißen Schwestern haben sich die Aufgabe gestellt, die Kinder der Armen in ihren Schulen kostenlos auszubilden. In Palma sind sie dieser Tradition treu geblieben

GEO 123

Ehemals kamen die Eroberer vom Meer: In mächtigen Wellen berannten Mallorcas Küste die Karthager, die Römer, die Vandalen, die Mauren, die Katalanen. Alle bauten sie am Profil der Stadt. Zuletzt kamen die Millionen Sommergäste durch die Luft. Ihre Bettentürme wachsen seitdem hinter den Mauern der Altstadt und an den Buchten entlang in den Himmel

Eine Stadt, die sich den Fremden öffnet, trägt deren Zeichen

Von Uta Henschel

Es ist fast neun Uhr und schon dunkel, als ich die leicht abschüssige Avenida Jaime II hinuntergehe, die zu den inneren Plätzen führt. „Pius XII" und „Plaza Weyler" habe ich auf dem Plan gelesen. Mir begegnen nur wenige Leute. Die Straße herauf weht frischer, weicher Seewind.

Ahnungen von Palästen, aus ockerfarbenen Quadern gefügt, treten heran aus den tiefen Schatten zu beiden Seiten der Straße, feinziselierte Steinornamente lösen sich aus der Finsternis. Unsichtbar plätschert eine Fontäne, Palmen rauschen eine Allee entlang, das Blattgefieder ihrer mächtig bewegten Wedel taucht ins Dunkel ein und schwankt im Atemholen des Windes zurück in den schwachen Schein der Straßenlampen. Auf dem Wind reist allabendlicher Gruß an die Inselbewohner, feucht und pikant, Meeresdunst, herein in die gemauerten Bezirke.

Von dieser besonderen, vitalen Bedeutung des Seewindes erfahre ich freilich erst am nächsten, meinem ersten mallorquinischen Tag. „Immer müssen wir die See riechen können", sagt Vicenc Matas und meint mit „wir" alle gebürtigen Mallorquiner. Keiner von ihnen kann ohne diesen Stallgeruch länger oder gar für immer fern der Inselheimat leben. „Wir brauchen das: die Berge im Rücken und das Meer vor Augen."

Vicenc hat mich hinausgeführt vor die Stadt, zum fernsten Platz der Palma-Bucht, den man zu Fuß erreichen kann. Zur äußersten Spitze der Mole. Am Torre de Pelaires vorbei, dem Leuchtturm, schiebt sich ein Touristen-Dampfer. Vicenc filmt dessen Ankunft fürs regionale Fernsehen. Ich folge seiner Bewegung, wie er die Kamera langsam auf „ciutat" schwenkt, „Stadt", wie die Mallorquiner Palma in ihrer Sprache bündig nennen. Dunst verwischt die Konturen. Über dem breiten Streifen blauen Wassers mit eingesprenkelten Sonnenblitzen lagern schwer die ockerfarbenen Paläste, Burgen, Bürgerhäuser und, leichter, zerfließender, die gotischen Pfeilerreihen der Lonja und der Kathedrale.

Dunkelgrün schwingen darüber die Bergkuppen ihre waldige Silhouette ins blasse Blau des Himmels. Vicenc hat seine Kamera abgesetzt. Seine Augen leuchten, sein Gesicht ist entspannt: „Immer ist dieser Blick anders gemischt aus den Elementen, die sich hier begegnen", erzählt er. „Am liebsten führe ich Leute hierher, die Palma nicht kennen und in deren Gesichtern ich – wie jetzt in deinem – die Schönheit meiner Insel ganz frisch sich spiegeln sehe. Daran wärme ich mich."

Schon morgens, als ich Vicenc in der Bar Bosche am Borne zum späten Frühstück traf, hat er mir erklärt, wie gefährdet die natürliche Schönheit Mallorcas sei, denn auch die noch heilen ländlichen Regionen sollten für den Massentourismus geöffnet werden. Freilich gebe es eine Gegenbewegung auf der Insel.

Vicenc zeigt auf ein Plakat der Grup Balear d'Ornitologia i Defensa de la Naturalesa. SALVEM ES TRENC! heißt es darauf nachdrücklich. Gemeint ist die südliche Küste Mallorcas, wo große Hotelkomplexe noch größer werden sollen und die angestammten Rastplätze von Zugvögeln bedrängen.

Inzwischen steht Vicenc' Frühstück auf dem Tisch: ein knuspriges Riesenbrötchen, das – während wir warteten – aufgeschnitten unter rotglühenden Grillschlangen die Säfte einer angemessen großen Schinkenscheibe und etwas Olivenöl in sich eingesogen hat. Zur „Langouste" zusammengeklappt, sättigt es um elf Uhr vormittags hungrige Frühaufsteher, die daheim meist nur einen Milchkaffee hinunterstürzen.

Das erwachende ökologische Bewußtsein, wird, prophezeit Vicenc, auf Mallorca den Ausverkauf der Natur verhindern. Glaubt er wirklich daran?

Wir besprechen, was er mir von Palma zeigen soll. Schwer zu sagen, wenn man zum erstenmal in einer Stadt ist. Das Programm, auf das wir uns einigen, ist Vicenc' Palma. Ich soll sehen und miterleben, was er für wichtig hält.

Fremde aufzunehmen ist eine alte Tradition der Fischer und Seeleute Palmas

Am Nebentisch hat ein Freund Platz genommen. Vicenc lehnt sich hinüber, begrüßt ihn, faßt begeistert seinen Arm, streicht ihm mit der anderen Hand burschikos durchs Haar, redet ein paar schnelle Fragen, stellt mich vor. Verblüfft sehe ich zu, wie er von diesem Menschen Besitz ergreift, sich der Nähe des anderen ganz sinnlich versichert.

Aber schon ist Vicenc wieder bei seinem Palma. „Du hast so wenig Zeit!"

Das ist wahr: In nur sieben Frühjahrstagen will ich die Stadt erleben, bevor über ihr und ihren Bewohnern die verfremdende Woge des Tourismus zusammenschlägt.

Gegenüber der Bar gibt es einen alten Palast, der heute Agencia Urbana heißt und für Kunstausstellungen genutzt wird. Vicenc billigt solche Umwandlung von eigennützigem in gemeinnützigen Besitz. Sibyllinisch erzählt er von Krisenzeiten, in denen die Adligen, um leben zu können, ihre Paläste verkaufen mußten. Einige gehören heute denen, die Vicenc verächtlich „nouveau riche" nennt, andere werden von der Stadt unterhalten und erfüllen öffentliche Aufgaben.

Ihre gegenwärtige, kommunale Funktion hat der Agencia Urbana nichts von ihrer alten Statur, dem weißgekalkten zweigeschossigen Innenhof, nichts von seinem großzügigen Maß nehmen können: Rundbögen, auf helle, verputzte Säulen gestützt, heben hier die Schwere der Außenfundamente auf, über deren Mächtigkeit ich noch im Eintreten staune. Vicenc streicht über ein Quadrat aus vier alten Kacheln an der Stirnwand des

Hofes. Hier gab es früher einen Haken oder Knauf, an dem die Pferde angebunden wurden, wenn sie die herrschaftliche Kutsche durch die breite Toreinfahrt und hallend über das Kopfsteinpflaster des nach innen sich senkenden Hofes gezogen hatten, wo es kühl gewesen sein muß neben dem Brunnen und unter vier Palmen – selbst am heißesten Sommertag.

Aber die Palacios und Casas sind nur noch Denkmäler eines städtischen Lebens, das der Vergangenheit angehört. Aus den Winkeln der Quartiere, versichert mir mein kundiger Eingeborener, wächst das echte Palma weiter bis in unsere Zeit. Zum Beispiel im alten Viertel der Fischer. Es drängt sich im äußersten Westen der Altstadt hart an die Ringstraße und an jenen gemauerten Graben, der Torrente de la Riera heißt und nur während der Regenzeit Wasser führt. Einst ragte an seiner Stelle wuchtig und wehrhaft das Befestigungswerk Palmas.

Vicenc zieht mich vor ein zerbröckelndes, aber im Ruin noch mächtig wirkendes Stück Stadtmauer. Es soll, so die Meinung der Archäologen, aus arabischer Zeit stammen. Und wo sind die Spuren zum Beispiel der spanischen Eroberer, die herkamen, das letzte Widerstandsnest arabischer Seeräuber ausräumten und Palma zur christlichen Stadt machten? „Ihre Befestigungen wurden um die Jahrhundertwende geschleift." Vicenc sagt es bitter. Fortschrittsglaube und Gesundheitsvorsorge jener Zeit wollten, daß der Wind die miefigen Gassen ungehindert durchlüfte und das gefährliche Gewimmel der Krankheitskeime hinausfege. Immer wieder schießt Kritik ins Kraut auf unseren eiligen Touren: An den verfallenden Häusern auf dem Puig de Sant Pere, wo schlecht verdienende Mallorquiner hausen und Festlandspanier, die nur Saisonarbeit finden, wo die Grundstücksbesitzer nichts mehr in Ordnung bringen, denn sie wollen am liebsten neu bauen – aber für zahlungskräftigere Mieter.

Auf bereits geräumten Ruinenflächen stapeln Portugiesen ihre Habe: gefaltete Pappkartons. Sie sammeln sie von der Straße auf und verkaufen sie an jene, die neue Pappkartons herstellen. Sie wohnen in dem, was ihnen außer den bunten Kleidern einzig gehört: in Kartons.

Fremde in ihrem Viertel aufzunehmen, ist eine alte Tradition bei den Fischern und Seeleuten Palmas, erklärt Vicenc. „Früher waren sie die einzigen, die auf ihren Fahrten andere Völker kennenlernten und so toleranter gegenüber dem Unvertrauten wurden." Das gilt nicht nur für die mittellosen Portugiesen. Das gilt auch für die neue Fremdenflut der gutbemittelten Touristen.

Aus der Helligkeit der Plaza Ataranzanas mit dem Standbild des Seefahrers und Geographen Jaime Ferrer tauchen wir ins Dunkel einer hohen Gasse, in der farbige Leuchtschriften meinem Gedächtnis das Stichwort Reeperbahn liefern. Aber mitnichten ist dies ein dubioses Vergnügungssträßchen. Mit ihren flackernden, grellen Signalen informiert die bunte Zeile vielmehr hungrige und durstige Urlauber, die nicht lange oder weit suchen mögen, über ihre honetten und anheimelnden Angebote – „deutsche Biere", „deut-

Wie in allen Ländern am Mittelmeer findet das Leben vorwiegend außerhalb der eigenen vier Wände statt

Schon am Vormittag sitzen Rentner und alle diejenigen, die nichts Besseres zu tun haben, in den Cafés und Bars, reden, diskutieren oder spielen Domino. Getrunken wird wenig, und Frauen will hier keiner sehen. Wer zwischen den Mahlzeiten Hunger verspürt, stärkt sich an den Leckereien der Tapa-Theken (Tapa = Happen). Ab Mittag ist der Platz vor der Kirche St. Eulalia voller Schüler und Studenten, die in den umliegenden Cafés oder Bars ihre Angelegenheiten besprechen

scher Kaffee", „Würstchen" sollen Vertrauen stiften.

Jetzt im April ist freilich noch keine Touristensaison, die Leuchtschriften morsen ihre Botschaften in menschenleere Gassen. „Transformation" ist Vicenc' Stichwort für solche augenscheinliche Überfremdung der alt-vertrauten Gemäuer. Nur mit Anstrengung erkenne ich hinter der schillernden Patina aus kleinkarierten Laden-, Restaurant- und Barreklamen das graue Mauerwerk ausladender Paläste und schlichter Bürgerhäuser.

Geraten wir von unseren stets atemlosen Exkursionen zurück auf die belebten Innenstadt-Straßen und -Plätze, treffen wir unweigerlich auf Vicenc' Freunde: Immer wieder wird einer ergriffen, umarmt, festgehalten, am Bart gezupft, um die Schultern gefaßt. Auch ich werde unversehens hier und da in diese Lust am Berühren, Drücken, Halten einbezogen.

In der Platería, der Straße der Silberschmiede, werden die respektablen Juweliergeschäfte noch heute von jenen jüdischen Familien geführt, deren Vorfahren einst vor der spanischen Inquisition zum toleranteren Inselreich Mallorca flohen, um Jahre später auch hier – vor die Wahl Taufe oder Scheiterhaufen gestellt – zu Christen zu werden.

Fast andächtig führt Vicenc mich vor das Straßenschild der Platería. Es ist aus Emaille und wie alle derartigen Hinweise in gut zwei Meter Höhe an dem ersten Haus der betreffenden Gasse angebracht. Vicenc aber weist eindringlich auf ein weiß verputztes Feld unter der Emailleschrift. Dort ist in schwarzer Fraktur gemalt: Argentería. Ich nicke, weil ich zu verstehen meine: Argentería, von Argentaria, dem lateinischen Wort für Silberschmiede – möglicherweise stammt dieser Name aus römischer Besatzungszeit? Aber ich habe doch nicht richtig verstanden. Vicenc macht ein unzufriedenes Gesicht. „Das ist Katalanisch", sagt er mit Nachdruck, „das ist unsere Sprache. Das ist Mallorquin. Wir haben es unter Franco fast 40 Jahre nicht sprechen dürfen. Wer es dennoch öffentlich sprach, wanderte dafür ins Gefängnis."

Immerhin begreife ich jetzt, daß es um mehr als linguistische Kenntnisse geht. Meine Fragen freilich, die ich so rasch stelle, wie sie mir meine Bestürzung diktiert: Was haben die Mallorquiner denn unter Franco gesprochen? Woher stammt das Mallorquin? Sprechen denn die Bewohner Mallorcas nicht Spanisch? – sie können unmöglich sofort beantwortet werden. Vicenc schüttelt verweigernd den Kopf: „Wir haben die ganze Zeit Spanisch gesprochen. Das ist auch heute noch die offizielle Amtssprache." Mehr mag er spontan nicht preisgeben.

Mehr darüber erfahre ich bei einer abendlichen Diskussion im Estudio General Lullieno, neben der Kathedrale und dem Bischofssitz, durch dessen luftiges, von Säulchen getragenes Dach kreischend Mauersegler jagen – Mallorcas Sommerboten. Im Vortragssaal diskutieren Wissenschaftler, Bürger, Journalisten vor etwa hundert Zuhörern über die Zukunft des katalanischen Erbes.

Während die Disputanten einander höflich das einzige Mikrophon zureichen, dreht Vicenc einen kurzen Film fürs regionale Fernsehen. Es sollen praktische Vorschläge und Forderungen gemacht und formuliert und der Inselregierung unterbreitet werden. Vor allem und zuerst sollen die Kinder in der Schule endlich Mallorquin reden. „Die Sprache ihrer Großväter also?" „Ja, es wird höchste Zeit", insistiert Vicenc. „In vielen Familien ist Mallorquin schon vergessen."

Juan Nadal Aguirre, der Kulturdezernent Palmas, den die Forderungen jener Versammlung eigentlich angingen und über den vom Podium aus offenbar wenig Gutes gesagt wurde, zuckt gleichmütig die Schultern, als Vicenc ihn bei der Vernissage des Malers Rich Miller aufgebracht zur Rede stellt. Er hat offenbar andere Sorgen, für ihn ist die katalanische Unabhängigkeitsbewegung Mallorcas kein Thema. Er will mir – wenn auch nicht an diesem Abend – die eigentlichen Probleme Palmas und seine eigenen Lösungsvorstellungen erläutern.

Einen Tag vor meiner Abreise macht mich Vicenc, mein Öffner der Wege, mit einem Maler bekannt, der zwar in Argentinien geboren, aber Sohn ausgewanderter Mallorquiner ist und der zurückgekehrt ist in die Heimat seiner Väter – für Vicenc ein überzeugender Beweis für die zauberische Anziehungskraft seiner Inselheimat. Leider spricht Rafael Amengual außer Spanisch nur fünf Wörter Deutsch: München, Berlin, Wiesbaden, Frankfurt, Düsseldorf – die Stationen seiner Ausstellungen. Aber er holt seine Frau Sheila herbei, eine Schottin.

Mit diesen beiden tritt meine Palma-Erfahrung in eine neue Phase: Was sie mir erzählen, zeigen, kommentieren, haben sie als angerührte, ergriffene, amü-

In Palma konzentriert sich, was mit den Fremden nach Mallorca kam

Bilder ruhmreicher Fußballmannschaften – Bundesligavereine sind sehr gefragt – zieren so manche Vorstadtbar. Üppige Ornamente und phantastische Formen setzten sich in Palmas Architektur Anfang des Jahrhunderts durch, hier trifft man auf einige der schönsten Jugendstilfassaden Europas. Eher zögernd nehmen die Insulaner den Brauch an, Blumen zu schenken, der mit den deutschen Touristen importiert wurde

sierte Zuschauer hier erlebt – sie sind nicht Dramatis personae, sind nicht verstrickt in das Schicksal Mallorcas wie Vicenc, der seine Heimat nur mit der Emphase des Betroffenen vorstellen kann. Wie Vicenc ein Lehrmeister der Komplikationen und Probleme ist, sind es Sheila und Rafael im spontanen Genießen.

Und so vieles in dieser Inselstadt läßt sich sinnlich erfahren. Was eine Orange ist, erlebe ich hier zum erstenmal: In den Markthallen werden sie mit einem Zweig und einem Blatt daran – wie gewachsen – verkauft. Als ich so eine pampelmusengroße Goldfrucht koste, muß ich jeden Bissen trinken – soviel Saft halten die Schnitze in ihren zarten Häuten.

Es gibt Gassen, in denen Gerüche hängen wie unsichtbare Schilder alter Handwerke. In der Calle San Roque, bei der Kathedrale, die ihre Baumeister längsseits der Palma-Bucht festmachten, lagert vor einem Kellereingang eine liebliche Duftwolke: Sie markiert die Zeile der Parfümhersteller. Noch heute verkauft eine zierliche weißhaarige Inhaberin der Herboristería Romana jene Essenzen, die seit 1868 von einer Mallorquiner Fabrik gewonnen werden.

Ebenso würzig, wenn auch weniger lieblich, duftet das Material, aus dem in der Cordelería, der Seilmachergasse, Dinge des Alltagsgebrauchs gefertigt werden. Zwar hängt vor den meisten Eingängen Ware, wie man sie an allen Stränden findet: die – Vicenc möge mir verzeihen – typischen Ibizataschen.

Handwerker, die zu stolz sind, ihr Gewerbe zu Folklore verkommen zu lassen

Aber wir finden auch einen Seilmacher, dessen hoher Lagerhimmel voller unterschiedlicher Formen hängt. Jeder Wölbung, jeder fasrigen oder glatten Oberfläche, jedem Rippen- oder Zopfmuster meint man anzusehen, wozu sie dienen sollen – Endprodukte einer Entwicklung, deren Ziel die Zweckmäßigkeit gewesen ist: ein Korb zum Kohlentragen, nicht größer als ein Schuhkarton.

„Mein Vater hat ihn gemacht", erklärt eine alte Frau, die mitten unter den Korbwaren steht und nicht minder rosenwangig und gepflegt aussieht wie ihre Kollegin aus der Parfümerie. Das luftige Gefäß ist aus rauhestem, haarigstem Sisal zu dikken Zöpfen verflochten und mit vielen flachen Henkeln ringsum versehen – gerade groß genug, um vielleicht vier Briketts zu transportieren.

Und ein Rippenmuster, das ich an zwei besonders schönen, langhalsigen Körben bewundere, wird nur noch von einem Mann auf der Insel beherrscht. Das Flechtwerk dient dazu, gefangene Krebse im Wasser hängend frisch zu halten. Aber wer braucht so etwas heute noch? Fundada en 1510 steht auf dem Ladenschild.

70 Jahre ist die Inhaberin alt, ihr Bruder, der von der Straße hereinkommt, ist 60. Beide haben keine Kinder – „zur Zeit noch nicht", wirft der Bruder zwinkernd ein –, die das Geschäft übernehmen könnten. Das Handwerk wird also mit ihnen aussterben. „Touristenware machen wir nicht", der Bruder sagt es selbstbe-

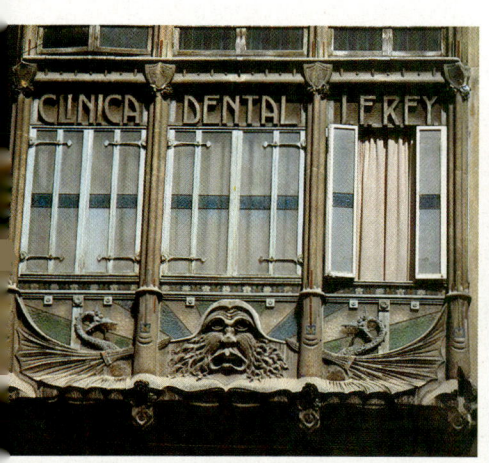

wußt. „Wir flechten nur Dinge, die eine Aufgabe haben, die eine Arbeit tun werden, wie wir es gelernt haben." Eine Tradition Mallorcas überlebt ihren Zweck.

Mir fallen die Forderungen ein, die ich im Studio General Lullieno gehört habe: die Überlieferung erhalten, alte Bräuche pflegen . . . Hier in der Cordelería sind Fertigkeiten lebendig, die unzeitgemäß geworden sind. Die sie beherrschen aber, sind zu stolz, Überflüssiges herzustellen und ihr Handwerk zur Folklore verkommen zu lassen.

Als ich Sheila danach frage, wie sie, wie Rafael, wie Palmas städtische Gesellschaft überhaupt die Autonomiebewegung beurteile, höre ich von ihr zunächst nur ein helles „Ohhh!" – den charakteristischen englischen Laut weiblicher Überraschung. Daß ich davon überhaupt schon gehört habe! Sie sieht ihren Mann an, der schüttelt lachend den Kopf: „I know nothing. I not intelligent, I artist."

Vicenc ist die einfache Erklärung dafür, daß ich so gut informiert bin. Erst neulich hat er Sheila in seiner unerbittlichen Art aufgefordert, nach Schottland zurückzugehen, da sie nach so vielen Jahren auf Mallorca noch immer nicht die Inselsprache beherrsche. „Aber die Kommunikationssprache ist doch Spanisch." Sie ist ein wenig hilflos vor so viel Unvernunft. „Hier und in ganz Spanien. Für die Schulkinder wäre es ein großes Unglück, wenn sie im Unterricht Mallorquin sprechen müßten. Denn viele würden sich damit außerhalb Mallorcas gar nicht verständlich machen können."

Natürlich sollen die alten Traditionen der Insel gepflegt und erhalten werden, der Meinung sind beide. „Besonders in den Dörfern und Kleinstädten im Innern des Eilands existieren noch viele Bräuche, Riten, Feste und Fertigkeiten." Rafael bewertet sie als den kostbaren Bo-

Abseits touristischer Routen lassen sich in Palma noch Gassen entdecken und Abenteuer erleben

Auf der Metallhaut des Busses gemahnt Picassos berühmtes Guernica-Bild an die Grausamkeiten des Spanischen Bürgerkrieges: Der Leiter der Städtischen Verkehrsbetriebe hat nach Francos Tod das Motiv, das zu seinen Lebzeiten in Spanien tabu war, auf einen Autobus übertragen lassen. Alle paar Tage stockt in Palma der Verkehr, wenn die Radrennfahrer durch die Straßen der Großstadt jagen. Abseits aller modernen Hektik liegt das alte Viertel der Gerber und Färber: Dort spielen die Kinder relativ gefahrlos auf der Straße

densatz jener Eroberungswellen, die jahrhundertelang über Mallorca hinwegspülten. Generationen von Insulanern haben diese Einflüsse in sich gesammelt und weitergereicht. „Sie sind ein Teil ihrer mallorquinischen Identität", philosophiert er. „Ich glaube nicht, daß diese Identität überhaupt verlierbar ist."

In Palma gibt es noch Traditionen, die vorläufig ungefährdet florieren: Die schönste Kultstätte für die süß-bittere Lust an der Schokolade zeigen mir Sheila und Rafael in der Calle Sans. In einem blitzenden Spiegelsaal eilen Kellner unermüdlich zu Marmortischen und servieren in schweren Silberkelchen die dunkelbraune, fett glänzende Labe. Sie ist viel zu dickflüssig, als daß man sie an den Zähnen vorbei genüßlich hinunterschlürfen könnte – und viel zu heiß, um sie in großen Schlucken zu trinken. Daher wird ein Löffel dazu gereicht.

Gedruckte Informationen dürfen nicht buchstabengetreu verstanden werden

Eingeweihte aber bestellen zur Schokolade feinporige, luftige Biskuitblöcke oder zarte Blätterteigschnecken, die in die braune Leckerei getippt und vollgesogen genossen werden.

Regelmäßige Besuche im C'an Joan de S'aigo sind in Palma seit Generationen Familienbrauch, erzählt mir Rafael via Sheila. Wie mir ein Blick in die Spiegel ringsum zeigt, wird der Brauch vor allem in weiblicher Linie weitergereicht, von den Großmüttern an die Enkelinnen.

Am Anfang dieser unbeschwerten Schlemmerei standen ein genialer Einfall und mühsame Plackerei: Im Frühjahr des Jahres 1700 trug der Gründer des Hauses den reinlichsten Schnee der Cordillera in einem schattigen Tal zusammen und schaffte das, was an kühlen Kristallen blieb, nach und nach auf Eselsrücken in die Stadt, als sie unter den ersten heißen Frühlingstagen glühte. Mit Fruchtsäften aromatisiert, verkaufte er das Eis dort als köstliches Sorbett. Und nicht nur zur Erinnerung an die legendäre Mühsal des tüchtigen Firmenvaters gibt es auch heute noch Eis in diesem Schokoladenpalast.

Daß solche Fein-Kost auch noch ihre amüsante Geschichte hat, fügt zum sinnlichen Vergnügen der Geschmacksknospen den geistigen Überbau.

So geht es hier in Palma mit vielen Einrichtungen: Sie haben ihre dazugehörige Legende, ihre Histörchen, die sie noch schätzenswerter machen. In einem Reiseführer lese ich zum Beispiel, daß in den typisch mallorquinischen Bars Zigarettenkippen, leere Packungen, Papierservietten, aufgerissene leere Zuckerbeutel grundsätzlich auf den Boden geworfen werden. Solche evidente Schlamperei solle aber bitte sehr niemanden daran hindern, trotzdem die Stätte der Unordnung zu betreten. Im Gegenteil: Eben jene Fülle des Wegwerfgutes lege beredtes Zeugnis ab von der Beliebtheit einer Bar – und damit auch von ihrer Güte.

Auf dem Boden von Juan Zuñigas Künstler-Bar in El Terreno, sieben Kilometer von Palmas Zentrum, fehlt dieser Qualitätsausweis. Auf dem Wege dorthin erfahre ich von Sheila: „Juan ist ein guter Freund Rafaels, ein naiver Maler. Aber in bezug auf Frauen ist er überhaupt nicht naiv." Also offenbar mehr ein Don Juan, verstehe ich Sheilas Andeutungen und Rafaels Schmunzeln.

Dichterlesungen, Gitarrespiel, Künstlertreffpunkt sind die anspruchsvollen Programmpunkte, mit denen der Nicht-Naive auch ökonomisch auf seine Rechnung kommen möchte. Als ich wissen will, ob die Lage am Barfußboden denn gar nichts beglaubige, versichern mir alle drei, ohne den sauberen Boden auch nur eines Blickes zu würdigen, daß alles seine Richtigkeit habe. Informationen aus Reiseführern, begreife ich, sind nicht dazu da, buchstabengetreu an der Wirklichkeit gemessen zu werden.

Besonders die Anekdote über Maria Condessa de Zavellá, enthüllt eine Dimension im Lebenszuschnitt des Adels, die mehr der Wahrheit als der nachprüfbaren Wirklichkeit nahekommt.

Wir begegnen Maria zufällig auf der Plaza Eulalia. Das heißt: Eigentlich trifft man sich dort eher vorsätzlich. Im Laufe eines Nachmittags scheint jeder Bewohner Palmas, der Freunde sehen oder welche finden möchte, wenigstens einmal über diesen Platz vor der Kirche zu schlendern oder vor einem der zahlreichen Cafés eine Weile zu sitzen.

Auch wir schlendern. Rafael ruft, eilt etwas voraus, begrüßt eine zierliche Gestalt und stellt uns vor. Sheila, die Maria auch zum erstenmal sieht, meint unverblümt: „Ach, Sie sind also die Frau, mit der mein Mann immer frühstückt."

Maria ist wohl fast sechzig Jahre alt, aber noch ist sie schön – auf eigenwillige, energiegeladene Art. Gesund und kräftig springt das volle, lockige Haar um ihren Kopf und schießt im Sonnenlicht amberfarbene Reflexe auf uns ab, während sie im Gespräch mal Sheila, mal Rafael anblickt. Die beiden haben mich in ihre Mitte genommen, und so blitzen die Augen der Condessa Maria immer wieder über mich hin. Sie lacht.

Im Café um die Ecke, das es hier in Palma noch häufiger gibt als bei uns, trifft Rafael fast täglich Pedro Mountanez Sureda Conde de Zavellá und die Condessa Maria – die mir den Namen ihres Mannes eigenhändig ins Notizbuch schreibt, damit es keinen Fehler gibt. Dort gibt es ab elf Uhr die guten Croissants, und man verplaudert gemeinsam eine Stunde. Denn der Maler und seine adligen Freunde sind Herren ihrer Zeit.

Kaum hat sich Maria verabschiedet, biegen wir um eine Ecke und stehen vor ihrem Zuhause, dem Palacio Marqués de Vivot, der so lang ist „wie die Gasse Zavellá", deren eine Wand er bildet. Rafaels Beschreibung mit Meßlatten überprüfen zu wollen, wäre unangebracht. Más o menos, mehr oder weniger. Auf die genaue Größe kommt es eben nicht an, nur darauf, eine Metapher dafür zu finden, daß der Palast unglaublich groß ist.

Damit leitet Rafael die Anekdote ein, die er über Maria erzählen will: Sie sei eines Morgens in einen Flügel ihres Hauses geraten, den sie lange nicht betreten habe. Dort nun begegnete ihr ein Mann, den sie noch nie gesehen hatte. Also fragte sie, was er hier zu suchen habe. Zu Marias Überraschung wollte der Mann seinerseits von ihr dasselbe wissen. Was sie, eine Fremde, hier in diesem Hause mache, in dem er schon seit vielen Jahren wohne. Denn er kenne sie nicht. Was Maria hierauf entgegnete, ist nicht überliefert.

Solche más o menos wahren, aber meist pointenlosen Geschichten über den Cha-

Die einen verdienen beim Aufräumen, die anderen beim Aufsammeln

Wo die Gassen in den Altstadtschluchten für Bürgersteige zu eng sind, sorgt die Stadtreinigung für ein sauberes Stadtbild. Sie wird dabei unauffällig von den Ärmsten der Armen unterstützt: Den unbehausten Einwanderern ist die Verpackung, die andere loswerden wollen, ein wertvolles Gut. Am Stadtrand bauen sie sich daraus ein Dach über dem Kopf. Was übrigbleibt, verhökern sie an Kartonhersteller

rakter der Stadt, deren Gesellschaft, deren Individuen werden dann vorgetragen, so mutmaße ich, wenn eine genaue Beschreibung zu profan oder vielleicht auch umständlich wäre. So höre ich denn von Juan Nadal Aguirre, dem Präsidenten der Kulturkommission in Palma, eine Art Gleichnis über eine relativ junge Erscheinung in der Geschichte Mallorcas – den Tourismus. Urheber ist nicht der melancholische Präsident, den sie hier mit seinem Vaternamen Nadal oder einfach Juan nennen, sondern ein Wiener: Mitglied einer österreichischen Delegation, die jüngst in Palma eine Ausstellung über Wiener Kultur eröffnete. Die Österreicher müssen über das, was sie hier vorfanden, so unverblümt gestaunt haben, daß einer schließlich seine Vorurteile preisgab und dem Kollegen Nadal schilderte, wie er Mallorca gesehen hatte, bevor er es wirklich sah. „Die ganze Insel ist von einem breiten Sandstrand umgeben. Dahinter gibt es einen mächtigen Mauerring aus Hotel- und Apartement-Hochhäusern, und in der Mitte der Insel ist nichts."

An Nadals weichem Gesicht ist nicht zu erkennen, was er empfindet, wenn er mir beschreibt, wie die 3,2 Millionen Touristen von Juni bis Anfang September seine Heimat überschwemmen. Ich habe Zeit, Nadal beim Sprechen genau zu beobachten, während Sheila zuhört, um mir dann die Worte des Präsidenten zu übersetzen. Vielleicht sind seine runden braunen Augen, die stets im Feuchten zu schwimmen scheinen, doch in den Winkeln von etwas Ironie umkräuselt? Ist da eine stumpfe Schneide in seiner matten Stimme?

Sogar Reiche kommen heute nach Mallorca, um zu sparen

Nadals Mallorca-Parabel aber ist nur die Einleitung zu dem, was er erklären möchte. Sie liefert ihm die vorweggenommene, drastische Begründung dafür, daß etwas geschehen muß, um diesen schlechten Ruf Mallorcas in der Welt zu korrigieren. Und es soll etwas geschehen: Längst hat Nadal die notwendigen Strategien ausgearbeitet. Vermutlich sind sie es, die sich – zu Akten gebündelt – im kargen Amtszimmer des Vielbeschäftigten auf Regalen, auf dem Schreibtisch und sogar auf Besucherstühlen stapeln.

Vom Winter 1982/83 an erwarten den anspruchsvollen Touristen – so erfahre ich – Ausflüge zu den charaktervollen Dörfern, den jahrhundertealten Klöstern, eigenwilligen Landschaften, pittoresken Städten. Ein reichhaltiger Veranstaltungskalender gibt dem interessierten Besucher die Möglichkeit in die kulturelle Tradition Mallorcas einzutauchen.

Gemeinsam mit dem Tourismus-Minister der Balearen, Pere Joan Morey, und Antoni Tarrago, dem Marketing-Chef des Fremdenverkehrsvereins, möchte Nadal die abgegriffene touristische Münze Mallorca wieder blitzblank putzen. Mallorcas Traditionen, das ist mir nun klar, machen dem verhaltenen Marketing-Meister Nadal in der Tat andere Sorgen, als Vicenc sie hat.

Ich muß an eine andere Parabel denken, die hier auf Mallorca zu Hause ist, seit es den Massentourismus gibt. Sie interpretiert die Veränderungen, die er brachte, die Umwertung der alten Werte: Ein Bauer, der sein Ende nahen fühlt, ruft seine drei Söhne an sein Sterbelager. Dem älteren vermacht er das Wertvollste: den Hof mit seinen Orangen-, Mandel- und Olivenfeldern. Der Mittlere soll nach des Vaters Tod von der Viehzucht leben: Er bekommt die Huftiere zugesprochen. Für den Jüngsten bleibt das, was in den brechenden Augen des wackeren Landmannes den geringsten Wert hat: der Küstenstreifen mit dem unfruchtbaren Sandstrand. Aber dieser macht – entgegen dem letzten Willen des Sterbenden – seinen Besitzer reich.

Wenn Nadals Strategien einen neuen Boom auslösen, dann kann – um im Bild zu bleiben – auch der älteste Sohn zu spätem Reichtum kommen; vorausgesetzt, er verkauft das Land seiner Väter, damit darauf Straßen, Restaurants und Hotels für die Fremden gebaut werden können, denen man Mallorcas Herzland erschließen will.

Aber solche Pläne von einem Wintertourismus, wie Nadal ihn nennt, sie dienen doch gewiß nicht allein der Imagepflege der Insel? Esteban Bardolet schüttelt den Kopf. Ich sitze bei dem Statistiker im Fomento del Turismo, der Promotion-Abteilung des Fremdenverkehrsvereins in Palma, weil Nadal ihm meinen Besuch telefonisch angekündigt hat.

„Der Sommertourismus läßt sich nicht weiter ausbauen", erfahre ich in fließendem Deutsch, denn Esteban Bardolet hat eine deutsche Frau. Er holt seine Statistik-Mappen hervor und liest daraus ab, daß die typischen Sommerurlauber auf Mallorca nicht viel Geld ausgeben: Sie sind durchweg Billigtouristen. Und am sparsamsten sind die 900 000 Deutschen, die hier jedes Jahr Ferien machen. Esteban Bardolet kennt einige persönlich und weiß: „Sogar Reiche kommen hierher, um zu sparen."

Den Saisonarbeitern Mallorcas, die monatelang arbeitslos sind, weil es keine andere Industrie gibt, auf die sie ausweichen könnten, und den Besitzern der 175 000 Fremdenbetten kann langfristig nur aufgeholfen werden, wenn es gelingt, die Insel auch in den Herbst- und Wintermonaten attraktiv zu machen. Und das nicht nur für die knapp kalkulierenden Rentner, sondern auch für gut verdienende Leute.

Für Vicenc ein Grund, zornig zu werden. Er will die mallorquinischen Traditionen nicht wiederbeleben, um sie dann als Touristenattraktion zu vermarkten. Erregt schlägt er mit der flachen rechten Hand auf den linken Arm und schleudert diesen wegwerfend über die Schulter: „Wenn sie die Touristen ins Innere der Insel holen, gehe ich fort!"

Er ist mit mir hinaufgefahren in die Sierre de Cans, etwa zehn Kilometer nördlich von Palma. Von diesen Vorbergen der Cordillera aus blicken wir auf das abendliche Palma: Von der Bucht her wirft das dunkle Wasser schon seinen Dämmerschein auf das alte Gemäuer, auf die Betonschroffen der turmhohen Küstenhotels und dämpft ihren Glanz zu mildem Grau. Aus der sanft gewellten Landschaft zu unseren Füßen, die noch das letzte Licht der untergehenden Sonne empfängt, löst sich der Stadtwald, ein mächtiger, dunkelgrüner Keil, und zwängt seine Spitze in die Außenbezirke Palmas.

Ringsum wuchern Lavendel- und Rosmarinsträucher, und mit der verstrahlenden Erdwärme steigt ihr gemischter Wohlgeruch in die stille Luft. Da regen sich plötzlich die Büsche wilder Oliven, und indem die silbernen Unterseiten ihrer Blätter sich nach oben kehren, trifft uns eine plötzliche Brise vom Meer her.

Ich fasse nach Vicenc' Hand, mit der er eben noch so wütend gestikuliert hat: „Aber du würdest doch immer wiederkommen. Denn du kannst ja nicht leben ohne die Berge im Rücken und ohne den Duft des Meeres." □

Treffpunkt großer und kleiner Schiffsführer im Mittelmeer: Palmas Marina

Keine Untiefen gefährden die Freizeitkapitäne, wenn sie den exklusiven Club de Mar ansteuern, in dem auch Spaniens segelfreudiger König Mitglied ist. Unberechenbar und gefährlich aber kann das Seglerparadies Mittelmeer bei Sturm werden: Als auf der Fähre, die Palma mit Spanien verbindet, auch noch der Strom ausfiel, wurde das steuerlose Schiff auf die Felsen vor der Hafeneinfahrt geworfen

Werden Sie aktiv mit der Deutschen Krankenversicherung

Genießen Sie Ihren Auslandsurlaub.

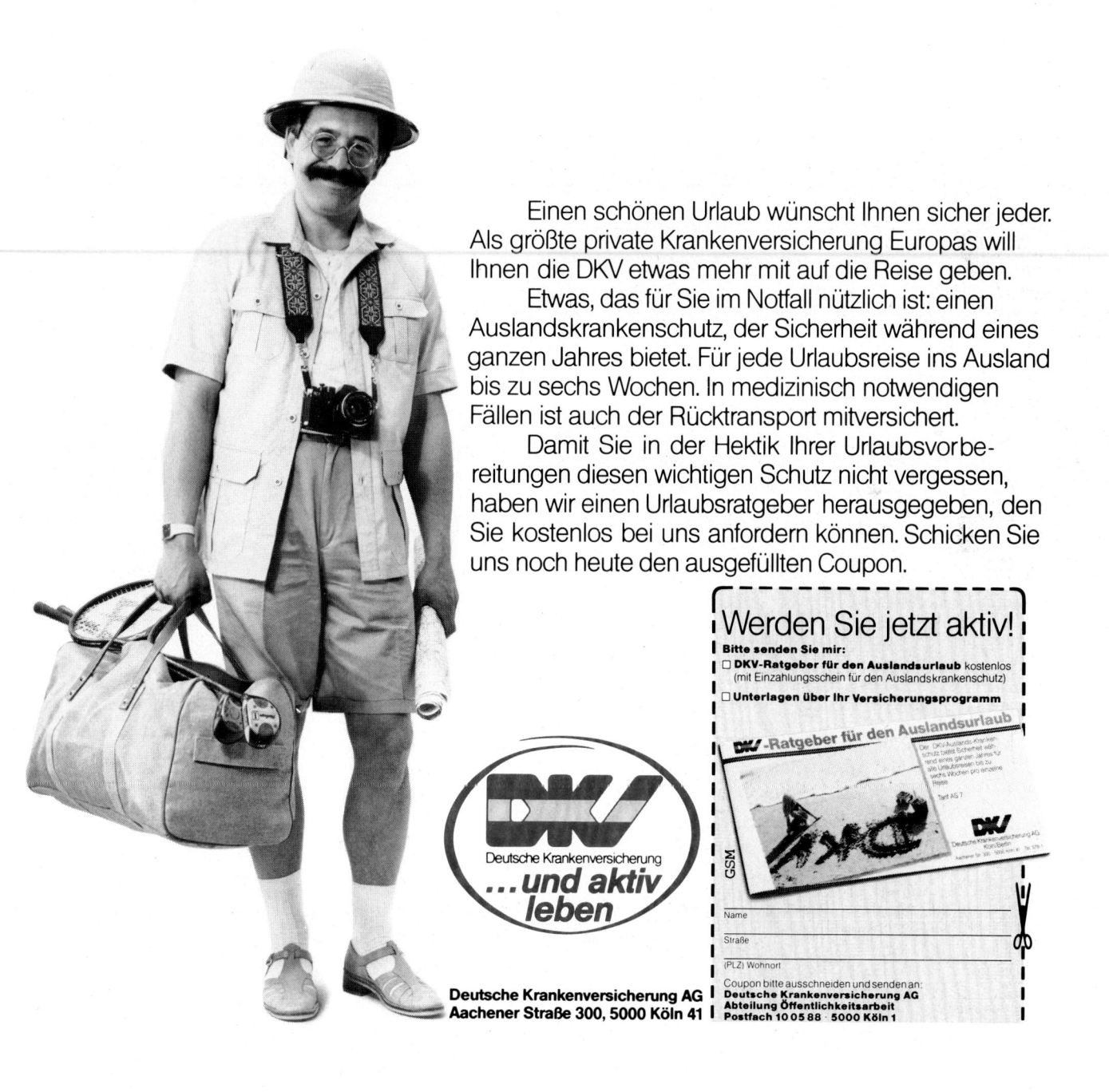

Einen schönen Urlaub wünscht Ihnen sicher jeder. Als größte private Krankenversicherung Europas will Ihnen die DKV etwas mehr mit auf die Reise geben.

Etwas, das für Sie im Notfall nützlich ist: einen Auslandskrankenschutz, der Sicherheit während eines ganzen Jahres bietet. Für jede Urlaubsreise ins Ausland bis zu sechs Wochen. In medizinisch notwendigen Fällen ist auch der Rücktransport mitversichert.

Damit Sie in der Hektik Ihrer Urlaubsvorbereitungen diesen wichtigen Schutz nicht vergessen, haben wir einen Urlaubsratgeber herausgegeben, den Sie kostenlos bei uns anfordern können. Schicken Sie uns noch heute den ausgefüllten Coupon.

DKV
Deutsche Krankenversicherung
...und aktiv leben

Deutsche Krankenversicherung AG
Aachener Straße 300, 5000 Köln 41

Werden Sie jetzt aktiv!
Bitte senden Sie mir:
☐ DKV-Ratgeber für den Auslandsurlaub kostenlos (mit Einzahlungsschein für den Auslandskrankenschutz)
☐ Unterlagen über Ihr Versicherungsprogramm

Name
Straße
(PLZ) Wohnort

Coupon bitte ausschneiden und senden an:
Deutsche Krankenversicherung AG
Abteilung Öffentlichkeitsarbeit
Postfach 10 05 88 · 5000 Köln 1

Wie sein Vater und Großvater bewirtschaftet ein »Amo« das Land eines Patrons in

Ein Leben auf Planici

Der Patron mit Frau und Enkelkindern vor dem Portal der alten Finca: »Hier bestimme ich!« Hinter ihm Jaime Munar, der Pächter, Petra, dessen Frau, die Knechte, die Hunde

"Wir Bauern sind konservativ", meint Jaime Munar, 49 Jahre alt und keineswegs selbständiger Bauer, eher eine Mischung aus Knecht und Pächter. Auch er ist zufrieden mit dem, was er hat.

Munar ist l'amo, einer von Hunderten auf der Insel, die das Land der Großgrundbesitzer bewirtschaften, ein Gehalt beziehen, wenig mehr als ein Taschengeld, und – in Munars Fall – „etwas mehr als zehn Prozent der Ernte". Deputat.

„Wenn ich es geschickt anstelle", erklärt Munar, „kann ich soviel verdienen wie ein Fabrikarbeiter." Munar möchte nicht tauschen. Sein Leben auf „Planici" – so heißt die Finca in den Bergen im Südwesten – ist ein Leben mit 172 Schafen, 100 bis 500 Schweinen, je nach Jahreszeit, mit 25 Hühnern, 10 Kaninchen, einem Maulesel und 10 900 Mandel-, Oliven-, Johannisbrotbäumen und Eicheln liefernden Eichen. Das sind 65 Hektar auf 225 bis 250, oft nur tischgroßen Terrassen. Frühstück um 6.30, Abendbrot um 20.30 Uhr, eine Siesta, die im Winter eine Stunde dauert, in der Sommerhitze bis zu vier Stunden – aber dann wird fast bis Mitternacht gearbeitet.

Munar, seine Frau, die beiden Söhne und der Schwiegervater sind Selbstversorger: vom Brot bis zum Wein, vom Öl bis zur Holzkohle. Sie schlachten und brennen Schnaps, gehen zur Jagd auf Rebhühner, Drosseln und wilde Ziegen. Es gibt Elektrizität auf „Planici" und somit Kühlschrank und Fernsehen, aber kein Telefon. Dafür Funk, um Anweisungen seines Herrn aus Palma entgegenzunehmen. Der handelt mit Olivenöl und hat auf seinem Landsitz einen Flügel für sich reserviert – für die Wochenenden. Der Patron über seinen Pächter: „Ein vernünftiger Mann, aber die Entscheidungen treffe ich."

Fragt man Munar, was er schön findet an seinem Leben, sagt er: „Die Freiheit, die Romantik, ich kann mein Brot verdienen."

Und hat sich ein Amo je selbständig machen können?

„Davon habe ich nie gehört", antwortet Munar. „Mein Großvater hat so gelebt, mein Vater auch, und meine Söhne werden's wohl genauso halten wie ich." □

Abendliche Runde im begehbaren Kamin, in dem heute ein Ofen steht

Pause bei der Johannisbroternte oben in den Bergen

136 GEO

halbfeudaler Abhängigkeit und doch Herr seines Tages. Mit einem Fabrikarbeiter mag er nicht tauschen

Die Finca Planici am 932 Meter hohen Berg Planicie

Pächter Munar verkehrt mit Patron Ballé über Funk

Petra Munar in der Küche, sie muß Vorräte anlegen

Pächtersohn Paco, dessen Mutter Petra Munar, der Knecht Juan und Vater Jaime, der Pächter

Jaime Munar beim Olivensammeln

Die Schweinehaltung bringt dem Patron das meiste Geld

Das wöchentliche Brotbacken ist eine feierliche Handlung

Tips und Informationen – auch für diejenigen, die glauben,

Vor der Abreise

Man weiß das: Die Zeitwahl ist wichtig, wenn man die Wahl des Urlaubsortes getroffen hat. Man geht nicht auf der Höhe der Regenzeit in ein tropisches Land und möglichst nicht im grimmen Winter nach Moskau, also sollte man auch nur, wenn das unbedingt sein muß, im Hochsommer nach Mallorca reisen. Denn dann erreichen dort die Tages- und Nachttemperaturen lähmende Höhen.

Mallorca ist, was immer smarte Reiseveranstalter Ihnen erzählen, auch kein Platz, um bei behaglichen Temperaturen zu überwintern: Es wird in der kalten Jahreszeit auch auf der Insel lausig kühl (siehe Wetter- und Klimaangaben Seite 160). Wenn Sie erholungs- und insbesondere kreislauffreundliche Temperaturen brauchen: In den Monaten vom April bis Juni ist es auf Mallorca angenehm und warm und dann wieder im September. In dieser Zeit verspricht das Wetter so zu sein wie bei uns ein durchschnittlich schöner Sommer.

Eins ist jedenfalls richtig: Kein klimatisch so günstiger und zugleich von der Geographie so reizvoller Platz ist so bequem zu erreichen.

Anreise im Flugzeug

Rascher und einfacher geht es kaum: Sie besteigen in Deutschland die Maschine und sind nach einer Flugzeit von etwa zweieinhalb Stunden in Palma de Mallorca. Neben der beim Reiseveranstalter gebuchten Reise und dem Linienflug zum Höchsttarif werden vergünstigte Flüge, allerdings nur von bestimmten Flughäfen aus, angeboten: Wer kein Pauschalarrangement kauft, kann eine Menge Geld sparen, wenn er sich gründlich im Dschungel der Flugpreise umsieht.

Mit Auto & Schiff

Mehrköpfige Familien müssen rechnen, erstens sowieso und zweitens insbesondere vor dem Urlaub. Seit – sowohl in Frankreich wie in Spanien – die Benzinpreise gestiegen sind, die Autobahngebühren erhöht wurden und die in staatlicher Regie verkehrende Fähre Barcelona–Palma ihre Monopolstellung mit kräftigen Preiszuschlägen nutzt, macht die Anreise einen fetten Brocken im Urlaubsbudget aus. Wer dennoch die teure Strapaze der Anreise auf eigenen Rädern auf sich nehmen will: Schiffsverbindungen von Barcelona nach Palma – die Überfahrt dauert acht Stunden – und von Sête nach Palma – Überfahrt ca. 16 Stunden – sind bei der Reederei Trasmediterránea zu buchen.

Viele blicken auf Mallorca herab: Touristen beim Anflug auf Palma

Formalitäten

Der Flughafen Palma bringt es im Jahr auf mehr als neun Millionen Passagiere. Nicht wenige von ihnen empfanden bisher die Gepäckabfertigung als schleppend bis chaotisch. Das soll anders werden: Neue Abfertigungshallen sind geplant. Die Paßkontrolle geht vergleichsweise unkompliziert vor sich. Man gibt nur die bereits im Flugzeug ausgefüllte Einreisekarte ab. Auch die Zollabfertigung wird im allgemeinen großzügig gehandhabt, aber versuchen Sie nicht, Videogeräte und -kameras an den Beamten vorbeizuschmuggeln. Sie riskieren Strafe. Hinterlegen Sie lieber die – recht hohe – Kaution, die bei der Ausreise zurückerstattet wird. Kunstgegenstände und wertvoller Schmuck dürfen nur gegen Genehmigung ausgeführt werden; im Zweifelsfall informiert Sie darüber der Händler.

Rat & Hilfe

„Kontaktbüro" nennt sich eine Einrichtung in Palma, die der mit Land und Leuten vertraute Münchner Max Waldhör ins Leben gerufen hat und betreibt. Sein Etablissement ist freilich nicht mit einem „Kontakthof à la St. Pauli in Hamburg zu vergleichen: Bekanntschaften werden bei Waldhör nicht vermittelt und Reeperbahn-„Bekanntschaften" schon gar nicht. Bei Schwierigkeiten mit Behörden – etwa auf Grund mangelnder Sprachkenntnisse – aber finden Sie unbürokratisch Hilfe. Das Büro in der Calle Poeta Tous y Maroto 5 (Tel. 22 14 81) ist zudem etwas wie eine Detektei.

Telefon

Die öffentlichen Telefone stammen durchweg aus jüngerer Zeit. Decken Sie sich mit 25- und 50-Pesetenmünzen ein; das Geld wird in eine Rinne gelegt und fällt ein, sobald der Teilnehmer sich meldet. Nach der Auslandsvorwahl 07 muß ein Pfeifton abgewartet werden, ehe Sie weiterwählen. Für die Bundesrepublik 49, dann Ortsvorwahl ohne jene Null, mit der sie hierzulande beginnt, schließlich die Nummer des Teilnehmers.

Post

Nicht für jede Postkarte ist der Gang zum Postamt (Correos) notwendig. Briefmarken bekommen Sie in den mit den Farben der spanischen Flagge gekennzeichneten Tabakläden (Estancos) und zuweilen sogar auch in Gemischtwarenläden mit Tabakwarenverkauf. Das Hauptpostamt in Palma und allen größeren Orten müssen Sie für postlagernde Sendungen, Telegramme und Einschreiben aufsuchen.

Medizinisches

Bei Unfällen und Krankheiten leisten Centros Medicos Erste Hilfe und sorgen, wenn's schlimm steht, für den Transport ins Krankenhaus. Besorgen Sie sich vor Reiseantritt bei Ihrer Krankenkasse den rosa Krankenschein SP/A11. In den „Farmacias", den Apotheken, bekommt man viele Medikamente ohne weiteres, die in Deutschland nur gegen Rezept ausgegeben werden.

Trinkgeld

Beim raschen Kaffee oder Campari merken Sie schon selber: Der Kellner erwartet gar keinen „Tip". Hingegen rundet man als zufriedener Gast im Speiserestaurant den Betrag bis zu zehn Prozent auf. Natürlich freuen sich auch Taxifahrer und Tankwart über ein Trinkgeld; dem Fremdenführer steht es sogar zu.

Lesestoff

Deutsche Zeitungen und Zeitschriften sind auf Mallorca an jenen Orten, in denen viele Touristen ihren Urlaub verbringen, zumeist mit nur wenigen Stunden Verspätung am Kiosk. Die Auswahl an deutschsprachiger Ferienlektüre ist umfangreich.

Polizei

In drei verschiedenen Farben amtieren die Ordnungshüter Spaniens. Falls der Fall eintritt, daß Sie deren Hilfe benötigen, sollten Sie wissen: Braun kleidet sich die Poli-

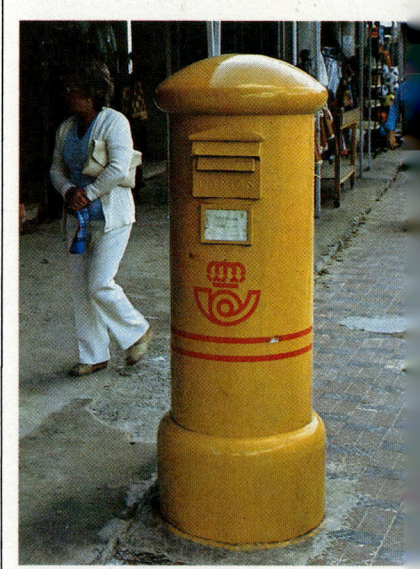

Mallorca läßt grüßen: Briefkasten

138 GEO

Mallorca längst zu kennen

info

cia Nacional, die zuständig bei Diebstahl und Raub ist. Die grünbetuchte Guardia Civil, die paramilitärische Bereitschaftspolizei, tritt am häufigsten in Erscheinung und sorgt allgemein für das, was die Behörden unter „öffentlicher Ordnung" verstehen. Die Policia Municipal in blauen Uniformen regelt den Straßenverkehr und kommt bei Verkehrsunfällen mit Verletzten sowie bei Schlägereien. Notruf 0 91 (Policia Nacional) oder 0 92 (Policia Municipal).

Mietwagen

Ärgern Sie sich nicht über Kleinigkeiten, wenn Sie ein Auto mieten. Die Scheibenwischerblätter hängen in Fransen? Benzin sprudelt aus dem defekten Tankverschluß? Das bringt den Autovermieter nicht aus der Ruhe, aber: Nehmen Sie ihm das Auto nicht ab, wenn Sie Grund zu der Annahme haben, das Fahrzeug sei unsicher. Die Zahl der Rent-a-Car-Firmen ist Legion, der Preiskampf verbissen. Nutzen Sie ihn aus.

Straßenverkehr

Anders als etwa in Deutschland ist dem Mallorquiner das Autoblech nicht heilig, wie Sie den Dellen und Beulen ansehen können, die viele Autos mit sich herumfahren. Man fährt auf Mallorca ein bißchen unbedenklicher als bei uns, aber: Das Anschnallen außerhalb von Ortschaften ist Pflicht; „oben ohne" kostet Strafmandate.
Auf den engen Bergstraßen sind ständig Touristenbusse unterwegs. Wenn die durch eine Kurve kommen, wird's knapp. Sollten Sie im Glauben fahren, die rechte Seite gehöre grundsätzlich Ihnen, kann es krachen.
Höchste Gefahr besteht bei und nach Regenfällen: Ölpartikel, Staub und Reifenabrieb bilden einen Film von schmierseifenartiger Glätte.
Bevor die Benzinuhr Rot zeigt, sollten Sie tanken: Ab 22.00 Uhr sowie an Sonn- und Feiertagen machen die meisten Tankstellen dicht.
Schließlich: Wenn Sie nach nächtlichem Palma-Bummel Ihren Wagen nicht wiederfinden, muß er nicht gestohlen sein. Im Parkverbot abgestellte Autos werden abgeschleppt. Wohin es gebracht wurde, verrät ein am Straßenrand angebrachter Aufkleber.

Taxis

Alles hat seine Ordnung: Der Stadtbereich Palma ist in Tarifzonen ein-

Siesta – zwischen 12 und 16 Uhr läuft nichts: Pferd und Droschkenkutscher in Arenal

geteilt, in den Badeorten hingegen sind an den Taxiständen die wichtigsten Ziele mit den jeweiligen Fahrpreisen versehen. Ein grünes Licht auf dem Dach oder hinter der Windschutzscheibe signalisiert „Frei".

Ein PS

Von einem Pferd durch Palma kutschiert zu werden ist für die Beteiligten und auch für die Passanten lustig, denn die erfreut der Anblick der luftigen Droschken. Der Standplatz in Palma liegt günstig entlang der Gartenanlage S'Hort del Rei unterhalb von Kathedrale und Almudaina-Palast.

Fotoservice

Eine schwarze Kamera auf gelbem Grund zeigt an, daß in diesem Geschäft Ihr Farbfilm binnen 24 Stunden entwickelt wird. Dies gilt indes nicht für Dia-Filme, die Sie am besten daheim bearbeiten lassen.

Bares

Davon kann man nie genug haben, meinen die Mallorquiner und haben ein dichtes Netz von Banken und Wechselbüros über die Insel gelegt. Tauschen Sie in Deutschland nur einen geringen Betrag für die ersten Ausgaben, mehr Peseten bekommen Sie nämlich, wenn Sie in Spanien Euroschecks einlösen. Geöffnet sind die Banken von 9.00 bis 14.00 Uhr, allerdings auch samstags bis 13.00 Uhr). Beim Tausch an der Hotelrezeption verlieren Sie ein paar Prozente.

Wenn was nicht gefällt

Wenn es im Umgang mit Hotel, einem Geschäft oder einem Taxifahrer einen Ärger gibt, dem Sie Luft machen wollen, müssen Sie für Ihr Monitum den amtlichen Beschwerdebogen (hoja de reclamación) benutzen, den es auf Verlangen gratis gibt. Alle öffentlichen Betriebe, von der Fluggesellschaft bis zum Restaurant, sind verpflichtet, sie auszuhändigen. Geschäftsführer versuchen oft, mit Ausflüchten die Herausgabe zu verhindern. Bei einem blanken „Nein" sollten Sie sich direkt an den Fomento del Turismo wenden, ansonsten schickt man den ausgefüllten Bogen dorthin (Palma, Avenida José Antonio 1, Tel. 21 53 10), der rosa Durchschlag geht an das kritisierte Unternehmen.

Urlaubsorte

Als 1934 der Reiseveranstalter Dr. Tigges die ersten deutschen Pauschalreisenden – es waren ihrer 37 – nach Palma brachte, trug Mallorca den Beinamen „Insel der Stille" noch zu Recht. 88 Pensionen mit kaum mehr als 600 Betten machten die gesamte Hotellerie aus. Daraus sind inzwischen fast 1250 Hotels aller Klassen und über 170 000 Betten geworden, so viele, wie ganz Griechenland anzubieten hat. Der Bau immer neuer, immer größerer Hotels, neuer Autostraßen, neuer Geschäfte, neuer Versorgungs- und Amüsierbetriebe, hat Bild und Stimmung fast aller Küstenzonen stetig vergröbert. Das jedoch hat der Beliebtheit Mallorcas als Ferienziel keinen Abbruch getan – im Gegenteil: Die Zahl der Übernachtungen steigt immer noch. Hier, von Palma aus im Uhrzeigersinn gesehen, die Orte, in die es die Urlauber zieht:

Cala Major
Ferienort aus der Retorte an einer muschelförmigen Bucht 4 km außerhalb Palmas mit vielen Boutiquen, Cafés, Restaurants, Bars an der West-Autostraße. Hotel-Swimmingpools säumen den zu schmalen Strand. Pinienwaldungen umgeben die Hotels; neuer Yachthafen. Ein Zentrum des Pauschal-Tourismus.

Illetas
Knapp zehn Kilometer von der City von Palma entfernt; Ferienort gehobenen Stils mit vielen Sommerhäusern, Villen und Hotels mit Pools, aber ohne Boutiquen-Zauber und Aprés-Strand. Tennis, Segeln, Wasserski.

Portals Nous
Eine der ältesten Feriensiedlungen Mallorcas – 1932 gegründet; Sommersitz vieler Spanier und Ausländer. Vorwiegend Pensionen, nahe der klippenbegrenzten kleinen Badebucht liegen. Nahe gelegen auch das „Marineland" mit seiner Delphinschau.

GEO 139

»Diese Insel ist lateinischer als alle anderen; ein Land, wo man ausruhen und träu
Santiago Rusiñol i Prats, katalanischer Maler und Dichter (1861–1931)

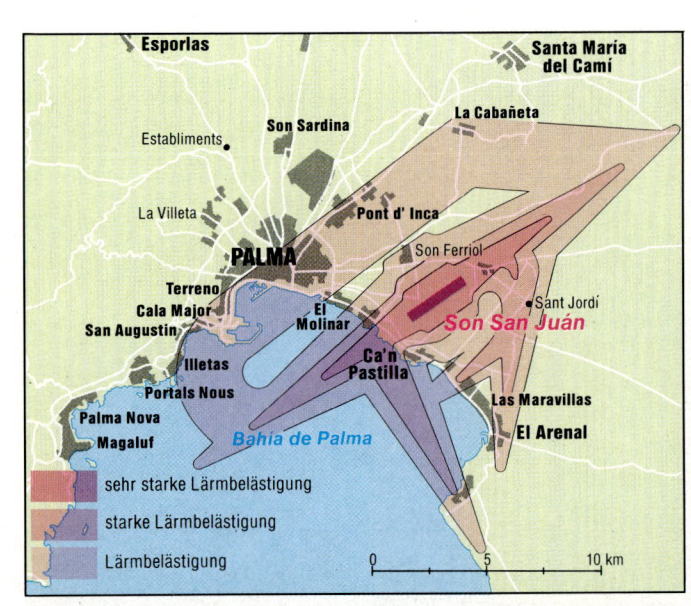

Wegen seiner hohen Verkehrsdichte ist der Flughafen Son San Juán für Palma und die stadtnahen Strände eine ständige Lärmquelle. Die verschiedenen Lärmzonen von Nordost nach Südwest zeigen deutlich die Einflugschneise. 1,5 Kilometer von der Landebahn des Aeropuerto entfernt, bringt die Lärmschleppe immer noch 100 dB, kaum weniger als Disco sound (120 dB). Nach 10 Kilometern ist ein Düsenriese mit 60 dB akustisch zu einem Rasenmäher geschrumpft. Immerhin – so manchen stört auch das noch

Palma Nova/Magaluf
Ineinander verschmolzene Ferienzentren am Westufer der Bahía de Palma von etwa 5 km Länge mit gehobener Hotellerie, Uferpromenade, gepflegtem, bis 25 Meter breitem Sandstrand. Spielcasino.

Santa Ponsa
Eine der am schnellsten wachsenden Urlaubersiedlungen, vorwiegend deutsches Publikum, gelegen an einer fast rechteckigen Bucht mit 400 Meter langem und bis 50 Meter breitem gepflegten Sandstrand. Neuer Yachthafen, Golfclub, Wasserski-Rundkurs.

Paguera
Zur Stadt herangewachsener Ort mit großen Urlauberzahlen und entsprechend vielen Bars, Geschäften, Nachtclubs, Hotels und Reklametafeln an der Hauptverkehrsstraße Palma–Andraitx. 400 mal 60 Meter Sandstrand vor Pinien, gut für Schnorchler, Windsurfer, Segler; hauptsächlich deutsches Publikum. Das Hotel „Aldea" im benachbarten Cala Fornells mit seinen Dach- und Restaurant-Terrassen, Balkonen, Treppen und Arkaden gilt als Schmuckstück mallorquinischer Badeortarchitektur.

Camp de Mar
Intimer kleiner Badeort mit 100 mal 50 Meter Sandstrand in einer der landschaftlich und architektonisch schönsten Gegenden der Insel.

Puerto de Andraitx
Sommerfrische von Künstlern und anderen Zelebritäten mit altem schönen Hafen, dem eine moderne Marina zugesellt wurde; ideal für jeden Wassersport. Ruhig und noch relativ wenig geprägt von den modernen Zeiten. Auf den umliegenden Hügeln wächst die Zahl der Apartmenthäuser, und in der benachbarten Cala Llamp steht neuerdings ein Tausend-Betten-Monstrum, ein Hotel, das einem reichen Ägypter gehört.

San Telmo
Romantischer, kleiner Badeort am westlichsten Zipfel Mallorcas, gerade vom Fremdenverkehr entdeckt, aber noch nicht überlaufen. Billige Privatunterkünfte, schöner Strand, benachbarte kleine Felsenbucht für FKK und Schnorchler.

Estellenchs
Erster der kleinen Badeorte an der NW-Küste, 500 Einwohner, vom Tourismus kaum verändert, umgeben von Olivenhainen und Gärten; 3 Privatpensionen, nur ein Hotel; eine felsenumrandete kleine Badebucht 20 Gehminuten entfernt; sehr ruhig.

Banyalbufar
600-Seelen-Ort über terrassierten Berghängen mit schmaler Badebucht, deren Strand vornehmlich aus Feingestein besteht. Architektonisch unversehrt. Billige Privatunterkünfte; ruhig.

Valdemosa
Der durch Chopin und George Sand berühmt gewordene Bergort mit seinen nur 16 Fremdenbetten ist eines der meistbesuchten Besichtigungsziele der Insel. Sieben Kilometer entfernt davon Port de Valldemosa: kleiner Hafen zwischen Klippen, ideal für Taucher und Schnorchler. Ein Abstecher lohnt sich.

Deyá
Das auf einem Bergkegel in 211 Meter Höhe gelegene kleine Dorf (500 Einwohner) im westlichen Bergmassiv mit seinen Gäßchen und der Pfarrkirche auf dem Gipfel des Ortsberges gehört zu den berühmten Künstlerrefugien Europas. In Deyá ist Mallorca, wie es war. Schmaler Fahrweg zum kleinen Sandstrand an der vorgelagerten Bucht; ideal für Unterwassersport.

Puerto de Sóller
Per Straßenbahn von Sóller (3 km) zu erreichen, der lebhaftesten Stadt nach Palma. Gelegen an einer fast kreisrunden Bucht mit Hafen und Marinestützpunkt. Ringsum wilde Küste mit steilen Felsabstürzen. Hotels und Pensionen blicken auf den Hafen. Strand nur 150 Meter lang, steinig, meist trübes Wasser. Zum Ausgleich bequeme Schiffsverbindungen nach San Telmo und zur berühmten Calobra.

Sa Calobra
Eine der eindrucksvollsten Paßstraßen Europas führt hinunter zu der von steilen Felsen umrahmten Badebucht mit ihrem feinen Sandstrand und dem im Sommer trockenen Mündungslauf des Torrent de Pareis mit seinen mehrere Hundert Meter hohen Felsufern. Es gibt hier nur ein Hotel.

Cala San Vicente
Vier Badebuchten mit 30 bis 60 Meter Länge sowie 9 Hotels und Pensionen beherbergen ein kleines Publikum von Kennern aller Klassen und Nationen. Cala San Vicente gilt als geheimster Tip der Individualtouristen.

Formentor
Vor 20 Jahren eine Oase der Stille mit einem der berühmtesten Luxushotels der Welt, ist die Halbinsel mit ihren weiten Sandstränden heute ein eher lauter Urlaubsplatz, dessen einheimische Bewohner sich die Fremden – vor allem Deutsche – mitunter mit Hilfe von Stacheldraht vom Halse halten. Die Strände gehören zu den weniger gepflegten.

Puerto de Pollensa
Hafen und Badeort des 6 km landeinwärts gelegenen Marktfleckens Pollensa mit ein Kilometer langem feinen Sandstrand, der zweimal täglich gereinigt wird. Die Flachbau-Hotels, in der Mehrzahl einfacher Kategorie, verschandeln die Landschaft kaum. Der Tourismus hat den Badeort belebt, ohne ihn zu verderben.

Puerto de Alcudia
Fischerhafen, der zum lebhaften Ferienplatz mit Hotelhochhäusern und anderer zweifelhafter Architektur wurde und zu den großen Zielen des Tourismus gehört. Yachthafen mit Segelschule. Südlich beginnt – 13 km lang – der längste Sandstrand Mallorcas, der noch relativ wenig überlaufen ist.

Playa de Muro
Mit Las Gaviotas und Santa Margarita als Begrenzung gilt der etwa 7 km lange Sandstrandabschnitt als

Mauren machten aus steilen Hängen blühende Gärten: Terrassenlandschaft bei Banyalbufar

info

eine der Perlen der Insel. Stichstraßen mit Parkplätzen und Restaurants führen von der Küstenstraße zu den Badeplätzen.

Ca'n Picafort
Lebhafte moderne Sommerkolonie mit ausgedehntem Sand- und Dünenstrand vor Waldungen, hauptsächlich von Deutschen und Engländern besucht. Seichter Einstieg ins Wasser, Strände gut gepflegt. Sporthafen. Nachts im Ortskern Lärm aus Spielsalons und Lokalen.

Colonia de San Pedro
Kleines Dorf mit 250 Einwohnern und eher bescheidenen Unterkünften vor einer karstigen Bergkulisse. Flacher Strand, kleiner Bootshafen, kaum Pauschaltouristen.

Cala Mesquida
Nahe einem unverfälschten Fischerdörfchen ein 200 mal 30 Meter großer brauner Sandstrand, der selbst in der Hochsaison nur an Wochenenden stark besucht wird. Berühmt klares Wasser. Zeltplatz und Bungalow-Dorf in der malerischen Landschaft der Sandbucht.

Cala Ratjada
Lebhafter und malerischer Fischer- und Ferienort, vorwiegend von Deutschen besucht und entsprechend geprägt. Hotels vorwiegend einfacher bis mittlerer Kategorie; keine Hotelburgen. Wasserski- und Tauchkurse, Pferde- und Segelbootverleih sowie Tennis-Center. Von den drei Stränden ist der 400 mal 40 Meter große helle Feinsandstrand an der stark besuchten nördlich gelegenen Cala Guya der berühmteste.

Playa de Canyamel
Ein Stück abgeschiedenes Mallorca mit Hotels und Ferienhäusern, die von Felsen, Wäldern und Parks umgeben sind. Heller, gepflegter Feinsandstrand, der schnell ins Wasser abfällt.

Cala Bona/Cala Millor
Hotel-, Hoch- und Flachbauten, Geschäfte, Bars und Restaurants auf drei Kilometern Länge am Strand; nachts oft starke Lärmbelästigung. Viel Betrieb auf dem 1,5 km langen flachen Feinsandstrand von Cala Millor.

S'Illot
Kleiner, ruhiger Badeort mit dezenter Bebauung und flach abfallendem Sandstrand. Ebenso wie in den Nachbarorten Cala Morlanda und Cala Moreya ist S'Illot ein sehr ruhiger Urlaubsort.

Porto Cristo
Lebhaftes Fischerstädtchen mit weit in den Ort hineinreichendem Hafen; einfache Hotels und Pensionen, Feriendörfer am Ortsrand. Strand mit 250 mal 25 Meter zu klein, aber gute Ausweichmöglichkeiten nördlich.

Calas de Mallorca/Cala Murada
Durch Hotelklötze und Massenquartiere für Tausende von Urlaubern verbaute ehemals reizvolle Küstenlandschaft. Badebuchten zu klein für den Ansturm. Bei Wind schwappen Seetang und Abfälle an den Strand.

Porto Colóm
Das um eine tiefe Hafenbucht gelegene Fischerdörfchen mit seinen 400 Einwohnern gewinnt durch fortschreitende Urbanisation des Umlandes immer mehr an Bedeutung. In der Hafenbucht kaum Bademöglichkeit, dafür aber ideal für Windsurfing. In der südlich gelegenen Badebucht Cala Marsal (80 mal 80 Meter) liegen die Urlauber dicht bei dicht.

Cala d'Or/Porto Petro
Architektonisch gutgelungenes Urlaubszentrum an vier benachbarten Buchten mit internationalem Wiederkehr-Publikum. 100 Meter gepflegter Sandstrand, Ausweichmöglichkeiten südwärts zur Cala Mondragó nahe dem Fischerdörfchen Porto Petro (100 Einwohner), das ideal für Stillesuchende ist.

Cala Figuera/Cala Santanyi
Am Ende eines kleinen Fjords gelegen, dessen Felswände sich im azurblauen Wasser spiegeln, ist das idyllische und ruhige Cala Figuera eher etwas für stille Genießer. Das größere Cala Santanyi hat den Strand (100 mal 200 Meter), der dem Nachbarort fehlt.

Colonia de Sant Jordí
Jährlich wachsende Besucherzahlen zeigen an, daß der noch eher schlichte Ort einem Wendepunkt zustrebt. Der 2 km lange saubere Dünenstrand am südöstlichen Ortsrand des benachbarten Ses Covetes, der heute noch kaum besucht wird, böte Raum für Tausende. Eine Reihe von anderen, ebenfalls fast menschenleeren Strandbuchten, die ausschließlich von See her zugänglich sind, werden mit Booten angefahren.

Obwohl reiche Beute selten geworden ist, zieht es die kleinen, aber unentwegten Fischer noch immer hinaus: Bootsschuppen in Porto Colóm

Noch gibt es stille Gassen: Sant Jordí

La Rápita
Das Hinterland des 300-Seelen-Ortes mit einem einzigen Hotel ist noch unverfälschtes Bauernland. Das Dorf liegt im Mittelpunkt eines etwa 12 km langen Strandes, an dem vorwiegend Mallorquiner Erholung suchen.

Cabo Blanch/Bahía Grande
Ein kaum besiedelter Klippenküstenstrich mit nur wenigen Unterkünften; Küstenstraße, von der aus sich ein herrlicher Fernblick bis zur Insel Cabrera und in die Bucht von Palma bietet. Von den Urbanisationen Bahía Grande und Son Vich aus Bootsverbindungen zu idyllischen Buchten.

Playa de Palma
Begrenzt von dem noch verhältnismäßig stillen Cala Blava im Süden und von Palma im Norden, bilden die ineinander übergehenden Urlaubsmetropolen El Arenal, Las Maravillas und Ca'n Pastilla mit ihren Hotelhochhäusern und nachgeordneten Establissements das größte Ferienzentrum Europas. Die vierspurige Autobahn im Rücken der Badenden und der nahe Flughafen sorgen für anhaltenden Lärm, der jedoch nicht zu stören scheint. Der dürftige Strand bei Ca'n Pastilla weitet sich auf El Arenal zu 40 Meter; er wird täglich mit Sorgfalt gereinigt. Seichter Einstieg ins Wasser, das heute als untadelig gilt.

»Mallorca ist ein gutes Fleckchen Erde, will man
Camilo José Cela, spanischer Dichter

Hotels

Im offiziellen Hotelführer von Mallorca werden 1245 Hotels mit zusammen 173 320 Betten genannt. Und es wird weitergebaut. Pauschalurlauber brauchen sich für die Nacht nicht zu sorgen, die meisten landen freilich in modernen Bettenburgen mit dem sterilen Charme, den Beton nun einmal ausstrahlt. Die folgende Auswahl soll deshalb erstens ein Wegweiser beim Studium der Reisekataloge sein und zweitens dem individuellen Urlauber die Qual der Wahl erleichtern helfen: Sie hat für jeden Geldbeutel und Geschmack etwas Passendes aufgelistet (OO = Luxus; O = Mittelklasse; ohne Kreis = einfach) – vom Nobelhotel bis zu den Hostals, die, manchmal etwas abseits der populären Strände gelegen, für erstaunlich wenig Geld ein Doppelzimmer mit Bad bieten.
Eine Regel gilt fast immer:
Je kleiner der Ort, um so niedriger die Preise, um so größer in der Regel die Ruhe und um so mallorquinischer Mallorca.

Palma und Umgebung

Aries
Calle Pornas 3, Stadtteil
El Terreno; Tel. 23 78 99.
Kein Luxus, eben ein Stadthotel, wie's mancher gern hat – mit gemütlichen, sauberen Zimmern, freundlicher familiärer Atmosphäre und ebensolchen Preisen. Schweizer Leitung. Im Januar und Februar geschlossen. O

Hostal Borne
Calle San Jaime 3; Tel. 21 29 42.
Altes Herrenhaus an einem malerischen Innenhof im Herzen von Palma, nur einen Steinwurf vom Paseo Borne entfernt. Ordentliche Zimmer, von denen die zur Gasse hin gelegenen jedoch etwas laut sind.

Jaime III Sol
Paseo Mallorca 14 B;
Tel. 22 59 43.
Zentral gelegenes Stadthotel – schlicht eingerichtete, teilweise laute Zimmer. Freundliche Rezeption. Restaurant und Cafeteria. O

Palas Atenea-Sol
Paseo Ingeniero Gabriel Roca 29;
Tel. 28 14 00.
Hier wohnt man exklusiv, aber direkt an der lauten belebten Uferstraße. Alle Zimmer haben Blick auf die Bucht von Palma. Sonnenterrasse mit Swimmingpool, außerdem Hallenbad. Das braucht's auch, weil der nächste Strand weit ist. OO

Hotel Menorquina
Santa Cilia 9; Tel. 22 21 06.
Kleines Familienhotel hinter futuristischer Schnörkelfassade der zwanziger Jahre. Einfach, solide und preiswert. Zentraler kann man kaum wohnen.

Hostal Archiduque
A. Luis Salvador 22; Tel. 25 16 45.
Ruhiges, familiäres Haus im herrschaftlichen Stil etwas außerhalb des Stadtzentrums beim Bahnhof gelegen. O

Son Vida
Urbanización Sonvida (5 km vom Stadtzentrum); Tel. 23 23 40.
Höher hinaus kann man auf der Insel kaum. Dieses Haus der Kategorie Grand Luxe hat als ernstzunehmenden Konkurrenten nur das berühmte Formentor. In einer riesigen Garten- und Parkanlage mit 18-Loch-Golfplatz und Reitwegen steht der Gebäudekomplex mit mittelalterlichem Turm und allem Luxus dieser Welt unterm Dach. Die Suite Jaime I. kostet 32 500 Peseten pro Nacht. Das schreckt Könige und Filmstars nicht ab; ansonsten kann man hier auch schon für ein Fünftel dieser Summe logieren. OO

Valparaiso Palace
Francisco Vidal s/n, Stadtteil Bonanova (4 km vom Stadtzentrum); Tel. 40 04 11.
In der Gesamtwirkung neureich, prunkhaft, pompös. Phantastisch die Lage auf einem Hügel über der Bucht von Palma. Sehr schöne Zimmer und Suiten. Unter den Gästen des letzten Jahres: König Hassan von Marokko, Farah Diba. OO

Berühmte Fassade: Hotel Menorquina

Auf der übrigen Insel

Reihenfolge der Ortschaften im Uhrzeigersinn von Palma aus gesehen

Illetas

Bon Sol
Tel. 40 21 11.
Reizendes kleines Hotel mit Apartamentos, in dem auch Einzelreisende ein Zimmer finden. Etwas für Anspruchsvolle. Herrlicher Blick auf Palma und das Meer. Eigener kleiner Strand, schicke Gartenbar. OO

Paguera

Villamil
Carretera Andraitx; Tel. 68 60 41.
Die Rittersleut' haben dem eleganten Hotel direkt an der Hauptstraße den Stempel aufgedrückt: Zinnen, weite Halle, Ritterrüstungen, Waffen-Salon. Als eines der beiden Luxus-Hotels von Paguera bietet es allen Komfort. Große, von Pinien beschattete Terrasse mit Swimmingpool. OO

Club Galatzó
Costa de la Calma, Aptdo.;
Correos 31; Tel. 68 62 70.
Auf einer Anhöhe über der Küste steht dies Hotel mit dem markanten Arkaden-Rundbau. Sportlich locker geht's zu, der Tennisdress wird so selbstverständlich getragen wie der Bikini am Swimmingpool. Im Hauptflügel schöne Zimmer mit großer Terrasse und Meerblick (Zimmernummern: 151–160). 7 Tennisplätze, Squash und neue Tennishalle. Idealer Platz für den aktiven Urlaub. OO

Hostal Villa Columbus
Pinonzes 5; Tel. 68 68 53.
Gepflegte Bungalowanlage mit Pool abseits vom Trubel: das richtige, wenn Sie Ihre Ruhe haben wollen. Ein Geheimtip für Paguera. Geöffnet 1. April bis 31. Oktober. O

Camp de Mar

Apartamentos Camp de Mar
Tel. 67 10 00.
Sehr ansprechend eingerichtete Apartments, mit Blick auf die malerische Bucht. Restaurant und Swimmingpool. O

Puerto de Andraitx

Brismar
Av. Mateo Bosch; Tel. 67 16 00.
Gut geführtes, älteres Haus der Mittelklasse am Hafen. Gemütliche Aufenthaltsräume, Hausbar und Ka-

Wohnen wie in alten Zeiten: Hotel Borne

Superlative mit Fernblick: Hotel Valparaiso

in Ruhe leben und arbeiten» info

minzimmer. Viel englisches Publikum, bekannt gute Küche. Ganzjährig geöffnet.

Estellenchs

Hostal Maristel
Eusebio Pascual 10; Tel. 61 02 82.

Einfaches, aber ausreichend eingerichtetes Gästehaus mit Tanzdiele, Tennisplatz und Swimmingpool; wunderbare Aussicht auf die Felsenbucht von Estellenchs. O

Pension Montimar
Pza. España 7; Tel. 61 00 56.

Einfaches Haus mitten in der dörflichen Umgebung mit schönem und schattigem Terrassengarten. Zimmer nur mit einfacher Waschgelegenheit.

Banyalbufar

Hostal La Baronía
Tel. 61 01 21.

Hoch über den Terrassen, am Ortsrand, liegt dieser stattliche, alte Bau. Er besteht eigentlich aus mehreren Teilen, darunter einem Wehrturm aus dem 16. Jahrhundert. Die Atmosphäre ist spanisch-familiär. Einfach, niedrige Preise, Schwimmbecken. Geöffnet 1. April bis 31. Oktober.

Deyá

Costa d'Or
In Lluch Alcari, 3 km in Richtung Sóller; Tel. 63 90 25.

Das Häuserensemble Lluch Alcari, unterhalb der Landstraße am Hang gelegen, ist ein charmantes Plätzchen mit weiter Aussicht auf die Küste. Das ruhige, gepflegte Hotel hat 41 Doppelzimmer. Geöffnet 1. April bis 31. Oktober.

Es Molí

Carretera Valdemosa
Tel. 63 90 00.

Eines der schönsten Hotels an der wildromantischen Nordküste, erstklassig geführt, inmitten herrlicher, terrassenartiger Grünanlagen. Großes Quellwasserschwimmbecken. Zum hoteleigenen Strand verkehrt gratis ein Kleinbus. Schöne Zimmer und ausgezeichnete Küche. Geöffnet Mitte April bis 25. Oktober. OO

Puerto de Pollensa

Illa d'Or
Colón s/n; Tel. 53 11 00.

Eröffnet 1929, also vor der Beton-Ära. Vornehm-spanisch außen wie innen. Hohe, alte Bäume spenden Schatten. Strandterrassen und eigener Boots-/Badesteg. Besonders älteres Publikum fühlt sich hier wohl. Geöffnet 1. April bis 31. Oktober. O

Sis Pins
Anglada Camarasa; Tel. 53 12 00.

Klein und gemütlich, im Schatten hoher Pinien. Zentral gelegen, also vom Badestrand ein Stück weg. Gehobene Preislage. O

Uyal
Paseo de Londres; Tel. 53 15 00.

Hotel mit spanischem Flair. Große, rustikal eingerichtete Halle mit offenem Kamin; umgeben von Palmen und Pinien. Schöner Swimmingpool und befestigter Strand. Geöffnet 1. April bis 31. Oktober. O

Formentor

Hotel Formentor
Playa de Formentor; Tel. 53 13 00.

Das berühmteste Hotel Mallorcas, eins der großen Häuser der Welt. Die Gästeliste der letzten 30 Jahre liest sich wie eine Litanei von bekannten Namen aus Politik, Wirtschaft und internationaler Gesellschaft. Churchill schmauchte hier seine dicken Zigarren, Grace Kelly speiste hier während des Honeymoons mit Fürst Rainier, Helmut Schmidt erholte sich hier von den Regierungsgeschäften. Eine Oase der Ruhe, an einer geschützten Bucht inmitten herrlicher Park- und Gartenanlagen. Für jüngere Leute vielleicht zu ruhig und abgeschieden. OO

Cala Millor

Playa Cala Millor
Urb. Sa Maniga; Tel. 56 70 75.

Trotz seiner 242 Zimmer ein angenehmes, gepflegtes Hotel, in dem man sich auch in der Hauptsaison wohl fühlt. Geeignet besonders für Familien, verschiedene Einrichtungen für Kinder. Schöne Lage am weißen Sandstrand, ein wenig abseits von den anderen Hotelanlagen. Geöffnet 1. April bis 31. Oktober. O

Porto Colóm

Club Hotel Marivista
Hermanos Pinzón; Tel. 57 50 00.

Hotel für einen sportlichen Urlaub, mit Swimmingpool, Tennisplatz, Minigolf-Anlage. Es wird Reitunterricht für Anfänger und Fortgeschrittene angeboten.

Wo die größten Bettentürme stehen

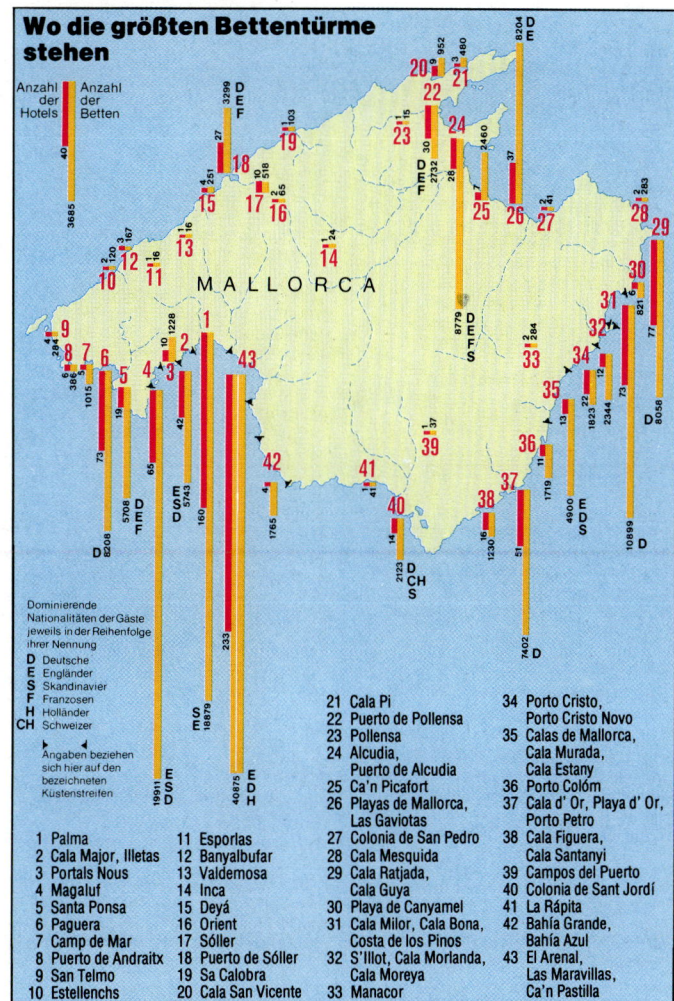

Anzahl der Hotels / Anzahl der Betten

Dominierende Nationalitäten der Gäste jeweils in der Reihenfolge ihrer Nennung
- D Deutsche
- E Engländer
- S Skandinavier
- F Franzosen
- H Holländer
- CH Schweizer

Angaben beziehen sich hier auf den bezeichneten Küstenstreifen

1. Palma
2. Cala Major, Illetas
3. Portals Nous
4. Magaluf
5. Santa Ponsa
6. Paguera
7. Camp de Mar
8. Puerto de Andraitx
9. San Telmo
10. Estellenchs
11. Esporlas
12. Banyalbufar
13. Valdemosa
14. Inca
15. Deyá
16. Orient
17. Sóller
18. Puerto de Sóller
19. Sa Calobra
20. Cala San Vicente
21. Cala Pi
22. Puerto de Pollensa
23. Pollensa
24. Alcudia, Puerto de Alcudia
25. Ca'n Picafort
26. Playas de Mallorca, Las Gaviotas
27. Colonia de San Pedro
28. Cala Mesquida
29. Cala Ratjada, Cala Guya
30. Playa de Canyamel
31. Cala Milor, Cala Bona, Costa de los Pinos
32. S'Illot, Cala Morlanda, Cala Moreya
33. Manacor
34. Porto Cristo, Porto Cristo Novo
35. Calas de Mallorca, Cala Murada, Cala Estany
36. Porto Colóm
37. Cala d'Or, Playa d'Or, Porto Petro
38. Cala Figuera, Cala Santanyi
39. Campos del Puerto
40. Colonia de Sant Jordí
41. La Rápita
42. Bahía Grande, Bahía Azul
43. El Arenal, Las Maravillas, Ca'n Pastilla

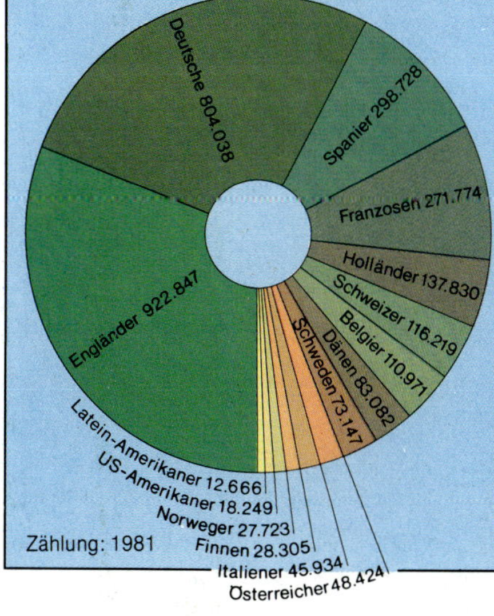

Zählung: 1981

- Deutsche 804.038
- Engländer 922.847
- Spanier 298.728
- Franzosen 271.774
- Holländer 137.830
- Schweizer 116.219
- Belgier 110.971
- Dänen 83.082
- Schweden 73.147
- Latein-Amerikaner 12.666
- US-Amerikaner 18.249
- Norweger 27.723
- Finnen 28.305
- Italiener 45.934
- Österreicher 48.424

Nicht die Deutschen, sondern die Briten haben das größte Stück vom touristischen Nationalitätenkuchen Mallorcas. Zwar wird die genaue Verteilung der Urlauber nach Staatsangehörigkeit nur insgesamt für die Insel festgestellt, aber dennoch ist bekannt, an welchen Strandabschnitten Deutsche, Engländer oder Holländer dominieren. Und der Trend hält an: Deutsche zieht es zu Deutschen, Engländer zu Engländern, Franzosen zu Franzosen, Holländer zu Holländern. Die spanischen Urlauber sind die einzigen, die sich einigermaßen gleichmäßig auf alle Ferienorte verteilen. Bei ihnen ist auch der Anteil der Individualtouristen viel höher.

»**Der Mallorquiner scheint für den Gast immer Zeit zu haben. Dabei denkt er weni**
José Moll Marquès, spanischer Schriftsteller

Restaurants

Barbecue und Spanferkel sind keineswegs die kulinarischen Höhepunkte. In Palma und vielerorts auf der Insel können Sie mit deftiger Landeskost zufriedengestellt, wie mit raffinierter cuisine verwöhnt werden – eine Preisfrage. Doch der Abend in einem exquisiten Schlemmerlokal muß nicht den finanziellen Ruin bedeuten. Zu Hause bekommen Sie für Ihr Geld in jedem Fall weniger. Umstellung erfordern die Essenszeiten: mittags zwischen 13.00 und 16.00 Uhr, abends ab 19.00 Uhr, aber vor 21.00 Uhr sollten Sie sich jedoch nicht zu Tisch begeben. Dann wird's in Spanien erst gemütlich.

Palma

Caballito de Mar
Paseo de Sagrera 5; Tel. 22 10 74.

Einen Steinwurf von der Lonja am palmengesäumten, hafennahen Paseo de Sagrera gelegen, erfreut sich „Caballito de Mar", das Seepferdchen, regen Zulaufs. Am liebsten sitzen die Gäste an weißgedeckten Tischen im Freien. Der Küchenchef macht sich insbesondere für Fisch stark, und hier sollten Sie die Spezialität des Hauses, Lubina (Seebarsch) a la Sal probieren.

Casa Eduardo
Lonja de Pescado/Contramuelle; Tel. 22 11 82.

Meinen Sie, das Mittelmeer sei inzwischen leergefischt? Gehen Sie in die Casa Eduardo, Schlips und schniekes Jackett können Sie getrost im Schrank lassen. Volkstümlich geht's zu in den spartanisch ausgestatteten Gasträumen. Und es kommen Fisch und Meeresfrüchte fangfrisch aus den benachbarten Markthallen auf den Tisch. Ist schon das Essen delikat, so sagt man sich spätestens beim Anblick der Rechnung: Ich komme wieder.

Celler Montenegro
Calle Montenegro 12.

Zum Paseo Borne sind's nur ein paar Schritte. Das ist nicht der einzige Grund, weshalb es im rustikalen Kellergewölbe um die Mittagszeit gerammelt voll ist: Wo bekommt man schon sonst ein so nahrhaftes Menü für so wenig Geld? Die Einheimischen sind hier vorwiegend unter sich; der Tourist profitiert von ihrem Qualitäts- und Preisbewußtsein.

Celler Sa Premsa
Plaza Obispo Berenguer de Palou; Tel. 22 35 29.

An den Wänden Reihen dicker Weinfässer, vergilbte Stierkampfplakate, eine hohe Balkendecke und darunter Dutzende von Tischen im trüben Schein schwacher Glühbirnen; dies ist der berühmteste ehemalige Weinkeller Palmas, eine Kultstätte deftiger Tafelfreuden. Die umfangreiche Speisenkarte, mit zusätzlich 20 Tagesgerichten, ist seit Jahren die gleiche, das heißt: mallorquinisch. Ein Dutzend Kellner, mancher von ihnen ist schon 30 Jahre im Betrieb, meistern ihre Aufgabe mit Bravour. Die gleichen Gerichte, ebenso preiswert, bekommt man im Schwesterunternehmen im Stadtteil El Terreno, Avinguda Joan Miro 33 an der Plaza Gomila.

Circulo Mallorquin
Calle Conquistador 11; Tel. 22 60 26.

Der „Circulo Mallorquin", der mallorquinische Kreis, ist die traditionsreiche Vereinigung von Palmas (abgetretenem) Adel. Selbst die Kellner wahren hier Gesicht und Haltung. Unter Kronleuchtern, umgeben von hohen Wandspiegeln, speist man hier so einfach und billig, daß man unwillkürlich denkt: armer Adel.

Duende
Cecilio Metelo 3; Tel. 21 50 35.

Hier herrscht nobelgedämpfte Feierlichkeit. Die Blumendekorationen, die Gemälde berühmter spanischer Surrealisten an den Wänden, überhaupt die gesamte Ausstattung bezeugen erlesenen Geschmack und Stil. Dann die Seezunge Duende – die Küche hält, was der äußere Rahmen verspricht.

El Ancora
Paseo Marítimo; Tel. 40 11 01.

Pepe Vives weiß, was er seinem eleganten Publikum schuldig ist. Für ihn ist's eine tägliche Herausforderung, mit dem frischen Angebot des Marktes eine raffinierte Auswahl von Gerichten zu komponieren. Die Weinkarte hält mit dem kulinarischen Angebot Schritt. Ein Tisch am Fenster im ersten Stock beschert dem Gast eine herrliche Aussicht auf die lichterglitzernde Bucht. Tischreservierung ratsam.

El Gallo
Calle Teniente Torres; Tel. 23 74 11.

Ein Hahn spreizt über dem Eingang schmiedeeiserne Schwanzfedern, offenbar stolz auf das, was Sie geboten bekommen. Die Einfälle des Maître Julio Rubio muten zwar mitunter etwas abenteuerlich an, doch was ihm in Sachen „neue katalanische Küche" in den Sinn kommt, „Kabeljau mit Apfelwein" („merluza a la sidra") oder „Lammbraten mit Rosmarin" („cordero lechal asado al romero") ist bodenständig im Vergleich zu „Hühnerbrust mit Meeresfrüchten".

Ruft zur Hühnerbrust: der Hahn

El Patio
Calle Consignatarios Schembri 5; Tel. 23 24 41.

Auf den ersten Blick wundern Sie sich vielleicht über die umfangreiche Fotogalerie an den Wänden. Sie ist in einem halben Jahrhundert zustande gekommen. Berühmte Künstler und Schriftsteller, Politiker von Rang und königliche Hoheiten würdigen das Patio mit der Hinterlassung ihres Konterfeis. Es zählt zu den vornehmsten Plätzen auf Mallorca, obschon inzwischen mancher Konkurrent eine Kochlöffellänge voraus liegt. Samstag mittags und sonntags geschlossen.

Zum Trinken gehörte schon immer das Essen: alter Weinkeller Celler Sa Premsa

El Portalon
Calle de Bellver 9; Tel. 23 78 66.

Spanisch die Szenerie, international das Publikum und die Küche. An warmen Sommerabenden ist der Innenhof stimmungsvoller Rahmen für eine gelungene Mahlzeit. Telefonisch vorbestellen!

Gran Dragon
Calle Ruiz de Alda 5; Tel. 28 02 00.

Der Name „Großer Drache" sagt es schon: chinesisch. In schlichtem Rahmen – die attraktive Fassade sollte da nicht täuschen – ißt man sehr gut, vor allem Spezialitäten der kantonesischen Küche.

La Caleta
Calle del Marqués de la Cenia 61; Tel. 23 27 51.

Ein Menü aus Vor- und Hauptspeise, Dessert, Brot und Wein bekommen Sie hier für sage und schreibe 300 Peseten, und zwar mittags wie abends. Allein die herrliche Aussicht von der Terrasse hoch über dem Paseo Maritimo auf die Bucht von Palma ist das Geld wert.

La Rambla
Vía Roma 15; Tel. 22 11 90.

Das Vergnügen am Einkaufs- bzw. Stadtbummel erlahmt, wenn der Magen knurrt. Eine Tapa und ein Glas Wein dazu möbeln Sie in dieser urigen Tapas-Kneipe wieder auf. Mittwoch Ruhetag.

Le Bistrot
Calle Teodoro Llorente 4; Tel. 28 71 75.

Wie der Name sagt: Hier geht's französisch zu. An Marmortischen genießt man vorzügliche Gerichte der cuisine française – ohne das Attribut „nouvelle". Die Preise sind hoch, durchweg aber angemessen. Sonntags geschlossen.

Los Gauchos
Calle de San Magín 78; Tel. 28 00 23.

Zu lateinamerikanischen Klängen werden leckere Steaks und gut gewürzte Pfannengerichte serviert, die auch einen Gaucho zufriedenstellen würden. Lecker auch die große Auswahl an Happen für den kleinen Hunger. Sonntags geschlossen.

Marios
Calle de Bellver 7; Tel. 28 18 14.

Mittelpunkt dieses italienischen Restaurants im Stadtteil El Terreno ist die offene Küche, in der Signor Mario wirkt. Atmosphäre und Stimmung sind südländlich locker, die Qualität der Speisen hingegen schwankt in letzter Zeit. Mario, konzentriere dich auf deinen Kochlöffel! Dienstags und Mittwoch nachmittags geschlossen.

info

Naturista
**Calle Francisco Suau 14;
Tel. 20 41 85.**

Treffpunkt der Vegetarier und Anhänger von Reformkost. Auch wenn man nicht alles Fleischige für krankmachend hält, lernt man an heißen Tagen den Vorteil dieser Küche schätzen. Mit viel Phantasie ist die große Auswahl an Gerichten und Salaten zubereitet. Leckere Süßspeisen und zivile Preise. Sonntags geschlossen.

Orient Express
Marina 6; Tel. 21 11 83.

Eine mit Pfiff eingerichtete Crêperie, deren Räumlichkeit genau dem eines Waggons des legendären Orient Express entspricht. Es fehlt nur das monotone Klack-Klack, Klack-Klack der Schienen, wenn Sie die Crêpes Orient, mit Hühnchen und Curry, oder die Crêpes Transsibirien, mit Kaviar und Wodka, vertilgen. Sonntags Ruhetag.

Penelope
**Plaza del Progreso 19;
Tel. 23 02 69.**

Die Küche ist guter Durchschnitt, Geschäftsleute kommen gern. Siehe Bericht auf Seite 89.

Real Club Nautico
**Muelle de San Pedro 1;
Tel. 21 25 30.**

Königliches Format entdeckt der Liebhaber von Meeresfrüchten unter den Langusten im Bassin. Man zeigt darauf, und nach angemessener Frist steht die „Caldereta de Langosta" duftend vor einem.

Rififi
**Avenida Joan Miró 182;
Tel. 40 20 35.**

Dieses immer gut besuchte Fischrestaurant von durchschnittlichem Qualitäts- und Preisniveau ist beschrieben auf Seite 91.

Shanghai
**Calle Fray Juníperro Serra 3;
Tel. 23 79 22.**

Wer chinesische Küche liebt, wird hier nicht enttäuscht. Bewährter Durchschnitt, auch preislich.

Shangrila
Paseo Marítimo; Tel. 45 25 75.

Gilt als exklusivstes der palmesischen China-Restaurants. Auf der Speisenkarte sind zahlreiche Menüs für Gruppen aufgeführt. Da es trotzdem oft leer ist, kann's schon passieren, daß man sich etwas verloren vorkommt.

Svarta Pannan
Calle Brondo 5; Tel. 22 10 39.

In der „Schwarzen Pfanne" brutzelt kein Olivenöl, hier wird man vorwiegend auf schwedische Art beköstigt. Krögare, also Wirt, Rune Gärdlund weiß den Gast zu überzeugen, daß die Küche seiner Heimat eine Bekanntschaft wert ist. Samstag abends und sonntags geschlossen.

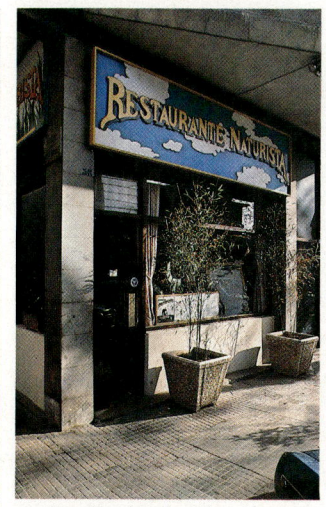

Violet
Calle Zanglada 2 A; Tel. 22 17 92.

Mit Spannung erwartet und sogleich eines der Top-Restaurants von Palma und ganz Mallorca ist dieses im Dezember 1982 eröffnete Restaurant in einem alten Palast mitten in der Altstadt. Der Meister, der in der Küche herrscht und exquisite Gaumengenüsse der französischen Küche zaubert, heißt José Mario Flo, ihm zur Seite steht eine charmante Andalusierin, seine Frau. Der herrschaftliche Speisesaal ist antik-rustikal möbliert, hohe Spiegel an den Wänden, offener, stilvoll dekorierter Kamin. Der Gast wird ausschließlich von weiblichem Personal betreut. Sonntags und Montag nachmittags geschlossen.

Xanadu
Plaza Gomila; Tel. 45 06 92.

Neueres chinesisches Restaurant, nicht schlechter als die etablierte Konkurrenz.

Nahe Palma
Genova

Das kleine Dorf, nur ein paar Kilometer westlich von Palma hübsch am Berg gelegen, ist der Geburtsort von Christoph Columbus. Das behaupten jedenfalls die Einwohner. Richtig indes ist jedenfalls, daß es einige Lokale gibt, die einen Ausflug wert sind.

Bei Hitze Vegetarisches: Naturista

Beim Essen Musikalisches: Ximbomba

Sa Ximbomba
Calle Camí del Reis 9.

Mallorquinische Gerichte, reichhaltige Salate. Hier stellen oft Maler aus und Musikanten sorgen für fröhliche Stimmung.

C'an Pedro
Rector Vives 4; Tel. 40 24 79.

Besonders an Wochenenden ist der Andrang groß. Die Hauptstädter kommen clanweise. Mit seinen rustikalen Holztischen und mallorquinischen Spezialitäten ein typisches Inselrestaurant. Das gilt auch für die Casa Gonzalo, von der es im Ort inzwischen einen Ableger gibt.

Am besten Mallorquinisches: C'an Pedro

Coll d'en Rebassa

Club Nautico de Cala Gamba
**Paseo de Cala Gamba;
Tel. 26 10 45.**

Typisches Fischrestaurant, 4,5 km östlich von Palma am Meer. Ausführlicher Bericht auf Seite 91.

El Molinar

Portixol
2 km östlich vom Stadtzentrum Palmas; Tel. 27 18 00 und 27 18 04.

Renommiertes Fischrestaurant in dem hübschen Fischerort. Berühmt auf der ganzen Insel für seine Langostas, die seit 20 Jahren keiner so lecker zuzubereiten versteht wie Maître Pedro Fraile.
1981 wurde der Besitzer Antonio Bujosa Simó mit dem Titel „Master de la popularidad Maximo" ausgezeichnet.

Auf der übrigen Insel

Reihenfolge der Ortschaften im Uhrzeigersinn von Palma aus gesehen

Illetas

Bon Aire
**Avenida de las Adelfas;
Tel. 40 00 48.**

Kein Ziel für alle Tage, sondern wenn man sich etwas Besonderes gönnen will. Das Bon Aire wird wegen seiner exzellenten Küche, vorneweg der Fischspezialitäten wegen gerühmt. Der Gaumenkitzel „Salmon de Bidesoa" ist eine Sünde wert — und sein Geld. Sonntag nachmittags und montags geschlossen.

Calviá

El Trébol
Casino de Mallorca, Urbanización Sol de Mallorca; Tel. 68 00 00.

Ein Luxusrestaurant internationaler Klasse. Der große Schlager, wohl einmalig für Mallorca, ist das Buffet mit mehr als 80 Spezialitäten. Festpreis.

Paguera

La Gran Tortuga
Urbanización Aldea Cala Fornells I; Tel. 68 60 23.

Das ist eine andere Welt: Überraschend, was der Architekt hier an eine wunderschöne Felsenbucht gezaubert hat. Köche haben's schwer, in diesem Rahmen zu bestehen. Die Probe aufs Exempel lohnt sich.

La Gritta
**Aldea Cala Fornells II;
Tel. 68 61 66.**

Die Konkurrenz des Gran Tortuga, in derselben außergewöhnlichen Umgebung. Dienstags und Mittwoch nachmittags geschlossen. Siehe auch Bericht auf Seite 92.

»Mallorca, ein grünes Helvetien unter dem Himmel Kalabriens, feierlich still wie der Orient«

George Sand, französische Schriftstellerin (1804–1876)

Puerto de Andraitx

Foc y Fum
Carretera Andraitx, 2 km nach Norden; Tel. 67 20 13.

Eine gute Gelegenheit, gepflegt und vorwiegend französisch zu speisen. Schöner Innenhof, an warmen Sommerabenden stimmungsvoll vom Schein der Gasfackeln an den Wänden erleuchtet. Geöffnet ab März durchgehend von 12.00 bis 24.00 Uhr. Montags geschlossen.

Andraitx

Castillo Son Más

Das alte Kastell oberhalb von Andraitx beherbergt ein beliebtes Restaurant, dessen Besuch auch eine weitere Anreise lohnt. Spezialitäten, die in den Rahmen passen: zarte Lammschulter und Ente à l'Orange. Ein Erlebnis besonderer Art ist das Nachtmahl auf der weiten Terrasse, mit Aussicht über Andraitx und das Tal. Januar und Februar Betriebsferien, dienstags geschlossen.

Puigpunyent

La Rosa Inglesa
Carretera de Galilea 14; Tel. 61 41 80.

„Die englische Rose" hat sich nicht allein die Herzen der urlaubenden und ansässigen Briten, sondern auch der Einheimischen erobert. Hier wird der Beweis angetreten, daß die englische Küche keineswegs nur viktorianisch-fade schmeckt. Reservierung empfohlen. Montags geschlossen.

Esporlas

Es Verger
Carretera d'es Verger.

Romantisch ist nicht allein die Anreise: So unverfälscht mallorquinisch wie dieses urgemütliche Gasthaus sind wenige Futterplätze auf der Insel. Probieren Sie Spanferkel – lechón asado. Preislich Mittellage.

Deyá

La Tablita
Calle Archiduque Luis Salvador 26; Tel. 63 90 21.

Ives und Monique stehen diesem idyllischen Restaurant vor, dessen Portionen zwar französisch klein, aber ausgezeichnet zubereitet sind. Normale Preise. An Sommerwochenenden unbedingt vorbuchen. Geöffnet ab März, mittwochs Ruhetag.

Gegessen und getrunken wird zwischen alten Weinfässern: Celler C'an Amar

Puerto de Sóller

Es Canys
Paseo Playa d'en Repic; Tel. 63 14 06.

Französisches Restaurant, in den Sommermonaten gut besucht, mit vielen Spezialitäten, die im allgemeinen ihrem Ursprungsland alle Ehre machen. Saison von März bis Oktober.

Orient

L'Ermitage

Der Ausflug in dieses schöne Dorf läßt sich mit einem Besuch von Hotel und Restaurant verbinden. Siehe Bericht auf Seite 89.

Cala Tuent

Le Vergeret
Carretera Sa Calobra.

Wenn sich Ihnen nach der Fahrt durch die Straßenkehren an der Schlucht Sa Calobra der Kopf dreht und's Ihnen flau im Magen wird, sollten Sie eine Stärkung ins Auge fassen: 2 km vor der Schlucht links ab in Richtung Cala Tuent kommen Sie zu dem alten Landhaus mit Restaurant. Wunderschöne Lage über der Bucht, schattige Terrasse. Zu empfehlen das Menü des Hauses.

Escorca

Escorca

Das Restaurant, das den gleichen Namen wie der kleine Gebirgsort nahe dem Monasterio de Lluch trägt, gilt als Geheimtip. Mehr darüber auf Seite 92.

Inca

Celler C'an Amar
Bruy 7; Tel. 50 12 61.

Einer der alten Weinkeller in Inca, in denen heute zwischen mächtigen Weinfässern getafelt und gebechert wird. Typisch mallorquinische Küche, reelle Preise. Mittwochs und Sonntag abends geschlossen.

Pollensa

Daus
Escalonada del Calvari; Tel. 53 28 67.

Am Fuße der Kalvarienberg-Treppe neben der Galeria Vicens. In großem, anheimelndem Gewölbe. Stilvolle Atmosphäre. Sehr gute Küche zu zivilen Preisen. Mittwochs geschlossen.

Puerto de Pollensa

C'an Pacieci
Carretera de Pollensa (außerhalb, an der Abzweigung nach San Vicente); Tel. 53 07 87.

Altes, schönes Landhaus, im Pub-Stil dekoriert, mit malerischem Innenhof. Neben internationalen Gerichten wird ausgezeichnete englische Hausmannskost geboten. Geöffnet ab 15. März. Sonntags Ruhetag.

Alcudia

Los Troncos
Carretera de Artá, bei Kilometer 4; Tel. 54 55 00.

Restaurant mit Tradition und gutem Namen. Es lohnt sich, bei einem Ausflug nach Alcudia hier einzukehren. Spezialität des Hauses: Räucheraal.

Cala Ratjada

Ses Rotges
Calle Ferrándiz; Tel. 56 31 08.

Bedienen möchte man es fast nicht nennen, wenn die jungen Frauen mit ernsten Gesichtern dem Gast aufwarten. Auch die Küche läßt erkennen, weshalb Michelin hier vor einigen Jahren den einzigen Stern auf der Insel vergab. Siehe auch Bericht auf Seite 90.

Casa Lorenzo
Leonor Servera 7; Tel. 56 39 39.

Lorenzos Kochkünste sind französisch inspiriert. Seine Frau ist Französin, er selbst hat das Kochen in La Douce France gelernt. Seine Fischgerichte sind berühmt, und keiner meutert über die hohe Rechnung.

Porto Colóm

El Bosque
Carretera de Felanitx (Abzweigung Porto Cristo).

Kräftig zulangen können Sie in diesem urtümlichen Gasthaus. Der Chef kocht mallorquinisch, die großen Fleischportionen machen auch den Hungrigsten satt. Am Wochenende, wenn spanische Familien lautstark tafeln, geht's hoch her.

Calas de Mallorca

Los Almendros
Richtung Porto Colóm bei Kilometer 4; Tel. 57 30 11.

Gute Restaurants sind an diesem Küstenstrich der Betonklötze dünn gesät. So fährt man denn gern die paar Kilometer, um von der internationalen Speisekarte eins der schmackhaft zubereiteten Fisch- oder Fleischgerichte zu ordern.

Ca's Concos

La Violet

Bei der Straße von Santanyi nach Felanitx gelegen und nur über Feldwege zu erreichen, ist dies das einsamste der bemerkenswerten Restaurants der Insel. Mehr darüber auf Seite 90.

Algaida

Ca'l Dimoni
Carretera Manacor, Kilometer 21; Tel. 66 50 35.

Mit dem Teufel im Bunde ist der Wirt dieses populären Ausflugsrestaurants nur im guten Sinne. Der Böse am Eingang sieht denn auch

info

»Ich lebe im Paradies auf Erden, ich bin ein besserer Mensch«
Fryderyk Chopin, polnischer Pianist und Komponist (1810–1849)

einer alpenländischen Fastnachtsgestalt ähnlicher als dem Bruder Luzifer. Drinnen geht's rustikal zu. In endlosen Reihen baumeln die hausgemachten mallorquinischen Bauernwürste, die „Longanizas" – mallorquinisch: llonganisses –, am Gebälk, auch die Holztische suggerieren handfeste Gelage.

Playa de Palma/El Arenal

Cas Cotxer
Balneario 5, an der Strandstraße; Tel. 26 20 49.

Das funkelt wie ein Diamant in einem Kranz unechter Steine: An der ganzen langen Küstenstrecke von El Molinar bis El Arenal ist dies zwischen all den Imbißbuden, Snackbars, Pizzerias und Schnellrestaurants eine der wenigen genuinen Schlemmerlokale. Die Einheimischen wissen es zu schätzen.

L'Arcada
Avenida Nacional, Angular Sonrigo 2; Tel. 26 14 50.

Überzeugendes italienisches Restaurant. Von Lasagne über Tagliatelle bis zur Pizza wird eine umfangreiche Speisenpalette zu hohen Preisen geboten. Fixer Service, gute Eisbecher. Geöffnet ab 1. März.

Teuflisch gute Würste: Ca'l Dimoni

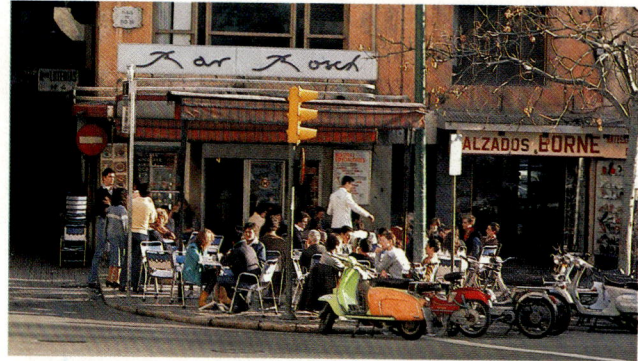

Treffpunkt für junge Leute, heißer Tip für den letzten Drink: Bar Bosch

Bars & Cafés

Palma

Bar Bosch
Plaza Pio XII 6.

Oben an der Borne, rechts vom Schildkrötenbrunnen liegt dieser Treffpunkt. Sehr laut, sehr zentral, immer rege besucht von jungen Leuten. Zu empfehlen das Bier vom Faß. Nach Mitternacht, wenn alle Bars der Umgebung dichtmachen, kommen Nachtschwärmer zum letzten Drink.

Bar Christal
Ecke Avenida Juan March/Plaza España.

Ein wenig abseits von den üblichen Touristenwegen, bei den Bahnhöfen und Busstationen. Hochbetrieb von 8.00 Uhr morgens bis Mitternacht.

Bar Formentor
Ecke Borne/Calle de la Constitución.

Besitzer des traditionsreichen Cafés ist einer der Enkel von Joan Miró, der es mit Großvaters Geld umfassend renovieren ließ. Trotzdem scheint das Geschäft nicht recht in Gang zu kommen, die neuen Stühle sind meist leer.

C'an Joan de S'aigo
Calle Sans 10.

Schon vor 150 Jahren wurden hier die ersten Frucht-Sorbets verkauft, hergestellt aus dem Eis und Schnee vom Puig Major. Spezialitäten heute: dickflüssige heiße Schokolade, tiefgekühlte Mandelmilch (horchata) und lockere Ensaïmades.

Bar Marítimo
Calle Orilla.

Wenn's brütend heiß wird in Palma, flüchtet sich die städtische Jugend bis 40 auf die schattige Terrasse und hofft auf eine kühlende Brise vom Meer.

Miami
Paseo Borne.

Beliebtes Straßencafé mit großer Tortenauswahl, preiswertem Buffet und weniger preiswerten Getränken. Früher gaben sich hier vorwiegend die reiferen Jahrgänge ein Stelldichein; heute ist das „Miami" vor allem bei der Jugend beliebt.

Bar Puerto Pesquero
Paseo Marítimo, beim Club Nautico.

Die Fischer nebenan flicken ihre Netze nicht für die Objektive der fotografierenden Touristen. Auch die Seeleute am Nebentisch sind Profis. Hier gibt's also „echtes" Leben und natürlich allerlei Drinks und eine Auswahl Tapas. Mittwochs geschlossen.

Café Moderno
Plaza Santa Eulalia.

Müde vom Stadtbummel? Die Plaza im Herzen der Stadt ist ein hübscher Rastplatz. Man kann im Freien und drinnen sitzen. Um die Mittagszeit treffen sich hier Schülerinnen und Studentinnen aus den umliegenden Instituten. Reiche Auswahl an Tapas, zivile Preise.

Nachtlokale

Palma

Abaco
Calle San Juan 1.

Der erste Eindruck: Fellini was here! Eine Orgie von Farben, Musik und Gerüchen empfängt Sie beim Betreten dieses alten Palastes. Überall prunkende Blumengebinde, Berge von buntem Obst, an den Wänden patinadunkle Ölgemälde, Weihrauchwolken wallen, eine Rossini-Ouvertüre weht durch die Räume. Sehr filmreif, sehr fürstlich, auch die Preise: der billigste Cocktail nicht unter 20 Mark. Für alle, die sich einmal vornehm langweilen wollen.

Die Weihrauchwolken zahlt man mit: Abaco

GEO 149

»Die Mallorquiner sind ein gut aussehendes, kräftiges Volk, die Frauen ha
Robert von Ranke-Graves, englischer Schriftsteller

La Polilla
Avenida Joan Miró 53.
Dunkel und verraucht, immer brechend voll; eine zünftige Kneipe für's jüngere und junggebliebene Publikum. Rockmusik.

Rikis
Teniente Mulet García 8.
Lieben Sie Plüsch? Plüschiger geht's kaum. An den Wänden immerhin viele gute Bilder von jungen spanischen Malern. Und Stimmung, wenn ein Musiktalent unter den Gästen zur Gitarre greift. Dann bleibt man bis 5.00 Uhr früh.

Tito's Piano-Bar
Plaza Gomila 3.
Neben dem berühmten Nightclub gleichen Namens. Dekoriert im Stil einer alten Galeone. Gepolsterte Nischen für verliebte Pärchen; Stammgäste sitzen beim Flügel.

Victoria
Paseo Marítimo.
Die derzeit meistbesuchte Pianobar Palmas profitiert vor allem von der günstigen Lage neben der gleichnamigen Discothek und Pizzeria. Die Musik ist so gut wie die Einrichtung, schick und teuer.

Nachtclubs
Palma

Tagomago
Porto Pi, C'an Morro; Tel. 40 12 65.
Zum festlichen Dinner spielen Stehgeiger auf (ab 21.00 Uhr), große Shows rauschen über die Bühne, und zum Tanz musiziert das hauseigene Orchester. Mittwochs geschlossen.

Tito's
Plaza Gomila 3; Tel. 23 76 42.
Dies ist der renommierteste und teuerste Nachtclub am Orte und zweifellos der schönste. Grandios der Blick aus dem weiten Rund des hochverglasten Saales auf die Bucht von Palma, mit der angestrahlten Kathedrale im Hintergrund. Shows und Artisten sind erstklassig. Die Dietrich trat hier auf, Liza Minnelli, Charles Aznavour und andere Größen des Show Business.

Puerto de Pollensa

Bar Loreley
Der Größe des Ortes angemessene intime Bar, Treffpunkt von Seglern wie auch von Künstlern.

Alcudia

Flamenco Bar
Oueva Quintana.
Rustikale Bar in der alten Stadtmauer mit musikalischen Darbietungen.

Discos
Palma

Abraxas
Es Jonquet, Plaza Vapor.
Laut und verrückt, ein heißer Tip. Und richtig in Fahrt kommt das Vergnügen erst ab 2.00 Uhr nachts, im Sommer gar erst ab 4.00 Uhr. Terrasse zum Abkühlen. Nach Sonnenaufgang gibt's in den Bäckereien an der Plaza Vapor frische Ensaïmades.

Nachts kommt die Mühle in Fahrt: Abraxas

Club de Mar
Paseo Marítimo.
Der Treff von Yachtbesitzern und Palmas Geldadel wirbt mit prominenten Gästen. Gesichtet werden hier Filmstars, Nabobs und blaublütige Herrschaften. Auch König Juan Carlos, Schahwitwe Farah Diba und Aga Khan zählen zu den Gästen. Der Türsteher ist für alle da; die Prominenz bringt ihre Leibwächter mit.

JB Scotch Club
Plaza Vapor/Calle 11, Es Jonquet.
Liegt direkt unter dem Abraxas. Für Pärchen und alle, die langsamere Musik zum Anschleichen brauchen. Panoramablick von den Terrassentischen über dem Paseo Marítimo.

New Babels
Calle 11, Es Jonquet.
Verrauchte Höhlenatmosphäre, laute Musik, nach Mitternacht Hochbetrieb.

Victoria
Paseo Marítimo.
Farah Dibas Töchterlein tanzte hier einen Sommer mit ihren Leibwächtern. Eröffnet 1981 und gleich „in". Fürs Ticket ist, wie auch in anderen Discos, der erste Drink gratis.

Puerto de Pollensa

Discothek Chivas
Kleiner gemütlicher Club für junge Leute, mit vorwiegend spanischem, französischem und englischem Publikum.

Alcudia

Discothek Puppy Love
Im Ibiza-Landstil eingerichtete, verwinkelte laute Disco mit vorwiegend deutschem und englischem Publikum.

Cala Ratjada

Discothek Hotel Gili
Playa Sol Mol.
Ländlich eingerichtetes Lokal, in dem die ausschließlich jugendlichen Hotelgäste für überschäumende Stimmung sorgen.

Cala d'Or

Discothek Farahs
Exotische Gartendisco mit orientalischer Ausstattung; dabei ein außergewöhnlich gepflegtes Restaurant mit einfallsreicher Küche, die ab 1.30 Uhr ein Nacht-Buffet bietet.

El Arenal

Discothek Zeppelin
Weiträumiges Lokal mit mehreren Bars, deutschem und holländischem Discjockey sowie Miss- und Mister-Wahlen: einer der vielen nächtlichen Feier- und Rummelplätze.

Discothek Zorbas
Im Tropical Stil extravagant eingerichtetes Musikhaus, in der zur lauten Musik auch Lichtkanonen für Stimmung sorgen.

Discothek Scorpio
Intime, kleine und laute Teenager-Disco.

Roulett & andere Spielchen

Casino de Mallorca
Urbanización Sol de Mallorca; Tel. 68 00 00.
Ein paar Kilometer muß man von Palma fahren, um sein Glück zu versuchen: über die Autobahn Richtung Andraitx bis zur Abfahrt Cala Figuera (20 km). Auf einem Felsen über dem Meer liegt das weiße Casino, alles sehr elegant, samt Swim-

Pause vorm »Puppy Love« in Freddys Disco-Center

mingpool mit Gartenbar und Tennisplätzen. Gespielt wird: amerikanisches und französisches Roulett, Black Jack, Würfelspiele, Chemin de Fer und – in einem Extraraum – an einarmigen Banditen. Zum Casino gehören das exquisite Restaurant „El Trebol" und ein Nightclub mit Show. Spieler wissen: Paß oder Personalausweis einstecken. Geöffnet bis 5.00 Uhr morgens.

Bingo

Das Casino des kleinen Mannes ist die Bingohalle. Am Wochenende herrscht immer mächtig Andrang. Des Spanischen sollten Sie wenigstens so weit mächtig sein, daß Sie die Zahlen rasch auffassen.

Teatro Balear
Plaza Rosello 4.
Geöffnet 17.00 bis 3.00 Uhr

Club Jovent
Calle Aragon 224.

Bingo Sa Talaia
Paseo Marítimo 42.

Einkaufen

Zurückzukommen nach Hause mit Dingen, die dort nicht jeder hat, gehört zu den großen Urlaubs-Genüssen. Jedes Urlauber-Dorf auf Mallorca hat Besonderes zu bieten; Estellenchs zum Beispiel die expressionistischen Gemälde des bulgarischen Fürstensohnes Ser-

info

»ben einen anmutigen Gang«

gej Daskaloff oder die wunderschönen Tonkrüge der „Madonna", deren Laden am Dorfplatz jeder kennt.

Alles, was unter die Rubrik Radio, Musik und Fotoausrüstung fällt, kann man allerdings vergessen, das gibt es zu Hause viel billiger, und die Auswahl an guter Qualität zu akzeptablem Preis ist klein. Wer Schmuck sucht, findet das Zentrum in Palmas Platería, im Juden-Getto des Mittelalters, wo sich Laden an Laden reiht.

Schuh- und Lederwaren sind in den Fabriken von Inca, wohin viele Einkaufsausflüge veranstaltet werden, kaum günstiger zu haben als anderswo auf der Insel.

Das große Einkaufen findet stets auf dem zentralen Marktplatz Palmas statt, wo die Spitzen von Angebot und Nachfrage aufeinander treffen.

Hier die wichtigsten, verkehrsfreien Einkaufsstraßen von Palma: Calle Jaime II, Calle San Jaime und Calle Sindicato. Exklusive Geschäfte liegen vor allem in der Avenida Jaime III. Dutzende von Souvenir-, Bekleidungs- und Ledergeschäften sind auf das Einkaufszentrum unter der Plaza Mayor konzentriert. Geöffnet sind die Geschäfte im allgemeinen von 9.30 bis 13.30 und von 16.30 bis 19.30 Uhr.

Ledermode & Accessoires

Loewe
Paseo Borne 2; Tel. 21 52 75.

Ganz fein, teuer und vom Besten sind hier die Taschen und Koffer, Lederbekleidung für sie und ihn samt den dazugehörigen Accessoires. Das eingestanzte Monogramm demonstriert Exklusivität.

Percay
Calle Constitución 5; Tel. 21 41 32.

Gegenüber der Hauptpost liegt dieser auf erlesene Qualität und Geschmack eingeschworene Laden für modische und klassische Handtaschen, Lederaccessoires und Seidenschals.

Pink
Plaza Pio XII 3; Tel. 22 73 51.

Passend nach eigenen Wünschen auf den Leib geschneidert wird hier mit drei Tagen Lieferfrist feine Wildleder- und andere Lederkleidung. Dazu sucht man das Material für den passenden Hut, die passende Tasche aus. Hier gibt's vielleicht das Täschchen, nach dem Sie schon lange suchen.

Yanko
Calle General Mola.

Alles mallorquinische Qualitätsarbeit: handgearbeitete Schuhe, Stiefel, Jacketts, Gürtel und Taschen.

Von jedem etwas

Galerias Preciados
Avenida Jaime III 15; Tel. 21 56 03.

Woolworth war hier, und ist wieder gegangen. Geblieben sind die „Galerias Preciados", Palmas nunmehr einziges Kaufhaus. In Sachen Kleidung und Haushaltswaren vereinen sie das größte Angebot, im übrigen viel Durchschnitt. Die meisten Fachgeschäfte sind besser sortiert. Dolmetscherdienst. Geöffnet: 10.00 bis 20.00 Uhr, auch samstags.

Herr & Sport

Sacha
Calle Brondo 12; Tel. 21 25 28.

Wie wär's mit einem maßgeschneiderten Seidenhemd, Initialen auf der Brusttasche, fertig in 15 Tagen? Die Schuhe kommen aus Inca, Handarbeit exklusiv für dieses Geschäft, und aus Italien, von R. Martegani.

Nins
Calle Quint 6; Tel. 21 50 05.

Ob es nun Tennis, Golf oder Jogging sein soll, Sie werden bedient. Auch mit Feuerwaffen und Spielzeug.

Dame & Schmuck

Saks
Galeria Comercial No. 30, unter der Plaza Mayor; Tel. 21 04 80.

Im Labyrinth der unterirdischen Läden trifft man durchaus auf Qualität. Dies ist ein Geschäft mit einem überwältigenden Angebot von ausgesprochen weiblicher Mode: schicke Kleider aus Baumwolle, spitzenbesetzte Blusen, flotte Hemden. Eigene Werkstätten auf Ibiza verbürgen erstklassige Ausführung. Enorm auch die Auswahl an eleganter Strickmode made in Mallorca.

Intimity
Poeta Tous i Maroto 8; Tel. 22 56 09.

Was „Sie" darunterträgt, hier ist's vom Allerfeinsten. Dazu elegante Negligés, Bikinis, Badeanzüge, mit passendem Accessoire. Die Exklusiv-Modelle kommen aus Italien und aus den USA.

Antonio
Calle Arquitecto Bennasar 45, bei der Stierkampfarena; Tel. 29 58 00.

Direkt vom Hersteller und somit um einiges günstiger kaufen Sie in dieser Schmuckwarenfabrik. Die Auswahl ist groß; erschwinglich: vergoldeter Silberschmuck. Eine Augenweide die mallorquinischen Diamanten- und Smaragdkreationen. Geöffnet von 9.00 bis 13.00 und 16.00 bis 19.30 Uhr, Samstag nachmittags geschlossen.

Arodasy
Calle Baron Santa María del Sepulcro 7; Tel. 21 78 71. Filiale in Paguera, Hauptstraße 25 E; Tel. 68 64 57.

Die Schmuckkollektion in Gold und Silber ist modern und äußerst schlicht gehalten. Einige hübsche Sachen in Elfenbein.

Enrique Moreno
Avenida Jaime III 24; Tel. 21 70 54.

Ein Juwelier der Spitzenklasse. In eigener Werkstatt werden auch Aufträge ausgeführt. Dalí läßt bei ihm arbeiten: exklusiv in Palma findet man hier eine Serie Goldplatten mit der Schöpfungsgeschichte nach Entwürfen des Künstlers.

Goldschmiede für Extravaganzen und Extravagante: Enrique Moreno

Joyeria Conrado
Calle Jaime II 11; Tel. 22 75 45.

Nur bei diesem Juwelier bekommt man nach alten Vorlagen in eigener Werkstatt hergestellten mallorquinischen Schmuck mit Diamanten und Smaragden. Außerdem ist er auf Zuchtperlen spezialisiert.

Jazz und Folklore: Xocalat

Platten & Bücher

Xocalat
Calle Estanco 6; Tel. 21 33 16.

Jazzfans wie Liebhaber der echten spanischen und mallorquinischen Volksmusik finden hier ein umfangreiches Repertoire. Zudem erfährt man hier, wo und wann die entsprechenden Konzerte stattfinden.

Balzac
Calle Victoria 4; Tel. 22 40 37.

Internationaler Buchladen mit deutschen, vorwiegend aber englischen und französischen Titeln. Auch gebrauchte Bücher. Große Auswahl an Taschenbüchern.

Dual
Calle Jerónimo Amengual 5; Tel. 22 77 55.

Freunde esoterischer Literatur werden hier bestens bedient: indische Religionen, Kabbala, Astrologie, Zauberei und so fort. Man bekommt Tarock, Weihrauch, Kristallkugeln, Talismane und alle Informationen über die lokale esoterische Szene. Geöffnet: 10.00 bis 13.30 und 16.30 bis 20.00 Uhr.

Eura
Calle San Nicolás 11; Tel. 21 27 44.

Spezialisiert auf Literatur über Mallorca und Reproduktionen schöner alter Landkarten und Stadtpläne. Die berühmte Cardenal-Despuig-Karte von Mallorca, zum Beispiel, auf der in alten Stichen die Bräuche verschiedener Dörfer dargestellt sind, ist für den Preis eines Mittagessens zu haben. Erschwinglich

»Die Frauen auf Mallorca sind äußerst reizlos, sie haben die nichtexistente Körperlich

D. H. Lawrence, englischer Schriftsteller (1885–1930)

auch die Garau-Karte von Palma um 1644, mit allen Häusern, Bauwerken und Toren. Ansichtskarten mit Reproduktionen alter Stiche und Dorfszenen, Bauern in alten Trachten. Geöffnet nur vormittags.

La Feria des Libro
Calle Santo Cristo, rechts der Kirche Santa Eulalia.

Fundgrube für Liebhaber alter Bücher, Originalausgaben in Leder, Schmöker, vergilbte Zeitschriften, alte Drucke.

Libreria Fiol
Calle de los Olmos 45 a; Tel. 22 14 28.

Der billige Kauf: gebrauchte Taschenbücher in vielen Sprachen. Deutsch in der linken Hälfte der Rückwand.

Antiquitäten

Casa Delmonte
Vía Roma 8; Tel. 21 50 47.

Alteingesessenes, renommiertes Geschäft mit außerordentlich großer Auswahl an Möbeln mallorquinischer und anderer Stilrichtungen. Auch viel „Kleinkram": Schmuck, alte Gemälde, Spiegel u. a. Wer da nichts findet, darf in den vollgepackten vier Lageretagen stöbern.

Persepolis
Avenida Jaime III; Tel. 22 45 39.

Erlesenes Angebot von Antiquitäten aus der ganzen Welt, Möbel, Brücken und Orient-Teppiche.

Kunsthandwerkliches

Vielerorts gibt es noch und wieder altes Handwerk und Kunsthandwerk. Felanitx ist bekannt für seine Töpfererzeugnisse in ausgesprochen barockem Design. In Manacor fertigt man Schalen, Mörser, Salatbestecke aus Olivenholz. Von der einst bedeutenden Gilde der Löffelschnitzer ist nur ein Veteran in dem Dorf Búger übriggeblieben. Für traditionsreiche mallorquinische Stickereien gilt San Lorenzo als Zentrum. In Pollensa und Santa María werden in einem komplizierten Verfahren Seiden- und Leinenstoffe, die „robas de llengos", in schönem Flammen- bzw. Zungenmuster hergestellt. Aus Sa Cabaneta kommen die „siurells", rot und grün bemalte weiße Tonfiguren, deren Formen bis in phönizische Zeit weisen. Wenn Sie nicht auf einem Ausflug bei dem einen oder anderen Handwerker hereinschauen, finden Sie diese Dinge, und noch einiges mehr, in den einschlägigen Geschäften von Palma.

Gesticktes

Casa Bonet
Calle Puigdorfila 3; Tel. 22 21 17.

Seit der Gründung im Jahre 1860 im Besitz der Familie Bonet, für das Haus arbeiten die besten Stickerinnen Mallorcas. Taschentücher, Servietten und Deckchen, Tischwäsche. Lassen Sie sich das kleine Museum zeigen. Einzigartige Sammlung von Stickereien aus aller Welt.

Ganxet
Calle Berenguer de Sant Johan 3 und Montuiri, Calle Sant Marti 6; Tel. 64 62 00.

Eine Genossenschaft des Kunsthandwerks hat ihren Sitz in dem Dorf Montuiri. Spezialisiert auf Stikkerei, Strickerzeugnisse, Smokarbeit. In Palma befindet sich das Geschäft Ganxet, das die Produkte verkauft.

Keramik und Glas

Gordiola
Calle Victoria 2; Tel. 21 15 41 und Calle Jaime II 12; Tel. 21 55 18.

Die Glasbläserei bei Algaida unterhält in Palma zwei Läden. Die Auswahl an Gläsern, Vasen, barocken Spiegelrahmen, Schalen und anderem ist groß.

L'Angel Blau
Calle San Bernat 2; Tel. 21 60 96.

Neben Keramik und Glas gibt's allerlei Handgefertigtes: „siurells" – farbige Tonfigürchen –, Schnitzarbeiten, bemalte Schächtelchen – das meiste hübsche Mitbringsel.

L'Ocell de foc
San Pedro Nolasco 22; Tel. 21 49 47.

Dekoratives finden Sie in diesem netten Laden ebenso wie Nützliches. Vor allem Keramik und rustikales Glas.

Handgeschmiedetes

La Casa del Hierro
Calle Victoria 6; Tel. 21 16 21.

Im „Haus des Eisens" führt man, was die Kunstschmiede Mallorcas, stolz auf ihr jahrhundertealtes Handwerk, heute produzieren: Lampen, Kerzenhalter, Balkongitter, Spiegelrahmen. Die Ornamente und Formen beweisen hohe Kunstfertigkeit.

Kurioses

Ca'n Picorell
Ecke Calle Padre Nadal und del Call.

Dies ist einer der ältesten Läden in Palma. Seit 1785 wurden hier die in der angeschlossenen Werkstatt hergestellten Kerzen verkauft. Heute ruht die Produktion. Man verkauft nicht mehr nur Handarbeit. Früher wurde die Kathedrale und andere Kirchen mit Kerzen versorgt. Heute läuft das kirchliche Geschäft in der Hauptsache zu Ostern, wenn bei den großen Prozessionen jeder Teilnehmer seine Kerze mitbringt.

Herboristeria Romana 1868
Calle San Roque 7.

Apotheke mit schönem antiken Interieur, in der spezialgefertigte Toilettenwasser von Rosen, Lavendel, Jasmin und Veilchen nach teils bis zu 300 Jahre alten Rezepten hergestellt werden. Aus eigenen Rohstoffen und Kräutern sind auch die Wachskerzen, Erfrischungsbonbons, Weihrauchkörner und Tinkturen zubereitet.

María Antonia Bergas
Plaza Sta. Catalina (Plaza Navegación) 12; Tel. 23 89 39.

Eine lokale Berühmtheit ist die Inhaberin dieses kleinen Kräuterladens. Sie hat sechs weitere Ge-

Alte Sachen in alten Mauern – Fundgrube über vier Stockwerke: Casa Delmonte

keit vieler Engländerinnen«

info

Heilkräuter: María Antonia Bergas

schäfte in Palma und besucht jeden Monat 800 Patienten, die auf ihre Heilkunde schwören. Ihre Schönheitscremes und die Sonnenmilch Herbaflor sind ebenso gut wie namhafte Fabrikprodukte und kosten nur einen Bruchteil davon.

Tienda de Calaseu
Cordelería 17; Tel. 22 42 77.
Rustikale Ladenhöhle wie aus dem Mittelalter, in die die erstaunlichsten, aus Esparto-Gras und Hanf geflochtenen Dinge aufgetürmt sind, wie Matten, Körbe aller Größen und Formen, selbst für den Transport auf Eselsrücken, Babykörbchen u. a. Der Lagerbestand datiert, hat's den Anschein, teilweise noch aus dem Gründungsjahr um 1510.

Kulinarisches

Bodega Balear
Calle Jerónimo Amengual 7; Tel. 21 29 43.
Vom Faß bekommt man in Spanien noch in etlichen Geschäften Weine und Liköre. Diooo Bodoga oxictiort seit 40 Jahren. Der Kunde bringt im allgemeinen seine leeren Flaschen mit und läßt sich das Gewünschte einfüllen. Die Qualität ist den Markenflaschen ebenbürtig, die Preise liegen um einiges darunter. Außerdem große Auswahl an Produkten um die Flasche.

Bombonería la Pajarita
Calle San Nicolás 2; Tel. 21 69 86.
Leckermäuler werden hier hängenbleiben, hin- und hergerissen zwischen den verführerisch arrangierten Bergen von kandierten Früchten, Marzipan, Bonbons und Schokoladen. Alles das schmeckt noch viel süßer als das Naschwerk aus deutschen Landen – Erbe der Mauren, von denen viele der Rezepte herstammen. Man bekommt aber auch Salziges: einheimische wie auch importierte Spezialitäten, von Schinken über Käse und verschiedene Wurstsorten bis hin zu dänischen Fischkonserven.

Pryga
Am Ende der Calle del General Riera, nördlicher Stadtrand.
Supermarkt mit großem Angebot an Lebensmitteln und Haushaltsartikeln. Die Preise liegen unter denen der Einzelhandelsgeschäfte. Geöffnet: 10.00 bis 22.00 Uhr, auch samstags.

Märkte

Busausflüge zu den verschiedenen Wochenmärkten sind bei den Touristen außerordentlich beliebt, weil sie annehmen, daß sich die Waren auf den ländlichen Märkten von dem Einheitsangebot der Boutiquen und Shops von Arenal, Palma Nova, Paguera unterscheiden. Leider wird aber auch in den kleineren Orten viel Tand für die Touristen auf den Markt geworfen. Trotzdem können Sie fast überall noch ursprüngliche Marktatmosphäre schnuppern und manches hübsche Souvenir ergattern.
Zur Wahl stehen folgende Märkte:
montags: Manacor, Montuiri, Porreras;
dienstags: Alcudia, Artá, Santa Margarita;
mittwochs: Andraitx, Petra, Santanyi, Sineu, Villafranca;
donnerstags: Campos del Puerto, Inca, San Lorenzo;
freitags: Alaró, Algaida, Lluchmayor, María de la Salud;
samstags: Campos del Puerto;
sonntags: Alcudia, Felanitx, Muro, Pollensa und Santa María del Camí.

Kirchen, Museen & Paläste

Regentage sind Museumstage. Diese alte deutsche Schülerformel, mit der schon Generationen großgeworden sind, greift nicht auf Mallorca: Für die wenigen Regentage gibt es auf der Insel viel zuviel zu besichtigen. Nur allzuoft wird vergessen – von fünf Mallorca-Reisenden verbringen vier ihre Urlaubstage ausschließlich am Strand –, daß gerade an heißen Tagen der Besuch eines Museums oder einer Kirche, einer Galerie oder eines Palacio nicht nur Erbauung, sondern auch auf angenehme Weise Kühlung verschaffen kann. Sie werden sehen, Mallorca ist voller Schätze.

Kirchen

Kathedrale »La Seo«
Das beherrschend über der Altstadt von Palma aufragende, dem Meer zugewandte Wahrzeichen, auch „Kathedrale des Lichts" genannt, erhebt sich unmittelbar neben dem Palacio de la Almudaina. Prächtigstes der drei Portale ist die dem Meer zugewandte Puerta del Mirador mit Abendmahlszenen. Man betritt die Kathedrale, deren Bau 1230 begonnen und 1601 vollendet wurde, durch einen Nebeneingang an der Plaza de la Almoina. Hier ist in der Sakristei mit angrenzenden Alten und Neuen Kapitelsaal ein Museum eingerichtet, in dem wertvolle Reliquien zu besichtigen sind.
Den Besuch der Kathedrale lege man auf den Vormittag: Dann fällt das Sonnenlicht durch die herrliche Rosette über dem Triumphbogen der Capilla Real. Sie gilt als die Größte der Welt (Durchmesser mit Rahmen 13,30 Meter) und besteht aus 1236 Glasscheiben.
Geöffnet: 9.30 bis 12.30 Uhr und 15.30 bis 18.30 Uhr. Sonntags ist das Museum geschlossen.

Von Mandeln, Hasen und Touristen
Überraschende Zahlen aus der Jahresbilanz Mallorcas

Am 1. März 1981, dem letzten Zensus, gab es 168 000 Familien und insgesamt 534 521 Einwohner auf Mallorca, davon 271 805 Frauen. Insgesamt lebten 655 919 Menschen auf den Balearen. 229 700 waren berufstätig: 33 600 in der Landwirtschaft, 48 100 in der Industrie, 24 700 im Baugewerbe und 123 300 im Dienstleistungsbereich. Insgesamt arbeiten über zwei Drittel der Beschäftigten auf irgendeine Weise für die Touristen. Im Durchschnitt des Jahres 1982 waren 34 520 Menschen arbeitslos.

Die Landwirte klopften 21 000 Tonnen Mandeln von den Bäumen, ernteten außerdem 18 000 Tonnen Orangen, 26 000 Tonnen Johannisbrotbaumfrüchte und 9000 Tonnen Feigen. Sie produzierten 30 000 Tonnen Kartoffeln, 11 500 Tonnen Rindfleisch, 5713 Tonnen Schaffleisch, 14 500 Tonnen Schweinefleisch (jeweils Lebendgewicht) sowie 16 733 Tonnen Geflügel. Sie brachten 2400 Tonnen Hasen und Kaninchen auf den Markt.

Das Flughafenpersonal fertigte im Jahre 1982 49 913 Flüge in Palma ab, mit fast 6,7 Millionen Passagieren. Dazu kamen 21 378 innerspanische Flüge mit 1,9 Millionen Passagieren. Während der Hochsaison ist die Zahl der Starts und Landungen höher als in Frankfurt, im Monat August ist Palma vor London Heathrow der meistfrequentierte Airport Europas.

Im Hafen von Palma landeten 490 000 Reisende, 82 863 Autos fuhren aus Schiffsbäuchen auf die Insel, 83 332 verließen Mallorca per Schiff. Es legten rund 5500 Schiffe an, Passagierdampfer und Handelsschiffe. Diese brachten u. a. 53 000 Tonnen Bier auf die Insel und mehr Schnaps und Wein als Hamburger, Schleswig-Holsteiner und Berliner zusammen jährlich austrinken – nämlich 68 000 Tonnen, neben 23 000 Tonnen Zement, 918 Tonnen Salz, 116 000 Tonnen Benzin.

In Mallorca stehen 1254 Hotels und Pensionen. Davon stammen 21 aus der Zeit vor 1940. Für 1982 zählten die Statistiker 307 981 Urlauberbetten (inkl. Apartments). Darin schliefen etwa 1,26 Millionen Engländer, 856 530 Deutsche, eine halbe Million Spanier, eine viertel Million Franzosen (siehe auch Grafik auf Seite 143). Sie aßen in 1143 Restaurants mit 271 000 Plätzen, tranken ihren Café in 1044 Cafeterias mit 57 000 Plätzen. Die Touristen führten 5 Millionen internationale Telefongespräche.

Für Schlafen, Essen und Trinken und Transport gaben die Deutschen im Durchschnitt 714 Mark aus für einen Urlaub von 14 Tagen. Eine Untersuchung des Regierungsrates für Wirtschaft und Finanzen ergibt eine für deutsche Eigenliebe wenig schmeichelhafte Rangstufe in der internationalen Ausgabenskala: Die Deutschen und Belgier sind die schärfsten Knicker. Die ausgabefreudigsten europäischen Touristen sind die Holländer mit 1182 Mark, es folgen die Engländer und Skandinavier. Araber und Amerikaner bringen in zwei Wochen sogar 3000 Mark unter die Leute.

Von den 714 Mark zahlten die Deutschen (auf einen Tag umgerechnet) im Durchschnitt 32,70 Mark an deutsche Unternehmer, nur 18,62 Mark fanden ihren Weg zu verschiedenen mallorquinischen Bankkonten. Nicht mehr als 3,48 Mark kassierte der Hotelbesitzer pro Tag von einem deutschen Gast. Rund 15,40 Mark machten unsere Landsleute pro Kopf und Tag außerhalb des Hotels locker, für Essen und Trinken 5,02 Mark, ein Drittel von dem, was der spanische Urlauber dafür zahlte. 10 Mark gab der Deutsche täglich für Ausflüge und Souvenirs aus.

Aber Kleinvieh macht auch Mist: Insgesamt bleiben pro Jahr fast zwei Milliarden Mark auf der Insel.

GEO 153

»Es ist ein Land, dem die Ringeltaube die Farben ihres Halsbandes lieh und das der Pfau in die Pracht

Ibn al-Llabbanah, spanisch-arabischer Autor (um 1180)

Konvent San Francisco
Plaza de San Francisco.
Erbaut auf den Grundmauern einer Moschee, wird dem Bau die gleiche Bedeutung zugemessen wie der Kathedrale. In einer der Kapellen befindet sich das Grabmal des 1235 in Palma geborenen Philosophen Raimundus Llullus, der auch die deutsche Philosophie beeinflußt hat und der vom Glauben ohne Verstand nichts hielt.
Geöffnet von 9.00 bis 13.00 und von 15.30 bis 18.00 Uhr.

Santa Eulalia
Plaza de Santa Eulalia.
Gewidmet der Märtyrerin, die im Alter von zwölf Jahren verbrannt wurde, nachdem sie vor dem römischen Statthalter gegen die Verfolgung der Christen protestiert hatte. Errichtet etwa zur gleichen Zeit wie die Kathedrale. Wertvolle Tafelbilder von Francisco Gómez.

Santa Cruz
Calle San Lorenzo.
Die am westlichen Rand der Altstadt gelegene Kirche ist ein Kleinod der Hochgotik.

San Miguel
Calle San Miguel.
Die älteste Kirche der Stadt, ursprünglich eine Moschee, in der im Jahre 1230, noch während des Endkampfes gegen die Mauren, die erste Messe gehalten wurde. Die Marienstatue in einer der Seitenkapellen stand auf dem damals improvisierten Altar.

Konvent Santa Clara
Calle de San Alonso.
Ein wuchtiger abweisend wirkender Kirchenbau aus dem 13. Jh. mit einem minarettartigen Glockenturm. Die Nonnen, die das dazugehörige Kloster beherbergte, waren früher ausschließlich Töchter der großen mallorquinischen Familien.

Museen

Palacio de la Almudaina
Landesmuseum.
Ursprünglich war dies die Residenz der maurischen Wesire; sie wurden von dem Conquistador Jaime I. vertrieben, der den Palast nach umfangreichen Umbauten selber bezog. An die arabische Epoche erinnert nur das Mauerwerk zur Kathedrale hin. In dem Palast ist heute das Landesmuseum, mit Sammlungen zur mallorquinischen Geschichte, untergebracht.
Geöffnet: 10.00 bis 13.00 und 15.30 bis 18.00 Uhr. Führungen.

Museo Diocesano
Palacio Episcopal (bei der Kathedrale).
In fünf Räumen ein umfassender Überblick über die religiöse und weltliche Kunst auf Mallorca vom 14. bis 18. Jahrhundert.
Geöffnet von 10.00 bis 13.00 und von 15.00 bis 19.00 Uhr, sonntags geschlossen.

Museo de Mallorca
Calle Portella.
Der vollständig renovierte Palacio Ca la Gran Cristiana, in dem das Museum untergebracht ist, enthält in knapp zwei Dutzend Sälen unter anderem eine wertvolle Sammlung maurischer Keramiken aus der Zeit von 900 bis 1229 sowie Glanzstücke gotischer Malerei bis hin zur Kunst des 18. und 19. Jahrhunderts.
Geöffnet von 10.00 bis 13.00 und 16.00 bis 18.00 Uhr, samstags 10.00 bis 13.00 Uhr.

Pueblo Español
**Spanisches Dorf
Am westlichen Stadtrand.**
Sozusagen Spanien in der Nußschale. Mehr als 100 originalgetreu nachgebildete Bauten aus dem ganzen Lande, gruppiert um Dorfplätze, arrangiert zu Stadtvierteln. Die Kulisse lebt: Es wird gewerkelt, gebrutzelt, gesungen und Flamenco getanzt.
Geöffnet: 9.00 bis 20.00 Uhr.

Castillo de Bellver
Stadtmuseum.
Liebhaber schöner Aussichten suchen diesen markanten Punkt im Stadtpanorama auf. Höhe 114 Meter. Die ursprüngliche Sommerresidenz der mallorquinischen Könige war lange Zeit als ausbruchsicheres Gefängnis geschätzt. Im Stadtmuseum sind archäologische Funde und Rekonstruktionen der rätselhaften Baudenkmäler der prähistorischen Talayot-Kultur ausgestellt.
Geöffnet: 9.00 Uhr bis Sonnenuntergang.

Consulado del Mar
Paseo Sagrera.
Der ehemalige Sitz des Seehandelsgerichts gehört, wie die benachbarte Börse, zu den profanen Prachtbauten aus der Zeit der reichen Kaufleute der Insel.

Ayuntamiento
Plaza Cort.
Das Rathaus mit seiner prächtigen Renaissance- und Barockfassade und seinem 300 Jahre alten monumentalen Vordach beherbergt die wertvollsten Dokumente aus der Zeit des Königreichs Mallorca, das von der Rückeroberung 1232 bis zur Einverleibung der Insel in das spanische Reich 1349 existierte.

Schätze aus dem Königreich Mallorca lagern im Rathaus von Palma: Ayuntamiento

Palacios

In der Altstadt mit ihren engen Gassen, insbesondere in den Vierteln östlich und nördlich der Kathedrale, bauten sich Adel und reiche Bürger stattliche Paläste. Der Blick durch Torbögen in architektonisch erlesene Innenhöfe verrät etwas vom Lebensstil der mallorquinischen Oberschicht.

Casa Oleza
Calle Morey 33.
Der Patio des im 16. Jh. vollendeten Palastes mit seinen Treppen, seiner Loggia und dem Ziehbrunnen zählt zu den schönsten Innenhöfen Mallorcas; berühmte Sammlung kostbarer Wandteppiche.

Casa Oleo
Almudaina 8.
Bemerkenswerte gotische Treppe. Zu besichtigen ist die Sammlung des Museums der Sociedad Arqueológica Lluliana.
Geöffnet 10.00 bis 13.00 und 15.00 bis 18.00 Uhr.

Casa Sollerich
Passeig de'Es Borne/Cayetano.
Der größte private Palast Palmas, Mitte des 18. Jh. vollendet und heute unter Denkmalschutz, zeigt einen Innenhof in elegantem italienischen Stil; berühmte schmiedeeiserne Geländer an dem doppelten Treppenaufgang; wertvolles mallorquinisches Mobilar.
Geöffnet: 10.00 bis 13.30 und 16.00 bis 18.00 Uhr.

Casa Berga
Plaza Santa Catalina Thomás.
Zweitgrößter Privatpalast in Palma – heute Gerichtshof – mit weitem Patio und Loggia; Gemälde von Meistern des 18. Jh.

Palacio Marqués de Vivot
Calle Zavellá 2.
Wer wissen will, wie sich der Adel hinter unscheinbaren Mauern eingerichtet hat, hier kann er es besichtigen. Ab 1230 gotisch, dann im Renaissance- und Barockstil umgebaut.
Geöffnet: 10.30 bis 12.30 und 16.00 bis 19.00 Uhr.

Baños Arabes
**Arabische Bäder
Calle Serra 13.**
Bedauerlich, daß aus maurischer Zeit so wenig erhalten ist. Die Bäder zeigen auch als Fragment, daß die Araber sich das Leben angenehm zu machen wußten.
Geöffnet: 10.00 bis 13.00 und 16.00 bis 17.30 Uhr (im Sommer bis 19.00 Uhr).

Galerien & Ausstellungen

Die Anziehungskraft der Insel auf Maler und Kunstsammler spiegelt sich im Angebot der Hauptstadt wider. In Palma gibt es mehr als 30 Galerien. Allein in der Calle de la Concepción liegen drei Galerien mit interessanter moderner Kunst: Bearn, Joaquim Mir und Moya. Weitere sind:

Palma

Galeria Dera
Calle San Jaime 6.
Vorimpressionistische Landschaftsgemälde und rein figurative Arbeiten namhafter klassischer spanischer Maler.
Geöffnet: 10.00 bis 13.30 und 17.00 bis 20.30 Uhr; Samstag nachmittags geschlossen.

seines Federkleides hüllte«

info

Sala Pelaires
Calle Pelaires 23.
Beste Galerie Palmas für zeitgenössische Kunst mit Graphiken und Gemälden von Miró sowie von bekannten spanischen und ortsansässigen ausländischen Künstlern. Von Zeit zu Zeit Ausstellungen von großen Malern der Gegenwart.
Geöffnet: 10.00 bis 13.30 und 17.00 bis 20.30 Uhr. Samstag nachmittags geschlossen.

4 Cats
Calle San Sebastián 3.
Galerie der Avantgarde; wechselweise Ausstellungen von Werken junger mallorquinischer Künstler und internationaler Berühmtheiten wie David Hockney.
Geöffnet: 11.00 bis 13.30 und 17.00 bis 20.30 Uhr; von Samstagmittag bis Montag 17.00 Uhr geschlossen.

Grafos
Carrer Palau Reial 3.
Graphik, Mobiles, kleine Metallskulpturen, meist von spanischen Künstlern sowie Poster. Samstag nachmittags geschlossen.

Pollensa

Galeria Bennassar
Calle Sant Jordi 19.
Galerie für zeitgenössische spanische und mallorquinische Kunst.
Geöffnet: 10.00 bis 13.00 und 17.00 bis 21.00 Uhr, auch Sonntag vormittags.

Galeria Norai
An der Straße nach Puerto de Pollensa:
Neben modernen Bildern wird rustikales Glas und künstlerische Keramik gezeigt.
Geöffnet: 9.30 bis 13.30 und 16.30 bis 20.00 Uhr, auch samstags, sonntags 10.00 bis 13.00 Uhr.

San Servera

Sa Plata Freda
Calle Iglesia 4.
In einem schönen mallorquinischen Haus, pro Sommer drei Ausstellungen bekannter zeitgenössischer spanischer Künstler; außerdem erlesene antike Möbel.

Exkursionen

Mallorca ist ein exzellentes Ausflugsrevier. Wer Abwechslung will von Sonne und Strand, der zieht sich – wegen des bergigen geröllhaltigen Geländes – derbes Schuhwerk an und wandert los oder mietet sich einen Wagen – ein Panda oder Seat 600 tut's durchaus – und geht auf Entdeckungsfahrt. Als Höhepunkt gilt eine Fahrt auf der Küstenstraße entlang der Sierra del Norte. Diesem schönsten Teil der Insel mit der Sierra Alfabia als Zentrum schließt sich gen Osten die ebene, landwirtschaftlich intensiv genutzte Innere mit den Orten Manacor, Felanitx und Binisalem an. Felsig und bergig wieder die Ostküste, nur niedriger und zerklüftet. Auch hier liegen reizvolle Ausflugsziele. Mit einer Tankfüllung lassen sich von Palma aus (und zurück) alle leicht erreichen. Sehenswürdigkeiten am Weg sind halbfett gekennzeichnet, besonders Bemerkenswertes mit zwei oder drei Sternchen.

Rund um Palma

An der Straße von Palma nach Sóller (17 km)
Auch nach der christlichen Eroberung war das **Schloß Alfabia*****, einst Lieblingssitz der maurischen Herrscher Mallorcas, jahrhundertelang im Besitz der Familie Benassar, die von einem zum christlichen Glauben übergetretenen Mauren abstammte. Die herrlichen, reich bewässerten Gärten sind in der Anlage maurischen Ursprungs; das Schloß zeigt die Ausstattung eines feudalen Landsitzes: wertvolle alte Gemälde, kostbares Mobiliar und eine reichbestückte Bibliothek.
Geöffnet: 9.30 bis 13.00 Uhr und 15.00 bis 18.00 (im Winter bis 17.30 Uhr; sonntags geschlossen).

An der Straße von Palma nach Inca
Von den Ende des 17. Jahrhunderts errichteten Gebäuden des **Klosters Santa María del Camí*** ist im wesentlichen der Kreuzgang erhalten; er gilt als das schönste der Insel. Schlüssel zum Klostermuseum bei den Verkaufsständen.

An der Straße von Palma nach Algaida (21 km)
Wenn nicht gerade zwei Dutzend Touristenbusse auf dem Parkplatz vor der (unechten) Burg aufgefahren sind, ist der Besuch der **Hornos Gordiola****, der traditionsreichen Glasbläserei der Familie Gordiola, durchaus zu empfehlen. Vor allem das Glasmuseum erweist sich als Erlebnis. Hier sind Fundstücke und Reproduktionen aus den frühen Anfängen der Glasherstellung zu sehen, so aus Babylon, Ninive, Assur, Luxor, Abu Simbel.
Geöffnet: 9.00 bis 14.00 Uhr und 15.00 bis 19.00 Uhr außer sonntags.

Die Nordwestküste

Zwischen Andraitx und Cabo Formentor
Eine Tagestour für Bergfahrer mit sportlichen Ambitionen oder ganz Ausgeruhte. Die Haltepunkte an dieser grandios in den Fels geschlagenen Paradestrecke folgen so dicht aufeinander, daß man gut einen Tag vertrödeln kann, ehe man die Hälfte der Route bewältigt hat. Hier die Höhepunkte:

Andraitx-Estellenchs (19 km)
Die Straße windet sich hoch an der Küste am pinienbewachsenen Berghang entlang. Herrliche Ausblicke aufs Meer, in smaragdgrüne Buchten. 3 km vor Estellenchs die Aussichtsplattform **Mirador de Ricardo Roca** über einem Straßentunnel. Anhalten, Staunen. Der Ort selbst klebt malerisch am steilen Hang des Galatzó (1024 m).

Estellenchs-Banyalbufar-Valdemosa (24 km)
Hinreißende Ausblicke aufs Meer. Immer wieder ist man versucht anzuhalten. Alle tun's beim **Torre Mirador de Ses Animes**, einem alten Wachtturm 2 km vor Banyalbufar. Über eine kleine Brücke auf den Turm: In 250 Meter Tiefe glitzert das Meer. Grandios die Treppe der Terrassen in Banyalbufar.
Die Straße schlängelt sich nun landeinwärts durch Pinienwald und Oliventerrassen. Plötzlich: Blick nach Süden auf Palma, weiß hingestreckt in der Ebene, im Hintergrund das Meer.
Nach 8 km Abzweigung über Esporlas nach Palma. Man folgt der Straße, nach 1,5 km rechts **La Granja****, viel besuchtes Landgut mit üppigem Park und Garten. Heute Museum. Mit dem Ticket erwirbt man das Recht, von den im Hof aufgestellten Weinfässern Kostproben zu nehmen und vom Bunyols, einem Spritzgebäck, zu naschen. Im Sommer zeigen in der Schmiede, am Webstuhl und am Backofen Einheimische alte mallorquinische Fertigkeiten. Manchmal werden am Abend im Park Volkstänze vorge-

---

dtv MERIAN reiseführer

Alle MERIAN-Autoren sind erfahrene Reisejournalisten. Sie wissen, wovon sie reden, denn sie haben sich in den Städten und Ländern, über die sie schreiben, lange aufgehalten. Deshalb reist man mit dtv-MERIAN nicht in die Touristengettos, sondern dahin, wo man Land und Leute unverfälscht kennenlernt.

Folgende dtv MERIAN reiseführer sind im Buchhandel erhältlich:
Berlin (DM 22,80)
Kanar. Inseln (DM 19,80)
London (DM 18,80)
Mallorca (DM 18,80)
München (DM 18,80)
New York (DM 18,80)
Paris (DM 16,80)
Toskana (DM 18,80)
Wien (DM 18,80)
Jeder Band hat zahlreiche Fotos und Karten.

Auch auf Mallorca sind Sie mit dtv-MERIAN in bester Reisebegleitung. Sie erhalten zuverlässige und umfangreiche Tips und Orientierungshilfen.
dtv 3707

DM 18,50

> »Mallorca ist die glänzende Sonne des Mittelmeeres, Menorca, Ibiza und Cabrera sind
> Jasson Blean, katalanischer Reisender (1672)

führt. (Geöffnet 10.00 bis 19.00 Uhr) Weiter nach **Valdemosa*****, dem Ausflugsort Nummer eins auf Mallorca: touristische Nachwehen eines in die Literatur eingegangenen Winters auf Mallorca, den Chopin mit seiner Begleiterin George Sand 1838/39 in den Zellen der Kartause verbrachte. Die „Celdas" sind zu besichtigen (9.30 bis 13.00 Uhr und 15.00 bis 18.30 Uhr). Das Hauptportal der Klosterkirche ist zugemauert; Eingang durchs Westportal. Im Stadtmuseum die älteste, original erhaltene Druckerei der Welt.

Valdemosa-Deyá-Sóller (20 km)

Vor der großen Straßenschleife hinunter nach Deyá linker Hand der ländliche Palast **Son Marroig**. Museum mit Erinnerungen an den frühen Balearen-Fan Erzherzog Ludwig Salvator (geöffnet 9.00 bis 19.00 Uhr). Bummel durch das schönegelegene, malerische Deyá. Empfehlenswert auch der Abstecher zur **Cala Deyá** (2 km hinter Deyá Richtung Sóller erste Abzweigung links hinunter), eine pittoreske Felsenbucht mit Fischerhäuschen. In Sóller eine Erfrischung in einem der Cafés rund um den schattigen Marktplatz. Bis Sóller fährt von Palma eine Oldtimerbahn; weiter im Hafen Puerto Sóller eine klapprige Straßenbahn.
Von Sóller auf schmaler Straße in die nahen Höhenorte **Biniaraix**** und **Fornalutx****, die zu den schönsten Dörfern Mallorcas zählen.

Sóller-Kloster Lluch-Pollensa (62 km)

Die Hauptroute C-710 steigt von Sóller in zahlreichen Kehren in die Sierra de Torrellas, vorbei am höchsten Berg der Insel, dem **Puig Major** (1443 m). Der Coll (Paß) de Puig Major ist 1036 m hoch. Kurz darauf die großen, fast leeren Stauseen Embalse de Cuber und Embalse de Gorg Blau, die Palma das Wasser liefern. Nach 20 km links Abzweigung nach La (oder mallorquinisch:) **Sa Calobra***** (12 km). Die abenteuerliche Gebirgsstrecke endet bei der Schlucht **Torrent de Pareis*****, einer imposanten Felsschlucht, die sich zum Meer öffnet.
Das **Monasterio de Lluch**** auf halber Strecke ist ein stattliches Kloster (gegründet 1230, heute Knabeninternat und Museum). In der düsteren Klosterkirche wird die Madonnenstatue La Moreneta aufbewahrt. Im **Klostermuseum** u. a. Keramiken und Inseltrachten (geöffnet 10.00 bis 13.00 Uhr und 14.30 bis 19 Uhr).
Ab 13.00 Uhr können Sie im Klosterrestaurant gut und zu christlichen Preisen speisen.
Die 26 km bis Pollensa bescheren keine Aussichten aufs Meer, dennoch lernt man einen höchst reizvollen Teil der Insel kennen: erstaunlich die Gerippe der Kalkfelsen, ein Werk der Erosion, fruchtbar dann die Ebene bis Pollensa.
Hier steige man die 365 Treppenstufen des **Kalvarienberges**** hinan, die schöne Aussicht entschädigt für vergossenen Schweiß. Am Fuß der Treppe die Galerias Vicens, in denen die berühmten Stoffe „Robas de Llengos" mit ihrem traditionellem Flammenmuster ausliegen.

Pollensa-Puerto de Pollensa-Cabo Formentor (26 km)

Hinter dem Badeort Puerto de Pollensa öde Felslandschaft, ein Sträßchen, dem man widerwillig folgt. Wenn Sie jedoch weiterfahren auf der PM-221 Richtung Cabo Formentor, ändert sich nach wenigen Kilometern die Szenerie. Waghalsig windet sich die Straße, ein Werk des Straßenbauers Antonio Parietti, an steilen Felsabstürzen hin, balanciert über dem Abgrund. Die Ausblicke auf die gestaffelte Felsküste können nicht großartiger sein. Rechter Hand versteckt sich im Pinienwald an einer Bucht das berühmte **Hotel Formentor**. Auf der Rückfahrt vom Kap auf der Terrasse einen Kaffee trinken, im Park lustwandeln, durch den Churchill, Grace Kelly und andere Zelebritäten die Schritte lenkten. Die Straße endet an der Spitze des Kaps, den ein Leuchtturm krönt.
Rückfahrt vom Kap Formentor nach Palma (83 km) über Inca und Santa María del Camí.

Die Ostküste

Palma-Manacor-Artá-Cala Ratjada (88 km)

Die Gegend ist platt wie ein Tisch. Nach halbstündiger Fahrt ändert sich das Bild: Das erste Städtchen, Montuiri, baut sich an einem Hügel auf. Eine kleine Eremitage krönt die Höhe.
Halt in **Manacor**, wenn Sie sehen wollen, wie und wo die berühmten künstlichen Perlen (Marke „Majorica") angefertigt werden. Auch für Möbelherstellung ist Manacor ein Zentrum. Ansonsten eine unschöne, dem Gewerbefleiß ergebene Ansiedlung. **Artá** dagegen malerisch befestigt. In der Wehranlage die hochgelegene Pfarr- und Wallfahrtskirche. Im Innern beachtliche Kunstwerke.
Abstecher von Artá nordwärts zur **Ermita de Betlem***** (10 km) in wildromantischer Einsamkeit hoch über der Küste. Die kleine Kirche kann besichtigt werden. Von der Ermita Fußweg zu einem Mirador (Gasthof). Der Blick auf die Bahía de Alcudia und die Gebirge des Cabo Formentor zählt zu den schönsten, die Mallorca zu bieten hat!
10 km südöstlich von Artá zu den Tropfsteinhöhlen **Cuevas de Artá****. Weniger bekannt als die Cuevas del Drach, stehen sie diesen an Schönheit kaum nach und haben den Vorzug, weniger kommerzialisiert zu sein. Auch das Städtchen Capdepera hat einen zinnengekrönten Burgberg. Das **Castillo Capdepera***** gilt als größte Wehranlage der Insel; vollendet im 14. Jahrhundert unter König Sancho. Turm und Kapelle krönen den Burgberg. Großartige Aussicht.

Cala Ratjada-Porto Cristo-Cala Figuera (66 km)

Wenn Sie in Cala Ratjada schön baden wollen: So wie die Cala Guya, nördlich des Ortes, sehen die Felsenbuchten in den Prospekten aus. Über Capdepera südwärts. Abstecher zu den Cuevas de Artá (siehe Artá) und zum **Torre de Canyamel** an der Stichstraße nach Playa de Canyamel. 500jähriger Turm mit Restaurant, Spezialität Spanferkel.
Zum Staunen verführen auch denjenigen, der von Darbietungen dieser Art sonst wenig hält, die **Cuevas del Drach***** bei Porto Cristo (geöffnet von 9.30 Uhr bis Sonnenuntergang). Spektakulär ist nicht allein der Andrang und das Beiprogramm einschließlich Händels Largo, Offenbachs Barcarole und elektrischem Flimmerschein. Immer wieder phantastisch: Stalaktiten und Stalagmiten, der tiefblaue See (mit 178 m Länge einer der größten Höhlenseen der Erde). Wem Menschenmassen ein Greuel sind, der wende sich den **Cuevas dels Hams**** (geöffnet 9.30 Uhr bis Sonnenuntergang) 1 Kilometer westlich von Porto Cristo zu. Der Zauber bizarrer Tropfsteingebilde entfaltet sich hier auf natürlichere Weise.

Klöstertrip im Südosten

Palma-Randa-Lluchmajor-Felanitx-San Salvador (70 km)

Sie fahren von Palma Richtung Manacor, biegen in Algaida nach Lluch-

---

Radio Aleman

Ihr deutscher Rundfunk in Spanien.

Wir senden ganzjährig täglich von 10 bis 11 und 18 bis 20 Uhr.

Deutsche Nachrichten und Informationen in Ihrem Mallorca-Urlaub, hören Sie im Radio auf UKW 103,2 mHz. Nehmen Sie daher Ihr Transistorradio mit. Glückwünsche und Grüße von Haus zu Haus können für Sie über Radio Aleman vermittelt werden, ebenso ADAC-Reiserufe.

Sie erreichen uns in Palma:
Tel. 003471/453942, Paseo Mallorca 9b
Studiotelefon während der Sendungen,
Tel. 003471/201000
In Bonn: Tel. 0228/219008,
Bonner Talweg 33−35, 5300 Bonn 1

ihre leuchtenden Strahlen«

info

major ab und sind nach 6 Kilometern in Randa. Ein Schild: Santuario de N. S. de Cura 4,8 km. Das **Kloster Unserer Lieben Frau von Cura*** steht am Ende des Höhenwegs auf dem Plateau des Randa-Bergs. Ein frommer Platz. Lange vor dem Bau des Klosters meditierte hier oben der größte Sohn Mallorcas, der Philosoph Ramón Llull (Raimundus Llullus), gestorben im Jahre 1315).

Zwei Einsiedeleien unterhalb des Klosters: Santuario Nuestra Señora de Cura zeigen Szenen aus dem Leben Ramón Llulls. In der Bibliothek alte Bibeln und Handschriften. Von der Klosterterrasse weite Aussicht bis zum Gipfel des Puig Major. 32 Ortschaften liegen im Blickfeld. Zählen Sie nach!

Wen hier die Touristenbusse stören, der fahre zum **Santuario de Montissión**. Über Lluchmajor nach Porreras. Der Holperweg auf den Berg zeigt an: Dorthin verirrt sich selten jemand. Immerhin, die Aussicht läßt nichts zu wünschen übrig, beachtenswert die Madonnenstatue aus Marmor (15./16. Jahrhundert) in der Kirche. Weiter gen Osten, über das Weinbauzentrum Felanitx, kommt man zum **Santuario de San Salvador***. 500 Meter über dem Meer leuchten auf dem Bergrücken helle Mauern. Dies ist einer der bekanntesten Wallfahrtsorte der Insel. 1358 wurde hier die erste Kapelle geweiht. Der Weg ist gut asphaltiert – und wird fleißig benutzt. Hier oben ist man selten allein. 7 Meter hohes Denkmal „Christo Rei" von dem Bildhauer Francisco Salvá. In der Vorhalle des Klosters schönes Relief mit Abendmahlsszene. Klosterkirche: gotisches Altarblatt in der rechten Seitenkapelle. Im Chor hinter dem Hauptaltar eine Madonna im Strahlenkreuz, 13. Jahrhundert. Und wieder: Von der Aussichtsterrasse liegt einem halb Mallorca zu Füßen – von Cabo de Salinas bis zur Bucht von Alcudia.

Mal was anderes, wenn der Strand zu stressig wird: El Foro de Mallorca

Vergnügungsparks

Die Wahrscheinlichkeit, daß sich Kinder am Strand langweilen, ist zwar gering, mal eine Abwechslung schadet aber auch nicht. Indes: Die Auswahl ist nicht groß.

Marineland
Costa D'en Blanes/Palma Nova

Nach amerikanischem Vorbild, mit Delphin-Schau, akrobatischen Seehunden, auf dem Seil balancierenden, radfahrenden Papageien, mit Schlangen- und Vogelhaus, mit Kinderspielplatz und einem aufblasbaren Schloß.
Geöffnet: 9.30 bis 19.00 Uhr.

Reserva Africana
Zwischen Cala Millor und Porto Cristo, Ostküste.

40 Hektar großes Wildgehege mit allerlei afrikanischem Getier, wie Elefanten, Zebras, Warzenschweinen. Man fährt im Auto durch den Safaripark, auf knapp 4 Kilometer Wegen sooft und solange man will. Speziell für Kinder: der Baby-Zoo mit dem Tiernachwuchs und die Delphin-Show.
Geöffnet: 9.00 bis 19.00 Uhr; im Winter bis 17.00 Uhr

El Foro de Mallorca
Binisalem

Während die Eltern auf Souvenirjagd gehen und beim Wachsfigurenkabinett hereinschauen, können die Kleinen die Wasserrutschbahn hinuntersausen und sich auf dem Kinderspielplatz austoben.
Geöffnet: 9.00 bis 20.00 Uhr

Sport

Sollten Sie für Ihre körperliche Fitness mehr tun wollen als nach intensivem Sonnenbad gelegentlich im Meer zu wässern, brauchen Sie sich auf Mallorca nicht zu sorgen: Inzwischen locken die meisten Badeorte und die größeren Hotels mit einer ansehnlichen Palette von Sportarten. Selbst wenn Sie gar einen reinrassigen Segel-, Tennis- oder Golfurlaub auf Mallorca ins Auge fassen.

Segeln

Richtig exklusiv ist es natürlich, wenn man mit der eigenen Yacht anrauscht. An Ankerplätzen ist, was Wunder bei 416 Kilometer Küste, kein Mangel. Man kann aber auch, bitte schön, Segeln lernen, sogar den DSV-A-Schein erwerben oder – wenn man ihn schon hat – ein Schiff mieten.

Segelzentrum »Bon Aire«
Puerto de Alcudia
Segelclub „Happy Sailing"

Zu buchen über Neckermann NUR in Deutschland.

Segelschule beim Club de Vela
Puerto de Andraitx

Unter der Regie TUI. Die Lehrgänge werden betreut von den „Overschmidt Yachtschulen", Münster.

Club »Happy Sailing«
Puerto de Pollensa

Zusammen mit dem Club Nautico ein Zentrum für Segler und Surfer, Anfänger wie Fortgeschrittene. Die gegen den Nordwest geschützte Bucht von Pollensa, mit kilometerlangem Sandstrand ist ein ausgezeichnetes Wassersportrevier. Man bucht über Neckermann.

Surfen

Wo man segeln lernen kann, wird natürlich auch das Balancieren und Gleiten auf dem schmalen Brett gelehrt. Im übrigen wird dieser populäre Sport überall an den Stränden Mallorcas ausgeübt.

Haben Sie schon die passenden Reisebegleiter?

Der Polyglott Reiseführer, das Wichtigste über Land und Leute in komprimierter Form. DM 5,80

Der Große Polyglott, Ihre umfassende Informationsquelle über Mallorca. DM 17,80

Der Polyglott Sprachführer, die gebräuchlichsten Redewendungen und Ausdrucksweisen in Spanisch. DM 3,80

Das Polyglott Wörterbuch, damit Ihnen in keiner Situation die Worte fehlen. DM 9,80

Jetzt neu: Polyglott Menü-Sprachführer Spanisch.

Polyglott führt. Wohin Sie auch reisen.

info

»Hier bestehen noch Sitten und

Tauchen & Schnorcheln

Die Küstengewässer Mallorcas sind rundum nicht mehr so klar – und fischreich –, wie sie einmal waren. Besonders in der Hochsaison begegnet der Unterwasserspaziergänger einigem Unrat, den Freizeitkapitäne vom Picknick auf dem Wasser über Bord gehen lassen. Tauchgründe mit Sichtweiten über 50 Meter finden sich auch heute noch zwischen Puerto de Sóller und Cabo Formentor; als besonders schön gilt auch die Südostküste, insbesondere bei Cala Montrago und Cala d'Or.
Für die Unterwasserjagd ist eine Erlaubnis, die „Permiso de pesca submarina a pulmón libre" erforderlich, die man gegen eine geringe Gebühr von der Federación Balear de Actividades subaquáticas in Palma bekommt – Luis Marti 167.

Tennis

In puncto Tennisurlaub hat sich Mallorca fast zu einem Mekka gemausert: Jedes Hotel, das was auf sich hält, hat einige Plätze. Man veranstaltet Gästeturniere, Lehrer sorgen dafür, daß die Rückhand richtig kommt. Auch die Reiseveranstalter machen sich für Tennis stark. NUR betreibt Schulen in Cala Millor, El Arenal, Ca'n Picafort und im Hotel Raquet Club in Son Vida, Palma, mit allein neun Plätzen. Außerdem gibt es Tenniszentren in:

**Robinson Club
Cala Serena**
Cala d'Or

Im TUI-Programm: große Anlage mit 10 Hartplätzen, 6 Übungskanälen und Flutlicht. Kurse für Anfänger und Fortgeschrittene.

Hotel Club Galatzó
Paguera

7 Hartplätze, Flutlicht, neue Tennishalle, Kurse.

Golf

Das Green ist auf Mallorca immergrün, hier treibt man den weißen Ball ganzjährig über den Course. Die vier Plätze: beim Hotel Son Vida in Palma (18 Löcher), in Santa Ponsa (18 Löcher), in Portals Vells (18 Löcher) und bei Son Servera an der Ostküste. Der dortige Club de Golf Punta Rotja hat 9 Löcher.

Reiten

Einige Reiseunternehmen empfehlen Wander- und Ausritte in die Umgebung, zu Pferd oder zu Esel, die keinerlei reiterliches Können voraussetzen, aber Abwechslung ins Urlaubsleben bringen. Echten Reitersleut allerdings hat Mallorca nicht viel zu bieten. Wer jedoch dazugehören möchte, der kann hier während des Urlaubs die ersten Schritte zu Pferde machen. Reitschulen sind:

**Reiterhof
Predio Son Serra**
Son Serra

Gelegen 9 km nördlich von Palma; Reitstall mit 20 Gästezimmern, geleitet von einer Österreicherin, eingerichtet nur für Reiturlaub.

Escuela de Equitación
Santa Ponsa

**Sportzentrum
»Sport Pins«**
Ca'n Picafort

Beim Hotel Gran Vista

Club Hipico
Cala d'Or

Avda. de Porto Pedro.

Club Hotel Marivista
Porto Colóm

Reiten für Anfänger und Fortgeschrittene.

**Reitschule
Caballo Negro**
Colonia de sant Jordi

Beim Hostal Casa Chiquita, Los Pinos 8, können Reiterferien arrangiert werden.

Sportveranstaltungen
Pferderennen

Hipodromo Son Pardo
Palma de Mallorca
Carretera de Sóller.

Sowohl Galopp- als auch Trabrennen. Zwar nicht mit dem Schick und der Klasse von Baden-Baden, gleichwohl überzeugend, auch für Leute mit Pferdeverstand.

Hipodromo
Manacor (1 km östlich an der C–715).

Für echte Pferdenarren. Erstaunlich, weil die Bauernburschen der Gegend ihre Pferde selber trainieren. Und es handelt sich keineswegs um Ackergäule!

»Es Camp Roig«
Capdepera

Am 24. August wird zu Ehren des hl. Bartolomé ein Trabrennen veranstaltet, das auf alte Tradition zurückgeht und zugleich eine Art Volksfest darstellt.

Als man per Bahn und Schiff nach Mallorca reiste, über Paris und Barcelona, brauchte man für die Reise von Frankfurt nach Palma noch drei Tage. Auf fünf Stunden ab Frankfurt schrumpfte die Reisezeit zusammen, als ab 1955 fast nur noch geflogen wurde: Die Propellermaschinen mußten noch in Lyon zwischenlanden. Heute beträgt die Reisezeit nonstop etwa zwei Stunden.

Märchen enden auch in Mallorca mit dem Satz: „... und wenn sie nicht gestorben sind, dann leben sie noch heute". Dann aber kommt ein kulinarischer Zusatz: „... und sie setzten sich hin und aßen gebrannte Mandeln".

In der Eremitage St. Magdalena bei Inca gibt es einen billigen Weg, Gottes Wohlgefallen zu erringen. Denn bereits bei 25 Pesetas (umgerechnet etwa 60 Pfennig) wird ein Spender in einer öffentlich ausgehängten Liste verewigt.

Wenn die Schafe an einem Freitag bei Vollmond geschoren werden, kommen später keine Motten in die Wolle. Sagen die Bauern.

Auf Mallorca gibt es keine echten Gezeiten, sondern Niveauänderungen durch Windeinfluß. Sie heißen: „Falsas Mareas" („Falsche Flutzeiten"). Die Morgenbrise etwa, ab 10.00 Uhr von See her, heißt Embat, die Landbrise ab 22.00 Uhr Terral.

Als Jaime I. 1232 die Maurenherrschaft auf Mallorca beendete, dauerte es lange Zeit, bis die Mallorquiner das Idiom der Eroberer erlernten, denn ihre Sprache war seit vier Jahrhunderten das Arabische. Spuren davon sind noch heute zu finden – in Ortsnamen wie Algaida (arab. al-Ghaydah = bewaldeter Hügel); Albufera (al-Buheyrah = sumpfiger Teich); Alfabia (al-Fabiya = Tonkrug); Biniaraix, Binisalem, Biniali, Banyalbufar (Bini oder Bani = Sippe z. B. Arraisch); Atalaya (Vorhut, Spitze); Cala Mezquida (Cala = Bucht, Mezquita = Moschee).

Ratten gehörten früher in der Gegend um Puebla zu den Köstlichkeiten auf dem Speisezettel. Gute Rezepte werden noch heute als Trouvaillen gehandelt. Besonders in der Notzeit des Bürgerkrieges blühte die Rattenjagd.

Der US-Archäologe William Waldren entdeckte bei Valdemosa ein Totenfeld, 45 mal 150 Meter groß. Die Schicht der Skelette ist stellenweise zwei Meter stark. Er fand heraus, daß die Ur-Ur-Ur-Mallorquiner 750 Jahre lang in das Massengrab gewandert waren – nach einem einzigartigen Ritual: Die Toten wurden zerhackt und in einer Löschkalkbrühe zersetzt, auf daß Fleisch und Knochen sich trennten. In dem Massengrab unter einem Felsüberhang liegen schätzungsweise 6000 Tote.

Die Insel Dragonera vor der Südwestküste, ein Refugium seltener Seevögel, sollte urbanisiert werden. Engagierte Umweltschützer sorgten dafür, daß alles beim alten blieb.

Bei der Eroberung von Mallorca 123 v. Ch., so heißt es, brachten die Römer den Olivenbaum auf die Insel. Mit Sicherheit sind etliche Veteranen, die heute noch alljährlich Früchte tragen, wenn auch nicht 2000 – so doch mit Sicherheit mehr als 1000 Jahre alt. Ganz schön viel Holz, und manch einer gleicht einer biblischen Skulptur.

Von Jahrhunderten verdreht: Ölbaum

158 GEO

Gebräuche, von denen im Rest Spaniens sogar die Erinnerung verlorengegangen ist«

Juan Cortada, spanischer Autor

Stierkampf

Plaza de Toros
Palma de Mallorca

Der Stierkampf, wie er gewöhnlich an den Sonntagen in der Hochsaison geboten wird, ist keine echte „corrida de toros", sondern eine „novillada": Zweitklassige Stierkämpfer und junge Stiere stoßen da aufeinander. Die Hohe Schule des Stierkampfes, die Corrida, wird vorwiegend im September und während der Wohltätigkeits-Veranstaltungen im Oktober geboten. Auf Plakaten wird angekündigt, ob am Sonntag eine „Novillada" oder eine „Corrida" stattfindet.

Fußball

Estadios Balear
Palma de Mallorca

Die Spanier sind leidenschaftliche Zuschauer. Auch Spiele in der Division II sind meist ihr Geld wert. Jeden Sonntag – im Sommer um 20.00 Uhr, sonst um 17.00 Uhr. □

Titelfoto: Horst Munzig

Seite 3: Regine Grumbach/Visum: l.; Ernst Alexander Rauter: r. o.; Gerd Ludwig/Visum: r. m.; Will Mc Bride: r. u.

Seite 4: Gerd Ludwig/Visum: l. o., r. u.; Guido Mangold: l. m.; Vicenc Matas: l. u.; Georg Gerster: r. o.; Marc Riboud: m. u.

Seite 5: Gerd Ludwig/Visum: alle außer: Robert v. d. Hilst: o.

INSEL DER VIELEN GESICHTER
Horst Munzig: 6/7, 20 (1), 32 (1); Hans W. Silvester/Rapho: 8/9, 32 (1), 33 (1), 39 u.; Guido Mangold: 10–15, 20 (1), 21 (1), 36; Gerd Ludwig/Visum: 16/17, 20 (2), 21 (3), 22–25, 30/31, 32 (8), 33 (2), 34, 35, 40/41, 44/45; H. B. Theopold: 18/19; Renate von Forster: 20 (3), 21 (2), 28/29, 32 (2); Michael Lange/Fox: 20 (1); Dorothea Schmid: 20 (2), 21 (1); Robert v. d. Hilst: 21 (1); Georg Gerster: 26/27; Art Zamur: 39 o., 43

EXOTEN ZWISCHEN ZWEI KONTINENTEN
Seiten 48/49: P. M. Turner-Ettlinger (1), R. C. Revels (1), C. Mattison (1) – (sämtlich Natural Science Photos); J. L. Rodriguez (2); J. L. Klein/Rodriguez (1); J. A. L. Cooke/Oxford Scientific Films (1); J. R. Jurado (3); David Hosking (1); J. Carré/Jacana (1); J. L. S. Dubois/Jacana (1); J. L. S. Dubois/Jacana/Lindenburger (1); A. Jeffrey/NHPA (1)

DER ALTE CLAN UND DAS MEER
Gerd Ludwig/Visum: 50–59

WO DER REGEN STEINE MACHT
Seiten 60/61: © 1979 Diafora S. A., Barcelona (Grafik); Walter Mayr: alle außer: Hans W. Silvester/Rapho: r. u.

JEDER NACH SEINER FASSON
Seiten 62–69: Renate von Forster (21); Gerd Ludwig/Visum (8); Guido Mangold (3); Georg Gerster (1); Dorothea Schmid (2)

WIR WOLLEN DIE INSEL VOR EUCH VERSTECKEN
Gerd Ludwig/Visum: 70; Walter Mayr: 71 o., 72 o., 73 o.; Biblioteca Bartolomé March: 71 u., 73 u.; Dr. Jaime Escalas Real: 72 u.

JOAN MIRÓ
The Museum of Modern Art, New York: 76/77; Marc Riboud: 78/79, 81; Musée du Louvre: 80; Privatsammlung: 82 o.; Albright-Knox Gallery, New York: 82 m.; Pierre Matisse Gallery: 82 u.; F. Català-Roca: 83
Für die Kunstwerke: © 1983, Copyright by ADAGP Paris & Cosmopress Genf

ÜBER TUMBET, MANTANCES UND ENSAÏMADES
José Maria Almagro: 86; Horst Munzig: 87 o.; Renate v. Forster: 87 u.

VON MALLORCA IM STURM EROBERT
Renate von Forster: 88–93 außer: VIP-Pressebüro: 88 o., Gerd Ludwig/Visum: 88/89, 90 l. u., 92 o.

DIE BALEAREN MÜSSEN SICH SELBST REGIEREN
Seite 94: Climent Garau

HEIMLICHE INSEL DER VIPs
Gerd Ludwig/Visum: 96–101 alle außer: Pandis: 97 r. o., 100 l. u., DPA: 97 r. u., 98 l. u., DPA/Pressens Bild: 100 l. o., Georg Gerster: 99 o., Herbert Spencer: 99 u.

MACHT SCHLUSS MIT DEM VERBRECHEN
Guido Mangold: 104; Will McBride: 105

DIE FISCHER VON CALA RATJADA
Ernst Alexander Rauter: 106, 111 l. und r. o., 112 o.; Robert v. d. Hilst: 107, 109, 111 r. u., 112 u.

VON DEN FEINDEN BLIEBEN DIE FESTE
Seiten 114/115: Vicenc Matas: l. o., u. m. r.; Padre Pedro Orpi: l. u.; Hans W. Silvester/Rapho: u. m. l., Miguel Font: r. o.; Miguel Cerdá: r. u.

CIUTAT
Horst Munzig: 116–119, 129 r. o.; Gerd Ludwig/Visum: 120, 122/123, 126/127, 128, 129 l. und r. u., 130–133, 134 u.; Hans W. Silvester/Rapho: 121; Georg Gerster: 124/125; Guido Mangold: 134 u.

EIN LEBEN AUF PLANICI
Gerd Ludwig/Visum: 136/137

INFO
Dorothea Schmid: 138 o.; Axel Patitz: 138 u.; Renate von Forster: 139, 142, 144 o., 145, 149 o. und l. u., 150 l., 151–154; Horst Busecke (Grafik): 140; Gerd Ludwig/Visum: 140; Gerd Ludwig/Visum: 141 o., 149 r. u., 150 r.; Guido Mangold: 141 u.; Joerg Bechtel: 144 u.; Horst Munzig: 146; Art Zamur: 157; Hans W. Silvester/Rapho: 158; Consell General Interinsular (Grafik): 140; © 1979 Diafora S. A., Barcelona/GEO (Grafik): 143; © 1979 Diafora S. A., Barcelona (Grafik): 160, 163; Günther Edelmann (Grafik): 161/162

Casino Mallorca – ein attraktives Ziel mehr auf Mallorca. Ein Grund mehr wieder nach Mallorca zu fahren.

Das Casino Mallorca, in einer der schönsten Gegenden der Insel, bietet alle traditionellen Glücksspiele: amerikanisches Roulette, französisches Roulette, Black Jack, Craps, Punto Banco und Glückspielautomaten.

Restaurant à la carte und Büffet. Festsäle für 700 Personen. Mehrere Bars. Diskothek. Schwimmbäder am Meer. Tennis- und Golfplätze.

casino mallorca

Urbanización Sol de Mallorca · Calvía, Mallorca
Telefon (71) 68 00 00 · Telex 69 283 cdme

Klimazonen · Sonnenscheinstunden · Niederschläge · Vegetationskarte · Badebuchten ·

Mit knapp 3000 Sonnenstunden pro Jahr wird Mallorca seinem Ruf, eine sonnensichere Insel zu sein, durchaus gerecht. In Deutschland scheint sie nur wenig mehr als die Hälfte der Zeit. Wenn aber in den Wintermonaten auf Mallorca die Sonne scheint, so herrschen deswegen noch lange keine sommerlichen Temperaturen. Sogar Schnee liegt schon mal in der Sierra del Norte, obgleich die Prospektdichter gern vom „ewigen Frühling auf den Balearen" schwärmen. Denn hohe Luftfeuchtigkeit in den Wintermonaten sorgt häufig für naßkaltes Wetter. Und das empfindet man um so unangenehmer, weil die Feuchtigkeit – und damit die Kälte – spätestens nach Sonnenuntergang durch die Mauern kriecht. Denn isoliert ist nichts, und geheizt wird wenig. 12 Grad Celsius Innentemperatur sind für Mallorquiner nichts Ungewöhnliches, dann trägt man eben Wolle. Sie haben auch alle Rheuma in den Knochen, behaupten die Zugereisten von den Einheimischen. Angenehmer wird es erst Ende März, dann steht die Sonne schon so hoch, daß man sich in null Komma nichts einen Sonnenbrand holen kann. Bis Juni folgt die angenehmste Zeit des Jahres, danach kommt die Sommerhitze, die vielfach „Calima" beschert, den sogenannten Hitzenebel. Dann ist es nichts mit Fernsicht. Im Juli 1982 stellte die Sommerhitze sogar neue Rekorde auf: Wochenlang zeigte das Thermometer 35 bis 40 Grad (einmal wurden im Inselinnern sogar 43 Grad gemessen), bei einer Luftfeuchtigkeit, die an zehn Tagen die 90-Prozent-Marke überschritt. Da fielen Vögel tot vom Himmel, und die Bauern meldeten 30 000 Hühner als Hitzeopfer. Also kein Wetter für Kreislaufkranke. Aber das waren Extreme. Nach einem fast immer wunderschönen September geht der Sommer mit dem ersten Kaltlufteinbruch aus dem Norden meist erst Anfang Oktober mit Gewitter, Sturm und kräftigen Niederschlägen zu Ende. Doch das Wetter beruhigt sich wieder, und oft sind November und Dezember noch sehr angenehme, sonnige Monate. Im Dezember 1981 kletterte das Quecksilber einmal sogar auf 22 Grad

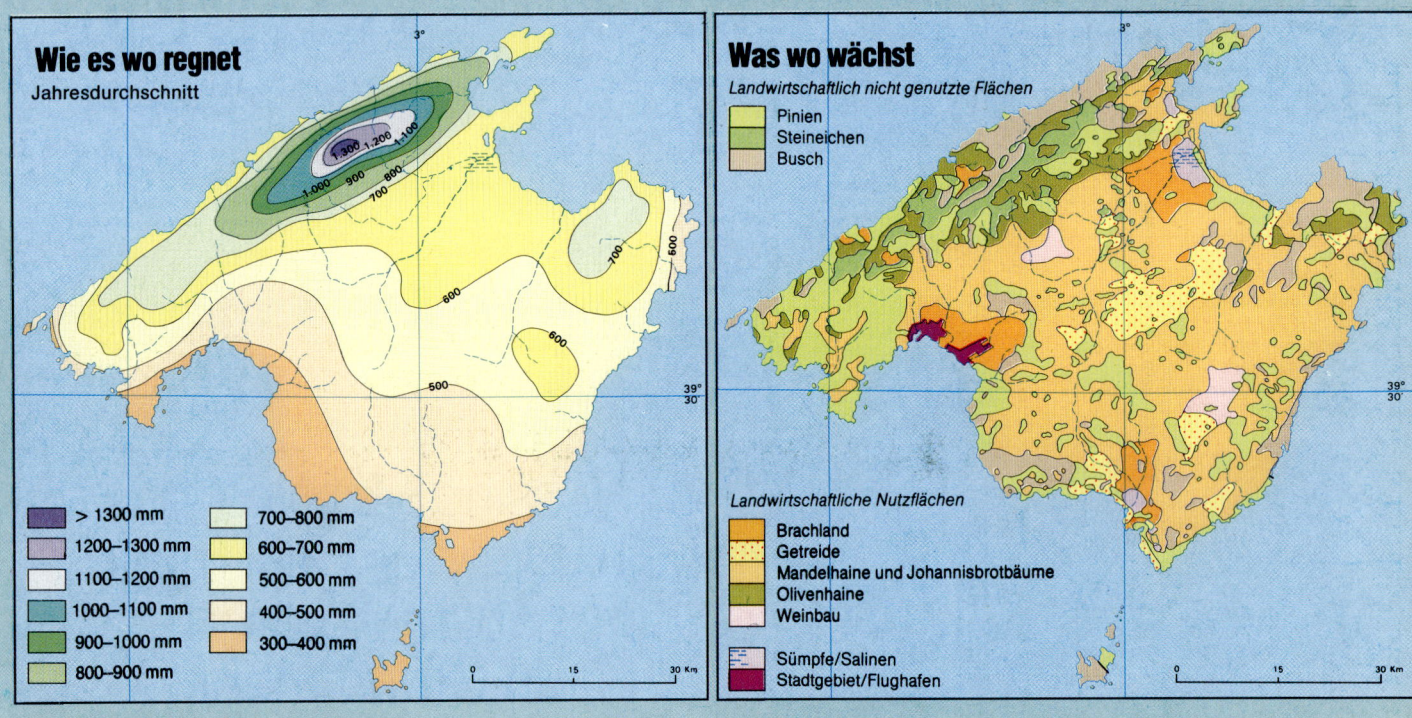

Wie es wo regnet
Jahresdurchschnitt

- > 1300 mm
- 1200–1300 mm
- 1100–1200 mm
- 1000–1100 mm
- 900–1000 mm
- 800–900 mm
- 700–800 mm
- 600–700 mm
- 500–600 mm
- 400–500 mm
- 300–400 mm

Was wo wächst

Landwirtschaftlich nicht genutzte Flächen
- Pinien
- Steineichen
- Busch

Landwirtschaftliche Nutzflächen
- Brachland
- Getreide
- Mandelhaine und Johannisbrotbäume
- Olivenhaine
- Weinbau
- Sümpfe/Salinen
- Stadtgebiet/Flughafen

Das Inselwetter in Zahlen

	JAN		FEB		MÄRZ		APRIL		MAI		JUNI		JULI		AUG		SEPT		OKT		NOV		DEZ		Jahr Ø	
Palma	13,3	41,9	14,2	34,8	16,3	38,1	17,1	57,7	21,9	27,6	27,1	20,9	30,3	8,5	30,3	24,3	26,6	74,6	22,4	82,1	17,5	35,9	14,6	52,4	20,8	41,5
	6,9	4,35	6,7	5,54	8,2	6,18	9,0	7,9	12,1	9,0	16,8	10,13	18,5	10,56	19,7	9,52	17,6	7,33	14,8	6,29	9,7	5,46	8,2	4,51	12,3	7,23
Pollensa	14,7	100,9	15,4	82,1	17,5	91,2	16,6	98,7	21,5	66,6	26,0	21,7	27,7	36,7	29,0	43,0	27,3	90,9	23,8	114,1	18,9	134,3	16,1	108,1	21,2	82,3
	7,6	4,14	7,2	4,48	8,6	6,24	9,7	5,46	12,2	8,42	17,0	9,42	18,1	10,3	20,3	9,28	18,1	7,42	14,3	6,24	9,0	5,22	8,5	4,22	12,5	6,57
Sóller	13,2	101,9	14,5	66,1	16,7	112,2	17,0	91,8	22,1	46,2	26,6	31,2	28,1	9,9	29,4	40,2	27,3	92,0	22,6	138,7	16,9	76,6	14,2	144,1	20,7	97,2
	6,7		6,8		9,1		9,6		13,1		17,4		18,5		20,0		17,8		14,4		9,4		7,9		12,5	
Lluch	13,3	164,4	11,0	132,2	14,4	170,6	13,6	140,7	19,4	71,0	24,4	28,8	26,3	26,2	27,4	49,7	24,5	105,5	20,2	193,4	15,1	130,8	11,6	190,3	18,2	116,9
	1,6		1,6		3,8		5,0		7,8		12,7		13,5		15,1		12,5		9,3		3,5		2,5		7,4	
Inca	13,0	82,9	14,7	54,9	18,4	58,4	18,8	80,7	23,9	47,4	29,9	26,9	31,2	7,3	32,0	31,6	29,4	72,8	23,9	95,8	18,8	64,0	14,8	71,2	22,4	57,8
	7,5		7,7		9,5		10,0		13,7		18,7		20,0		21,4		19,1		15,7		11,0		8,8		13,5	
Manacor	12,8	44,7	15,0	40,4	16,5	39,7	16,4	56,6	24,0	29,1	25,7	17,9	27,5	8,4	29,0	35,0	26,0	49,5	22,0	65,6	16,4	55,5	13,8	60,5	20,0	41,9
	6,9		7,4		9,7		10,3		13,8		18,7		19,8		21,6		19,1		15,6		9,9		8,0		13,4	
Ses Salines	13,9	19,9	14,5	17,3	16,6	17,0	17,3	21,5	21,4	15,6	26,6	6,5	28,3	4,8	30,0	8,8	27,7	22,8	24,3	38,0	19,0	19,7	16,0	22,2	21,3	17,8
	3,8		4,1		6,1		7,3		10,4		15,2		15,4		17,6		15,4		13,1		6,1		5,0		10,0	
P. Andraitx		35,5		37,1		55,6		59,3		26,1		19,7		7,3		26,4		47,8		72,0		34,9		57,8		39,9
Cala Ratjada		76,4		57,2		49,3		76,3		49,9		13,6		13,7		33,7		73,8		126,5		86,5		67,1		60,3
Wassertemp.	14° C		13° C		14° C		15° C		17° C		21° C		24° C		25° C		24° C		21° C		18° C		15° C		18,4° C	

sehr schwül · schwül · feuchtwarm · behaglich · trockenkühl

Die Werte für die „Behaglichkeit" ergeben sich aus der Temperatur und der (hier nicht aufgeführten) Luftfeuchtigkeit. Vollständige Messungen werden auf Mallorca nur in Palma und in Pollensa durchgeführt.

13,3	41,9
6,9	4,35

13,3 durchschnittliche Tageshöchsttemperatur in Grad C
6,9 durchschnittliche Tagestiefsttemperatur in Grad C
41,9 mittlere monatliche Niederschlagsmenge in mm
4,35 durchschnittliche tägliche Sonnenscheindauer in Stunden